rororo computer

HERAUSGEGEBEN VON LUDWIG MOOS UND MANFRED WAFFENDER

Die Programmiersprache C findet immer mehr Zuspruch bei erfahrenen Programmierern, aber auch bei Anfängern. Sie unterliegt nicht den Modifikationen und Erweiterungen durch die verschiedenen Hersteller wie andere Sprachen und gewährleistet so weitgehende Portabilität – ein ausschlaggebendes Kriterium für die Lebensdauer der Software. C verbindet außerdem Geschwindigkeit und Flexibilität der maschinennahen Sprachen mit den Eigenschaften einer Hochsprache. Diese strukturierte Einführung, die praxisnah und schrittweise vorgeht, erlaubt es, in kurzer Zeit eigene C-Programme zu erstellen.

HELMUT ERLENKÖTTER
VOLKER REHER

PROGRAMMIER SPRACHE C

QUICK-C, TURBO-C++, MS-C/C++, BORLAND-C++

EINE STRUKTURIERTE EINFÜHRUNG

GRUNDKURS COMPUTERPRAXIS
HERAUSGEGEBEN
VON RUDOLF HAMBUSCH

ROWOHLT

Aktualisierte Ausgabe
46.–60. Tausend Dezember 1992

Originalausgabe
Veröffentlicht im Rowohlt Taschenbuch Verlag GmbH,
Reinbek bei Hamburg, März 1990

Umschlaggestaltung Thomas Henning
Grafiken Ilse Parkmann
Satz Times und Helvetica (Linotronic 500)
Gesamtherstellung Clausen & Bosse, Leck
Printed in Germany
1690-ISBN 3 499 18166 5

INHALT

EDITORIAL 11

VORWORT 13

1 DER ERSTE SCHRITT 15

1.1 Wie erstellt man ein C-Programm? 15
1.2 Ein erstes C-Programm 17
1.3 Die Funktion printf 20
1.4 Die Form eines C-Programms 22
1.5 Zusammenfassung 23
1.6 Übungen 23

2 RECHNEN IN C 25

2.1 Rechnen mit ganzen Zahlen 25
2.2 Fließkomma-Zahlen 29
2.3 Formatierte Zahlenausgabe 30
2.4 Zusammenfassung 32
2.5 Übungen 33

3 WERTZUWEISUNGEN 34

3.1 Ein Additionsprogramm 34
3.2 Zusammenfassung 38
3.3 Übungen 38

4 WIEDERHOLEN VON PROGRAMMTEILEN 39

4.1 Die for-Schleife 39
4.1.1 Einfache Schleifen 39
4.1.2 Vergleichsoperatoren 42
4.1.3 Geschachtelte Schleifen 43
4.2 Die while-Schleife 45
4.3 Die do-Schleife 47
4.4 Zusammenfassung 48
4.5 Übungen 48

5 AUSWAHL 51

5.1 Die if-Anweisung 51
5.2 Die if-else-Anweisung 53
5.3 Logische Operatoren 55
5.3.1 UND, ODER, NICHT 55
5.3.2 Reihenfolge der Bewertung 57
5.4 Die switch-Anweisung 58
5.5 Konstanten 62
5.6 Zusammenfassung 63
5.7 Übungen 64

6 FUNKTIONEN 66

6.1 C-Funktionen 66
6.2 Parameter 70
6.3 Rückgabewerte 73
6.4 Prototypen 76
6.5 Zusammenfassung 79
6.6 Übungen 79

7 BILDSCHIRMSTEUERUNG 82

7.1 ANSI-Escape-Sequenzen 82
7.2 Übungen 85

8 FELDER UND ZEICHENKETTEN 86

8.1 Felder 86
8.1.1 Felder in C 86
8.1.2 Einzelne Felder ansprechen 87
8.2 Zeichenketten 89
8.3 Zeichenkettenfunktionen 93
8.3.1 strcpy und strcat 93
8.3.2 strcmp 96
8.4 Umwandlungsfunktionen 96
8.5 Mehrdimensionale Felder 98
8.6 Zusammenfassung 100
8.7 Übungen 101

9 VARIABLEN UND KONSTANTEN 103

9.1 Datentypen 103
9.2 Lokale Variablen 105
9.3 Globale Variablen 106
9.4 Speicherklassen 108
9.5 Casts 111
9.6 Konstanten 112
9.7 define 115
9.8 Zusammenfassung 117
9.9 Übungen 118

10 POINTER 120

10.1 Adressen 120
10.2 Pointer-Variablen 122
10.3 Pointer als Funktionsparameter 126
10.4 Pointer-Arithmetik 129
10.5 Pointer und Felder 131
10.6 Zusammenfassung 134
10.7 Übungen 134

11 DATEIEN 136

11.1 Dateien öffnen und schließen 136
11.2 Lesen einer Datei 139
11.3 Schreiben in eine Datei 140
11.4 Eine Datei wird gedruckt 142
11.5 Kommandozeilen-Parameter 147
11.6 Das Programm c_list 151
11.7 Binärdateien 153
11.8 Eine Datei löschen 154
11.9 Zusammenfassung 155
11.10 Übungen 155

12 INTERRUPTS 156

12.1 Interrupts des PC 156
12.2 Die Funktionen des INT 10 157
12.3 Cursor positionieren 158
12.4 Bildschirm löschen 161
12.5 Bildschirm rollen 163
12.6 Zusammenfassung 165
12.7 Übungen 165

13 STRUCT, UNION, TYPEDEF 166

13.1 Strukturen deklarieren und definieren 166
13.2 Auf Strukturen zugreifen 169
13.3 Variablen vom Typ Union 177
13.4 Typedef verwenden 178
13.5 Zusammenfassung 179
13.6 Übung 180

14 FORTGESCHRITTENE TECHNIKEN 181

14.1 Dynamische Speicherverwaltung 181
14.2 Programme starten 186
14.3 Compilieren und Linken 192

15 MS-WINDOWS UND C 195

15.1 Was ist ein WINDOWS-Programm? 195
15.2 Die Funktion WinMain 196
15.3 WINDOWS-Meldungen 197
15.4 Fensterfunktionen 199
15.5 Ein Minimalprogramm für WINDOWS 200
15.6 Compilieren und Linken für WINDOWS 203
15.7 Zusammenfassung 205

16 C++ – EIN ÜBERBLICK 206

16.1 Ein- und Ausgabe 207
16.2 Funktionsüberladung 209
16.3 Klassen 211
16.4 Ausblick 217

17 ANHANG 218

17.1 Bibliotheksfunktionen 218
17.1.1 Kurzübersicht 218
17.1.2 Wie werden Deklarationen gelesen? 223
17.1.3 Beispiele wichtiger Funktionen 224
17.2 Installation und Bedienung 236
17.3 Der Preprozessor 240
17.4 Operatoren und Rangfolge 242
17.5 Anweisungen 243
17.6 Liste der reservierten Worte 246
17.7 Lösungen zu den Aufgaben 247
17.8 ASCII- und ANSI-Tabelle 266
17.9 Literaturverzeichnis 268
17.10 Sachwortregister 269

EDITORIAL

Folgt man den Aussagen von Bildungs- und Wirtschaftspolitikern, so wird das Zusammenleben der Menschen in Zukunft von informationsverarbeitenden Maschinen geprägt sein: Mehr als die Hälfte aller Arbeitenden wird direkt oder indirekt mit Computern zu tun haben. Eine besondere Rolle spielt dabei der heute bereits millionenfach verbreitete Jedermanncomputer, der Personal Computer (PC). Schüler, Handwerksmeister, Rechtsanwälte, Kaufleute, Lehrer und viele andere werden mit diesem Gerät leben, spielen und arbeiten. Der Einsatz des persönlichen Computers wird weniger von der Fähigkeit des Benutzers geprägt sein, das Gerät in seiner Technizität (Hardware) zu verstehen, als es mit Hilfe der Computerprogramme (Software) zu bedienen.
Die Serie "Grundkurs Computerpraxis" erklärt Informationsverarbeitung sehr konkret und auf einfache Weise. Dabei steht das, was den Computer im eigentlichen Sinne funktionieren läßt, im Vordergrund: die Software. Sie umfaßt

- Betriebssysteme,
- Anwenderprogramme,
- Programmiersprachen.

Ausgewählt werden Programme, die sich hunderttausendfach bewährt und einen Standard gesetzt haben, der Gefahr des Veraltens also nur in geringem Maße unterliegen.
Im "Grundkurs Computerpraxis" wird das praktische Computerwissen übersichtlich gegliedert, textverständlich strukturiert, auf das Wesentliche begrenzt und mit Grafiken, Beispielen und Übungen optimal zuänglich gemacht.

Der Herausgeber der Serie, Rudolf Hambusch, leitet am Institut für Schule und Weiterbildung des Landes Nordrhein-Westfalen das Projekt Lehrerfortbildung in Informationsverarbeitung Wirtschaft. Die Autoren sind erfahrene Berufspädagogen, Praktiker und Mitarbeiter im Fortbildungsprojekt.

VORWORT

C ist im Laufe der letzten Jahre zur meistverwendeten Sprache im Bereich der professionellen Software-Entwicklung geworden. Das heißt jedoch nicht, daß C für andere Bereiche weniger geeignet ist. Im Schulungsbereich oder für Hobby-Anwender bietet C alle Elemente, die man von einer modernen Programmiersprache erwarten kann.
Als Vorteile der Programmiersprache C gelten folgende Punkte:

- C hat einen kleinen, leicht zu erlernenden Sprachumfang.
- Die Programme sind kompakt und schnell.
- C ist weitgehend standardisiert.
- Die Quell-Programme sind portabel. Sie laufen ohne oder mit geringen Änderungen auf unterschiedlichsten Rechnern und Betriebssystemen.
- C verbindet die Vorzüge einer höheren Programmiersprache wie Pascal oder Modula-2 mit der Leistungsfähigkeit einer Assemblersprache.

Dadurch, daß C dem Programmierer mehr Freiheiten als andere Programmiersprachen läßt, überträgt es ihm auch einiges an Verantwortung. Aber gerade das macht einen Großteil der Faszination dieser Sprache aus.
Dieses Buch ist – wie die gesamte Reihe "Grundkurs Computerpraxis" – so aufgebaut, daß Sie die Beispiele direkt am Computer nachvollziehen können. Legen Sie also Ihr Buch neben den Rechner und probieren Sie die Programme aus. Die Kapitel sind thematisch in sich geschlossen, bauen jedoch aufeinander auf. Arbeiten Sie den Text daher am besten von Anfang an durch.
Die vorgestellten Beispiele sind für das Betriebssystem MS-DOS konzipiert, sind jedoch in weiten Teilen auf andere Betriebssysteme und andere Hardware übertragbar.

Die in diesem Buch behandelten Compiler sind:

- MS C/C++
- MS Quick-C
- Turbo C++
- Borland C++

Da in den letzten Jahren die Installationsprogramme immer komfortabler und bedienungsfreundlicher geworden sind, haben wir in dieser überarbeiteten Ausgabe das Installationskapitel stark zugunsten weiterer sprachrelevanter Themen gekürzt. Sollten Sie also Ihren Compiler noch nicht installiert haben, finden Sie einige Grundbegriffe zu Installation und Bedienung im Anhang erklärt. Ansonsten entnehmen Sie den Hilfetexten der Installationsprogramme und der Entwicklungsumgebungen die compilerspezifischen Informationen. Außerdem hat es die Weiterentwicklung der Programmiersprache C mit sich gebracht, daß bei einigen der Beispielprogramme kleine Modifikationen bei bestimmten Compilern nötig werden. Sollte das eine oder andere Programm mit Ihrem Compiler nicht auf Anhieb fehlerfrei übersetzt werden können, schlagen Sie bitte in Kapitel 17.1 und 17.2 nach.

Wir wünschen Ihnen viel Freude und Erfolg bei Ihrer Entdeckungsreise durch die Programmiersprache C.

Wir danken den Herren Dipl.-Hdl. Gerhard Haase, Dipl.-Hdl. Dipl.-Kfm. Alexander Parkmann sowie Frau Diane Lewe für Beratung und Korrektur bei der Erstellung des Manuskripts.

Zu dem Band "Programmiersprache C" gibt es eine Arbeitsdiskette mit den von den Autoren verwendeten Beispielen, Strukturprogrammen, Programmen und Lösungen. Bestellnummer: D 525 8166 / 5¼ Zoll, DM 20,–; D 350 8166 / 3½ Zoll, DM 22,–. Zu beziehen gegen Voreinsendung des Betrages bei: Diskservice/ Parkmann, Am Königsteich 42, 4535 Westerkappeln, Konto-Nr. 201 27 627, Sparkasse Ibbenbüren, BLZ 403 510 60

Helmut Erlenkötter / Volker Reher

1 DER ERSTE SCHRITT

In diesem ersten Kapitel erhalten Sie eine Übersicht, welche Schritte nötig sind, um ein C-Programm zu schreiben und auszuführen.

1.1 Wie erstellt man ein C-Programm?

Wie bei allen Compiler-Sprachen erfordert die Programmentwicklung drei Arbeitsschritte (siehe auch Kapitel 14.3):
(1) Quell-Programmtext schreiben (editieren)
(2) Quell-Programmtext übersetzen (compilieren)
(3) Compiliertes Programm binden (linken).
Zum Lieferumfang aller hier vorgestellten Compiler gehören also immer ein **Editor**, der eigentliche **Compiler** und ein **Linker**. Der Begriff Compiler wird häufig als Synonym für das gesamte Entwicklungssystem verwendet. Auch wir folgen in diesem Buch dieser Sprachgewohnheit.

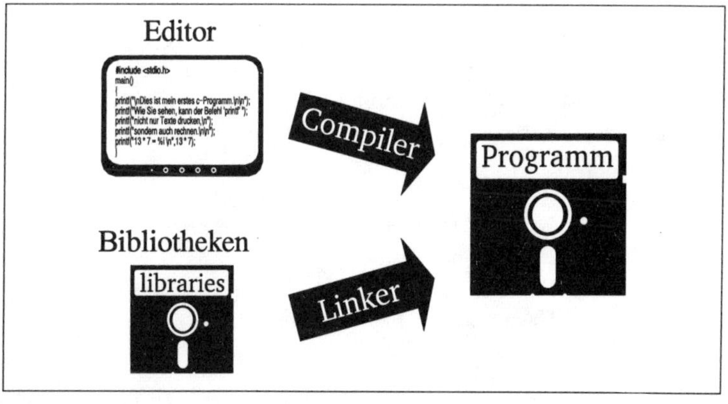

Neben diesen drei Komponenten gehören mehrere sogenannte **Bibliotheken** (libraries) zum Compiler. In den Libraries sind fertige Funktionen enthalten, die Sie in Ihren Programmen verwenden können. Der Linker sucht alle benötigten Funktionen aus diesen Bibliotheken heraus und fügt sie Ihrem Programm hinzu. Es ist der ganze Stolz der Compiler-Entwickler, möglichst umfangreiche Bibliotheken mitzuliefern, so daß man auf mehrere hundert Funktionen zurückgreifen kann.

Wie Sie sich vorstellen können, war das herkömmliche Verfahren, ein Programm zu erstellen, eine mühselige Sache. Erst den Editor starten, das Programm schreiben, dann den Compiler zur Übersetzung des Programms aufrufen, anschließend mit dem Linker ein fertiges Programm erzeugen. Und dann durfte man sich ärgern, weil das Programm immer noch Fehler hatte. Also das Ganze noch einmal!

Bei den neuen Compilern gestaltet sich der Entwicklungsprozeß weitaus einfacher. Bei diesen Systemen sind die drei Programme Editor, Compiler und Linker in einem einzigen Programm integriert, obwohl Sie auch hier die Möglichkeit haben, in herkömmlicher Weise zu arbeiten.

Sie starten also die Compiler jetzt mit TC für Turbo-C++, QC für Quick-C, BC für Borland C++ oder PWB für MS C/C++ und arbeiten dann mit einer Benutzeroberfläche, von der aus Sie Ihr Programm schreiben, übersetzen und linken können.

Da das vorliegende Buch auf vier verschiedene Compiler eingeht, werden die **Hinweise zur Bedienung** im Text folgendermaßen dargestellt (Beispiel):

<STARTEN>

Der Ausdruck in spitzen Klammern enthält die Bezeichnung der durchzuführenden Aktion. In Kapitel 17.2 finden Sie übrigens zusätzliche Hinweise zur Bedienung. So bedeutet der Befehl

<STARTEN>

bei Quick-C:	Drücken der Tasten	<F5>
bei Turbo-C:	Drücken der Tasten	<STRG>+<F9>
bei MS-C:	Drücken der Tasten	<ALT>+<P>,<R>
	Nach Ende der Compilierung	<R> zum Starten
bei Borland-C:	Drücken der Tasten	<STRG>+<F9>

Hinweis:
Bei englischen Tastaturen entspricht <CTRL> der Taste <STRG>.
Mit allen vier Befehlen haben Sie dafür gesorgt, daß das Programm compiliert, gelinkt und ausgeführt wird.
Da für das Erstellen Ihrer Programme nur wenige Befehle nötig sind, werden Sie sich schnell an diese Art der Beschreibung gewöhnen.
Jetzt aber zu unserem ersten C-Programm.

1.2 Ein erstes C-Programm

Starten Sie die Entwicklungsumgebung.

- Bei Turbo C++ heißt das, mit TC starten.
- Bei Quick-C reicht es, wenn Sie QC eingeben.
- Bei Borland C++ entspricht dies BC.
- Bei MS C/C++ starten Sie die Programmer's WorkBench mit dem Befehl PWB.

Geben Sie das folgende Programm ein.

```
#include <stdio.h>
main()
{
  printf("\nDies ist ein erstes C-Programm.\n\n");
  printf("Wie Sie sehen, kann der Befehl 'printf' ");
  printf("nicht nur Texte drucken,\n");
  printf("sondern auch rechnen.\n\n");
  printf("13 * 7 = %i \n",13 * 7);
}
```

Hinweis:
Sollten die geschweiften Klammern und der Backslash (\) bei Ihrem Rechner nicht direkt über die Tastatur zu erreichen sein, halten Sie die <ALT>-Taste gedrückt und tippen dann den ASCII-Code des Zeichens auf dem **Ziffernblock** ein.

```
{ = <ALT>+<1><2><3>
} = <ALT>+<1><2><5>
\ = <ALT>+<9><2>
```

<STARTEN> Sie das Programm. Sie erinnern sich: <F5> bei Quick-C oder <STRG>+<F9> bei Turbo C++ und Borland C++.
Die Ausgabe Ihres ersten Programms sehen Sie auf folgenden Seiten oben.

```
Dies ist ein erstes C-Programm

Wie Sie sehen, kann der Befehl 'printf' nicht nur Texte drucken,
sondern auch rechnen.

13 * 7 = 91
```

Sollten Sie das Programm mit Turbo C++ oder Borland C++ ausprobiert haben, so müssen Sie jetzt noch die Tastenkombination <ALT>+<F5> drücken, um den Ausgabebildschirm sehen zu können. Mit einer beliebigen Taste gelangen Sie in den Editor zurück. Eventuell angezeigte Warnungen des Compilers können Sie vorläufig ignorieren. Sollten dennoch Probleme auftreten, lesen Sie Kapitel 17.2 durch, um mögliche Fehlerquellen zu lokalisieren.
Im nächsten Bild sehen Sie das gleiche Programm, diesmal allerdings mit numerierten Zeilen. Diese Zeilennummern dienen uns in diesem Buch ausschließlich zur Bezugnahme in den folgenden Erklärungen. Bei den Angaben zwischen /* und */ handelt es sich um Kommentare, die der Compiler beim Übersetzen ignoriert. Kommentare dürfen sich über mehrere Zeilen erstrecken. Ein Kommentarbereich wird immer durch /* eingeleitet und durch */ beendet. Eine Schachtelung von Kommentaren ist normalerweise nicht erlaubt.

```
/* prg1_1.c */
       #include <stdio.h>
/* 3*/ main()
/* 4*/ {
/* 5*/   printf("\nDies ist ein erstes C-Programm.\n\n");
/* 6*/   printf("Wie Sie sehen, kann der Befehl 'printf' ");
/* 7*/   printf("nicht nur Texte drucken,\n");
/* 8*/   printf("sondern auch rechnen.\n\n");
/* 9*/   printf("13 * 7 = %i \n",13 * 7);
/*10*/ }
```

Schauen wir uns das Programm nun zeilenweise an.

Zeile 2: Eine oder mehrere **include**-Anweisungen befinden sich in beinahe jedem C-Programm. Was es damit genau auf sich hat, wird im Kapitel 2 erläutert.

Zeile 3: Das Schlüsselwort **main** befindet sich in jedem ausführbaren C-Programm. Es ist der Startpunkt – die Hauptfunktion –, bei dem die Ausführung beginnt. Die runden Klammern hinter **main** deuten auf eine Eigenart von C hin: das gesamte Programm besteht aus Funktionen. In den Klammern werden die Parameter angegeben, die an die Funktion übergeben werden. Soll, wie in unserem Beispiel, die Funktion keine Werte erhalten, dann bleiben die Klammern leer. Angegeben werden müssen sie aber auf jeden Fall.

Zeilen 4+10: Die geschweiften Klammern dienen zur Bildung eines Blocks von Anweisungen. Jeder **Block** beginnt und endet mit geschweiften Klammern. Pascal-Programmierern wird diese Idee nicht neu sein, verwendet doch Pascal etwas Ähnliches in Form der Anweisungen begin und end.

Zeilen 5–9: In diesen Zeilen wird eine Funktion verwendet, die zur Ausgabe von Daten auf dem Bildschirm dient. **printf** ist kein Bestandteil der Sprache C, sondern eine Funktion, die vom Compiler-Hersteller in Form der oben erwähnten Bibliotheken mitgeliefert wird. Während des Linkens wird diese Funktion aus der entsprechenden Library geholt und in Ihr Programm eingebunden.
printf ist eine der am häufigsten verwendeten und leistungsfähigsten Funktionen.
Sie sehen, daß die auszugebenden Texte zusätzliche Zeichen enthalten, die nicht mit ausgedruckt werden. Diese Zeichen sind sogenannte **Escape-Sequenzen**. In unserem Beispiel haben wir die Sequenz **\n** in die Zeichenkette eingebaut. **\n** steht für **new line** (neue Zeile) und sorgt dafür, daß bei der Textausgabe an diesen Stellen eine neue Zeile begonnen wird. Ohne diese Escape-Sequenz wird der Ausdruck an der aktuellen Cursorposition fortgeführt, wie Sie in Zeile 6 und 7 sehen können. Eine Escape-Sequenz wird immer von einem Backslash (\) eingeleitet.

Zeile 9: Neben der bloßen Ausgabe von Texten kann die Funktion **printf** auch rechnen. Diese Fähigkeit nutzen wir, um das Ergebnis von "13 multipliziert mit 7" ausrechnen zu lassen.
Der Ausdruck "13 * 7 =%i \n" enthält etwas Neues, nämlich das **%i**. Diese Zeichenkombination dient in C als Platzhalter für einen ganzzahligen Wert, der, durch Komma getrennt, hinter der Zeichen-

kette folgt. In unserem Fall ist das der Wert des Ausdrucks 13*7. Nachdem das Ergebnis (91) berechnet ist, wird **%i** durch 91 ersetzt und die gesamte in Anführungszeichen stehende Zeichenkette ausgedruckt. An Stelle des Platzhalters %i kann auch %d verwendet werden, das die gleiche Aufgabe erfüllt. Viele ältere Compiler kennen %i nicht!

1.3 Die Funktion printf

Das nächste Programm zeigt weitere Eigenschaften der Funktion **printf**.

Hinweis:
Bevor Sie dieses Beispiel ausprobieren, müssen Sie das alte Programm <LÖSCHEN>. Wenn Sie es allerdings der Nachwelt erhalten möchten, müssen Sie es natürlich auf Diskette oder Platte <SICHERN>. Als Namen könnten Sie prg1_1.c nehmen.

```
/* prg1_2.c */
     #include <stdio.h>
/* 3*/ main()
/* 4*/ {
/* 5*/     printf("\nJetzt rechne ich: \n");
/* 6*/     printf("3 + 2 = %i\n3 - 2 = %i\n",3+2,3-2);
/* 7*/     printf("12 * 3 = %i\n12 / 3 = %i\n\a",12*3,12/3);
/* 8*/ }
```

Nach dem <STARTEN> erscheint:

```
Jetzt rechne ich:
3 + 2 = 5
3 - 2 = 1
12 * 3 = 36
12 / 3 = 4
```

Zeile 6: Ein Platzhalter, in diesem Beispiel das **%i**, kann in einer Zeile mehrfach vorkommen. In diesem Fall müssen hinter der Zeichenkette genau so viele Werte folgen, wie Platzhalter angegeben

sind. Auch die Reihenfolge der Werte muß mit der Reihenfolge der Platzhalter übereinstimmen, da die Ausdrücke von links nach rechts bewertet und an Stelle des **%i** eingetragen werden. Für das erste **%i** wird also das Ergebnis von 3+2 und für das zweite **%i** das Ergebnis von 3−2 übernommen. (Denken Sie daran, daß statt %i auch %d verwendet werden kann.)
Die Escape-Sequenzen dürfen im Text an beliebiger Stelle stehen. Sie sind hier benutzt worden, um jede Berechnung in einer eigenen Zeile anzuzeigen.

Zeile 7: Am Ende dieser Zeile ist eine weitere Escape-Sequenz verwendet worden. Die Wirkung dieser Sequenz läßt sich allerdings nicht bildlich dastellen, denn **\a** steht für alert (Alarm) und gibt einen Ton über den Lautsprecher des Rechners aus.

Hinweis:
Diese Escape-Sequenz ist nicht bei allen C-Compilern vorhanden!

Fassen wir die Arbeitsweise von **printf** noch einmal zusammen:
Hinter der geöffneten Klammer folgt als erstes eine Zeichenkette, die durch Anführungszeichen begrenzt wird. Sie enthält den zu druckenden Text. Bevor der Text ausgedruckt wird, untersucht **printf**, ob eines der beiden Sonderzeichen % oder \ vorkommt. Das Prozentzeichen, gefolgt von einem Buchstaben, bedeutet, daß an dieser Stelle bei der Ausgabe der Wert erscheinen soll, der hinter der Zeichenkette steht. Der Backslash (\) gibt an, daß der nächste Buchstabe als Steuerzeichen zu interpretieren ist. Sie haben bisher die Steuerzeichen **\n** für "Neue Zeile" und **\a** für "Alarm" kennengelernt.

Die Bedeutung der Rechenzeichen entspricht der in den meisten Programmiersprachen.
+ → addieren
− → subtrahieren
* → multiplizieren
/ → dividieren

Kommen in einem Ausdruck mehrere Rechenzeichen vor, so werden Multiplikation und Division zuerst ausgeführt, da sie einen höheren Rang haben als Addition und Subtraktion. Bei Zeichen mit gleichem Rang wird von links nach rechts bewertet.

1.4 Die Form eines C-Programms

Zum Abschluß dieses ersten Kapitels möchten wir Ihnen noch das kürzeste C-Programm vorstellen. Es lautet:

```
main(){}
```

Sie sehen hier ein vollständiges, korrektes C-Programm, geschrieben in einer Zeile. Das einzige, was man an diesem Programm bemängeln könnte, ist die Tatsache, daß es absolut nichts tut. Es kann uns jedoch als Grundlage für die Erläuterung einer weiteren C-spezifischen Eigenart dienen:
C ist eine formatfreie Sprache. Das heißt, daß die äußere Form des Programms fast beliebig ist. Dem C-Compiler ist es herzlich egal, ob Sie Ihr Programm so:

```
main(
      ){  printf("Hallo Welt"  )
;}
```

oder so:

```
main()
{
   printf("Hallo Welt");
}
```

schreiben. Für die Übersichtlichkeit dürfte die zweite Form allerdings die bessere sein. Sie sollten sich von Anfang an eine strukturierte Schreibweise aneignen; sie macht Ihre Programme besser verständlich und damit auch besser zu pflegen. Wie Sie die Einrückungen und Absätze letztendlich wählen, bleibt Ihnen überlassen. Sie können sich jedoch an der in diesem Buch vorgestellten Schreibweise orientieren. Damit wird auch die Funktion der Semikolons am Ende jeder Zeile klar: Sie beenden jede Anweisung und ermöglichen es dem Compiler dadurch, sich im Programm zurechtzufinden.

1.5 Zusammenfassung

Sie haben in diesem Kapitel bereits die grundlegenden Eigenschaften der Programmiersprache C kennengelernt. Die folgende Aufzählung faßt diese Punkte noch einmal zusammen.

- C ist formatfrei und benötigt keine Zeilennummern, das heißt, Sie können das Aussehen Ihres Programms frei bestimmen.
- C besteht nur aus Funktionen. Die Funktion **main** muß in jedem C-Programm genau einmal vorkommen.
- Jede Funktion beginnt mit { und endet mit }.
- Jede Anweisung muß mit einem Semikolon abgeschlossen werden.
- Kommentare werden im Programm mit /* eingeleitet und mit */ beendet.
- Der Sprachumfang von C ist klein und leicht zu lernen. Die meisten Funktionen, die zur Erstellung eines Programms nötig sind, werden in sogenannten Bibliotheken mitgeliefert.
- Eine der wichtigsten Bibliotheksfunktionen ist **printf**. Durch sogenannte Escape-Sequenzen kann die Ausgabe von Texten gesteuert werden. Des weiteren kann **printf** Berechnungen durchführen und die Ergebnisse ausdrucken.

1.6 Übungen

Aufgabe 1

Welche Ausgabe liefert das folgende Programm?

```
main()
{
  printf("\nDas Ergebnis von\nzwölf durch vier ist %i.\n",3);
}
```

Aufgabe 2

Ergänzen Sie die folgende **printf**-Anweisung, damit die darunter dargestellte Ausgabe auf dem Bildschirm erfolgt.

```
main()
{
  printf("\nDieser ...
}
```

```
Dieser Text
enthält
viele
Zeilenumbrüche.
```

Aufgabe 3

Welches Ergebnis liefert dieses Programm?

```
main()
{
  printf("4 + 6 / 2 = %i\n",4+6/2);
}
```

2 RECHNEN IN C

Im vorigen Kapitel haben Sie die Grammatik (Syntax) eines C-Programms kennengelernt und mit Hilfe der Funktion **printf** erste Berechnungen durchgeführt. Die Beispielprogramme hatten allerdings den Nachteil, daß für jeden neuen Zahlenwert das Programm neu übersetzt werden mußte. Es wäre viel praktischer, wenn man ein Programm hätte, das beliebige Zahlen während des Programmlaufs von der Tastatur entgegennimmt und mit diesen Werten die Berechnungen durchführt. Erst das macht ein Programm zu einem sinnvollen Programm. Wer möchte sich schon zigmal ausrechnen lassen, wieviel 13*7 ist!

2.1 Rechnen mit ganzen Zahlen

Die C-Bibliothek stellt eine Vielzahl von Funktionen zur Dateneingabe bereit. Für die folgenden Beispiele benutzen wir die Funktion **scanf**. Man kann diese Funktion als Gegenstück zu **printf** betrachten, da auch hier ein Formatstring mit Platzhaltern, gefolgt von einer Variablenliste, verwendet wird.
Geben Sie das Programm prg2_1.c ein, und <STARTEN> Sie es. Auch hier gilt natürlich, daß die Kommentare nicht mit eingegeben werden müssen (siehe Abb. auf S. 26).

```
/* prg2_1.c */
        #include <stdio.h>
/* 3*/
/* 4*/ main()
/* 5*/ {
/* 6*/ int x,y;
/* 7*/   printf("\n\t\tR e c h e n p r o g r a m m  1\n\n");
/* 8*/   printf("\nBitte x eingeben :");
/* 9*/   scanf("%i",&x);
/*10*/   printf("\nBitte y eingeben :");
/*11*/   scanf("%i",&y);
/*12*/   printf("\n\n %i + %i ist %i",x,y,x+y);
/*13*/   printf("\n\n %i - %i ist %i",x,y,x-y);
/*14*/   printf("\n\n %i * %i ist %i",x,y,x*y);
/*15*/   printf("\n\n %i / %i ist %i",x,y,x/y);
/*16*/ }
```

Geben Sie als Werte für x 12 und für y 3 ein. Das Ergebnis sehen Sie unten.

```
12 + 3 ist 15

12 - 3 ist 9

12 * 3 ist 36

12 / 3 ist 4
```

Neben der Funktion **scanf** sind noch zwei weitere neue Elemente in diesem Programm aufgetaucht.

Zeile 2: Eine oder mehrere **include**-Anweisungen finden sich in fast jedem C-Programm wieder. **include** ist keine Programmanweisung, sondern eine sogenannte Preprozessor-Direktive (siehe Kapitel 17.3). Hinter diesem furchteinflößenden Wort verbirgt sich allerdings nichts Geheimnisvolles.
Bevor der eigentliche Compiliervorgang beginnt, sucht der Preprozessor nach dem Nummern-Zeichen (#). Findet er dieses Zeichen, so weiß er, daß jetzt eine Anweisung für ihn folgt. Das Wort **include** bedeutet nun, daß er die Datei, die in spitzen Klammern angegeben ist, an dieser Stelle in Ihr Programm einfügen soll. Dieser Vorgang läßt sich mit dem automatischen Einfügen von Textbausteinen bei einer Textverarbeitung vergleichen.

Im Beispiel soll die Datei **stdio.h** in den Programmtext eingefügt werden. Vom Compiler-Hersteller werden ca. 30 **include**-Dateien mitgeliefert, die an der Endung h zu erkennen sind. Sie haben u.a. die Aufgabe, Definitionen in Ihr Programm einzubauen, die von den Funktionen benötigt werden.
Wenn Sie mit Quick-C oder Turbo-C arbeiten, werden während des Compilierens die Nummern der gerade übersetzten Zeilen angezeigt. Wenn nun eine **include**-Datei in das Programm eingefügt wurde, sehen Sie, daß weitaus mehr Zeilen durchgezählt werden, als Sie eingegeben haben. Das liegt eben daran, daß der Programmtext vor dem Compilieren durch die **include**-Anweisung vergrößert wurde. Im Handbuch der Bibliotheksfunktionen ist zu jeder einzelnen Funktion angegeben, welche **include**-Datei benötigt wird.
Bevor Sie weiterlesen, sollten Sie die folgende Aufgabe lösen.

Aufgabe 4

Welche include-files werden für die Funktionen **strlen** (ermittelt die Länge einer Zeichenkette) und **getch** (liest ein Zeichen von der Tastatur) benötigt? (siehe Kapitel 17)

Zeile 6: In prg2_1.c sollten Werte während des Programmlaufs eingegeben werden. Darum muß im Programm dafür gesorgt werden, daß die Werte zwischengespeichert werden. Diese Aufgabe wird von **Variablen** übernommen. Bevor eine Variable das erste Mal verwendet werden kann, muß sie deklariert, das heißt Typ und Name müssen festgelegt werden.
Pascal-Programmierern ist das nichts Neues, und auch BASIC-Programmierer werden sich nach einigen Anlaufschwierigkeiten sicher mit dieser Idee anfreunden.
Die beiden Variablen x und y sind vom Typ Integer (Ganzzahl). Sie werden durch das Schlüsselwort **int** gekennzeichnet. Zuerst kommt also die Typbezeichnung, hier Typ **int**, dann der Name der Variablen. Werden mehrere Variablen vom gleichen Typ benötigt, können sie – durch Komma getrennt – hinter dem Schlüsselwort aufgezählt werden.

Zeile 7: In dieser Zeile wird die Escape-Sequenz **\t** verwendet. **\t** steht für Tabulator und bewegt den Cursor um jeweils acht Stellen nach rechts. Der Tabulator ist hier benutzt worden, um die Überschrift ungefähr in die Mitte der Zeile zu positionieren.

Zeilen 9 + 11: Die Funktion **scanf** dient der Eingabe von Daten und arbeitet ähnlich wie **printf**. Zuerst kommt eine Zeichenkette mit einem Platzhalter (%i) für die einzugebende Variable und dahinter die Variable selbst (x bzw. y). Die genaue Bedeutung des **&**-Zeichens vor der Variablen zu erklären würde an dieser Stelle zu weit führen. Dieser Punkt wird ausführlich in Kapitel 10 besprochen. Hier mag genügen, daß das **&**-Zeichen die Adresse einer Variablen liefert.
Starten Sie jetzt das Programm nochmals, und geben Sie für x 125 und für y 25 ein.

```
125 + 25 ist 150

125 - 25 ist 100

125 * 25 ist 3125

125 / 25 ist 5
```

Auch diese Ergebnisse sind richtig. Das Programm scheint korrekt zu funktionieren. Machen Sie noch einen letzten Test: Geben Sie diesmal für x 300 und für y 200 ein.

```
300 + 200 ist 500

300 - 200 ist 100

300 * 200 ist -5536

300 / 200 ist 1
```

Die Ergebnisse für Addition und Subtraktion sind zwar immer noch richtig, bei der Multiplikation und der Division sind die Ergebnisse jedoch augenscheinlich falsch. Woran liegt das?
Sie hatten die Variablen x und y als Typ **int** deklariert. Das bedeutet, daß diese Variablen nur ganze Zahlen aufnehmen können. Die Division von 300/200 ergibt aber 1.5. (Beachten Sie bitte, daß C – wie andere Programmiersprachen auch – einen Punkt als Dezimalzeichen verwendet.) Da also Integer-Variablen nur ganze Zahlen speichern

können, geht der Nachkommateil verloren. Damit wird die Ausgabe "300/200 ist 1" verständlich.
Das erklärt allerdings noch immer nicht, warum 300*200 −5536 ergeben soll. Aber auch für dieses Verhalten liegt der Grund in dem gewählten Variablentyp. Integer-Zahlen haben nämlich (bei 16-Bit-Computern) einen Wertebereich, der nur die Darstellung der Zahlen von −32768 und 32767 erlaubt. Da 300*200 aber bereits 60000 ergibt, kommt es zu diesem seltsamen Ergebnis. Der tiefere Grund liegt in der internen Darstellungsform für negative und positive Dualzahlen. Die ausführliche Erklärung würde hier zu weit führen.
Sie sollten sich an dieser Stelle aber merken, daß Sie als Programmierer dafür verantwortlich sind, daß der Wertebereich der Integer-Zahlen nicht überschritten wird. Sie sollten sie trotzdem so oft wie möglich verwenden, da sie die "natürlichsten" Zahlen für einen Computer sind. Der Rechner kann mit diesen Zahlen am effektivsten, das heißt am schnellsten arbeiten.

2.2 Fließkomma-Zahlen

Die Verwendung von Ganzzahlen ist auf einen kleinen Wertebereich begrenzt, außerdem können eben nur ganze Zahlen dargestellt werden. Sollen größere Zahlen oder Zahlen mit Nachkommastellen verwendet werden, müssen Sie andere Variablentypen benutzen. Im nachstehenden Programm wird der Typ **float** vorgestellt, der einen Wertebereich von 3.4 * 10 hoch −38 bis 3.4 * 10 hoch 38 darstellen kann. Ausgeschrieben lautet eine solche Zahl:
340000000000000000000000000000000000000.
Das dürfte fürs erste ausreichen.
Noch ein *Hinweis:* Sie können sich viel Tipparbeit ersparen, wenn Sie das letzte Programm überschreiben. Sie müssen nur **int** gegen **float** und alle **%i** gegen **%f** austauschen (siehe Abb. auf S. 30).

```
/* prg2_2.c */
        #include <stdio.h>
/* 3*/
/* 4*/ main()
/* 5*/ {
/* 6*/ float x,y;
/* 7*/    printf("\n\t\tR e c h e n p r o g r a m m  2\n\n");
/* 8*/    printf("\nBitte x eingeben :");
/* 9*/    scanf("%f",&x);
/*10*/    printf("\nBitte y eingeben :");
/*11*/    scanf("%f",&y);
/*12*/    printf("\n\n %f + %f ist %f",x,y,x+y);
/*13*/    printf("\n\n %f - %f ist %f",x,y,x-y);
/*14*/    printf("\n\n %f * %f ist %f",x,y,x*y);
/*15*/    printf("\n\n %f / %f ist %f",x,y,x/y);
/*16*/ }
```

```
300.000000 + 200.000000 ist 500.000000

300.000000 - 200.000000 ist 100.000000

300.000000 * 200.000000 ist 60000.000000

300.000000 / 200.000000 ist 1.500000
```

In diesem Programm sind die Variablen x und y vom Typ **float**; sie können somit auch große Zahlen und Zahlen mit Nachkommastellen aufnehmen. Damit die Ausgabe dieser Zahlen auch richtig erfolgt, haben Sie in der Funktion **printf** den Platzhalter **%f** verwendet. Standardmäßig werden sechs Nachkommastellen angezeigt.

2.3 Formatierte Zahlenausgabe

Das bisher Gelernte sollen Sie nun an einem Programm zur Umrechnung von Währungen ausprobieren.

```
/* prg2_3.c */
       #include <stdio.h>
/* 3*/
/* 4*/ main()
/* 5*/ {
/* 6*/ float u_faktor,betrag;
/* 7*/   printf("\n\t\tW ä h r u n g s r e c h n e n\n\n");
/* 8*/   printf("\nBitte Umrechnungsfaktor eingeben :");
/* 9*/   scanf("%f",&u_faktor);
/*10*/   printf("\nBitte DM-Betrag eingeben :");
/*11*/   scanf("%f",&betrag);
/*12*/   printf("\n%.2f DM entspricht ",betrag);
/*13*/   printf("%.2f in der Fremdwährung.",betrag*u_faktor);
/*14*/ }
```

Geben Sie als Umrechnungsfaktor 0.345 und als DM-Betrag 100 ein. Beachten Sie, daß die Nachkommastellen mit einem Punkt abgetrennt werden!

```
100.00 DM entspricht 34.50 in der Fremdwährung.
```

Zeilen 12 + 13: Wenn Sie sich die Ausgabe des vorletzten Programms (prg2_2.c) ansehen, werden Sie feststellen, daß jede Zahl mit sechs Nachkommastellen ausgegeben wurde. In diesem Programm werden die Währungsbeträge jedoch mit nur zwei Stellen angezeigt. Sie haben sicher bemerkt, welche Formulierung in **printf** das bewirkt. Die Angabe **.2** hinter dem Prozentzeichen legt das Format der Zahl fest und bedeutet "zeige die Zahl mit zwei Nachkommastellen an".
Um festzustellen, ob **printf** die Zahlen auch korrekt rundet, geben Sie als Umrechnungsfaktor 0.3245 und als Betrag 10 ein. Das ungerundete Ergebnis lautet 3.245.

Zum Abschluß dieses Kapitels noch zwei *Hinweise:*

(1) **Variablennamen** dürfen bei den meisten C-Compilern **bis zu 31 Stellen** lang sein. Sie können aus den Buchstaben A-Z und a-z, Ziffern und dem sog. Underscore (_) bestehen. Ziffern dürfen jedoch nicht am Anfang stehen. Innerhalb dieser Grenzen bleibt Ihnen die Wahl der Variablennamen freigestellt. Sie sollten aller-

dings solche Namen wählen, die etwas über den Inhalt der Variable aussagen. So ist es zwar durchaus erlaubt, x1, ac3, mma usw. als Namen zu verwenden, summe, umsatz oder taste sind jedoch viel leichter zu merken. Wenn Sie ins andere Extrem verfallen und die Namen zu lang machen, bringt das auch Probleme mit sich, da beim Schreiben der Variablennamen häufiger Fehler unterlaufen können.

(2) Die in den bisherigen Programmen verwendete Kleinschreibung ist nicht zufällig gewählt. **C ist 'case-sensitiv', das heißt es unterscheidet zwischen Groß- und Kleinschreibung.** Mit Bereich, bereich und beReich haben Sie daher drei verschiedene Variablen definiert.

Alle **Bibliotheksfunktionen** müssen in Kleinbuchstaben eingegeben werden. Haben Sie sich verschrieben und statt **printf Printf** geschrieben, wird Sie der Compiler (genaugenommen ist es in diesem Fall der Linker) nachdrücklich auf diesen Fehler aufmerksam machen.

Bei **selbstdefinierten Variablen und Funktionen** können Sie die Schreibweise selbst wählen. Üblicherweise werden C-Programme jedoch durchgehend klein geschrieben.

2.4 Zusammenfassung

- Include-Dateien finden sich in beinahe jedem C-Programm. Sie enthalten u. a. Definitionen für die einzelnen Funktionen. Die am häufigsten benötigte Include-Datei ist **stdio.h**.
- C kennt verschiedene Datentypen. Sie haben den Typ **int** für ganze Zahlen und den Typ **float** für Fließkommazahlen kennengelernt.
- Variablennamen können bis zu 31 Zeichen lang sein.
- Die Funktion **scanf** dient der Eingabe von Daten. Sie ist nur eine von mehreren Funktionen, die diesem Zweck dienen.
- Platzhalter in der Funktion **printf** können um eine Angabe zur formatierten Ausgabe von Zahlen erweitert werden.
- Als weitere Escape-Sequenz haben Sie **\t** kennengelernt. Diese Sequenz bewirkt einen Tabulatorsprung um acht Stellen.
- C ist 'case-sensitiv', das heißt es wird zwischen Groß- und Kleinschreibung unterschieden.

2.5 Übungen

Aufgabe 5

Was ist an diesem Programm falsch?

```
#include <stdio.h>

main()
{
float celsius;
  PRINTF("\nBitte Grad Celsius eingeben : ");
  SCANF("%f",&celsius);
  PRINTF("\n%.1f Grad Celsius entsprechen ",celsius);
  PRINTF("%.1f Grad Fahrenheit.\a",celsius*9/5+32);
}
```

Aufgabe 6

Dieses Programm berechnet die Anzahl der Herzschläge seit Ihrer Geburt. Was muß im Programm geändert werden, damit die Gesamtzahl der Herzschläge ohne Nachkommastellen ausgegeben wird?

```
#include <stdio.h>

main()
{
float schlaege,alter;
  printf("\n\t\tHerzschläge\n");
  printf("\nHerzschläge pro Minute : ");
  scanf("%f",&schlaege);
  printf("Alter in Jahren        : ");
  scanf("%f",&alter);
  printf("\nIhr Herz hat seit Ihrer Geburt ");
  printf("%f ",schlaege * 60 * 24 * 365.25 * alter);
  printf("mal geschlagen.");
}
```

Aufgabe 7

Schreiben Sie ein Programm, das den Benzinverbrauch eines Autos in Liter für je 100 Kilometer errechnet. Als Eingabe benötigt das Programm den Benzinverbrauch in Liter und die gefahrenen Kilometer. Der Verbrauch pro Kilometer ergibt sich aus: Liter * 100/km.

3 WERTZUWEISUNGEN

In diesem Kapitel erfahren Sie, wie man Variablen Werte zuweisen kann.

3.1 Ein Additionsprogramm

In den bisher vorgestellten Programmen haben Sie sämtliche Berechnungen von der Funktion **printf** durchführen lassen. Das funktionierte auch einwandfrei. Wir haben uns bis jetzt aber noch nicht die Frage gestellt, wie man sich diese errechneten Werte für die weitere Verwendung im Programm merken kann. Denn **printf** berechnet das Ergebnis und gibt es sofort auf dem Bildschirm aus. Damit können wir im weiteren Verlauf des Programms aber nichts mehr anfangen, da die Werte eben nur auf dem Bildschirm stehen und sonst nirgends.
Im folgenden kleinen Additionsprogramm wollen wir diesen Mißstand beheben.

```
/* prg3_1.c */
       #include <stdio.h>
/* 3*/
/* 4*/ main()
/* 5*/ {
/* 6*/ float summe=0.0,zahl;
/* 7*/   printf("\n1. Zahl : ");
/* 8*/   scanf("%f",&zahl);
/* 9*/   summe=summe+zahl;
/*10*/   printf("\n2. Zahl : ");
/*11*/   scanf("%f",&zahl);
/*12*/   summe=summe+zahl;
/*13*/   printf("\n3. Zahl : ");
/*14*/   scanf("%f",&zahl);
/*15*/   summe=summe+zahl;
/*16*/   printf("\nEndergebnis = %.17f",summe);
/*17*/ }
```

<STARTEN> Sie das Programm, und geben Sie diese drei Werte ein:

```
1. Zahl : 0.12345678901234567890
2. Zahl : 5
3. Zahl : 5
```

Das Ergebnis sieht so aus:

```
Endergebnis = 10.123456954956050000
```

Wie es scheint, hat es der Computer bei dieser Rechnung nicht so genau genommen; ab der 7. Stelle weicht das Ergebnis von der Eingabe ab. Bevor wir uns aber mit diesem seltsamen Ergebnis näher beschäftigen, sehen wir uns das Programm im einzelnen an.

Zeilen 9 + 12 + 15: In diesen Zeilen wird der Variablen summe ein Wert zugewiesen. In C wird das Gleichheitszeichen = als Zuweisungsoperator verwendet. (Pascal-Programmierern wird diese Schreibweise zu Beginn wahrscheinlich einige Schwierigkeiten bereiten.) Sollten Sie noch wenig Programmiererfahrung besitzen, wird Ihnen der Ausdruck "summe = summe + zahl" auf den ersten Blick etwas seltsam erscheinen. Der Trick bei der Sache ist, daß das Gleichheitszeichen nicht die Bedeutung von "gleich" hat. Vielmehr weist es der links stehenden Variablen den Wert des rechts stehenden Ausdrucks zu. In unserem Beispiel wird also zuerst "summe + zahl" ausgerechnet, und dieses Ergebnis ist dann der neue Wert von summe. Gehen wir das an einem *Beispiel* schrittweise durch:

summe hat zu Beginn den Wert 0. Geben Sie nacheinander 3, 12 und 5 ein, dann haben die Variablen folgende Werte:

1. summe (0) + zahl (3) → summe (3)
2. summe (3) + zahl (12) → summe (15)
3. summe (15) + zahl (5) → summe (20)

Nach Ende der Berechnung hat summe den Wert 20.

Zeile 6: Der Ausdruck "float summe=0.0" erledigt zwei Aufgaben auf einmal. Als erstes deklariert er die Variable summe als Typ **float**; das kennen Sie bereits. Als zweites wird summe der Wert 0.0 zugewiesen. Diesen Vorgang nennt man "initialisieren". In C sind normale Variablen nach der Deklaration nicht automatisch mit Null vorbelegt, wie es in einigen anderen Programmiersprachen der Fall ist, sondern können beliebige Zufallswerte enthalten. In diesem Programm soll summe aber die Werte der drei eingegebenen Zahlen aufsummieren, muß also zu Beginn immer auf 0 stehen. Entfernen Sie die Zuweisung "=0.0" aus dieser Zeile, und <STARTEN> Sie erneut. Mit großer Wahrscheinlichkeit wird das Programm jetzt falsche Ergebnisse liefern.
Nun aber zur Erklärung des seltsamen Ergebnisses.
Wie Sie bereits wissen, haben Variablen vom Typ **float** einen Wertebereich von 3.4 ∗ 10 hoch −38 bis 3.4 ∗ 10 hoch 38. Das sagt allerdings noch nichts über die Genauigkeit aus, mit der die Zahlen gespeichert werden. Für **float** werden im Speicher **4 Byte** (32 bit) reserviert. Damit liegt auch die mögliche Genauigkeit fest. Für genauere Berechnungen bietet C den Typ **double**. Dieser Typ hat einen Wertebereich von 1.7 ∗ 10 hoch −308 bis 1.7 ∗ 10 hoch 308. Wir ersparen uns hier, diese Zahl auszuschreiben. Die Genauigkeit der Zahlen liegt etwa doppelt so hoch wie die der **float**-Zahlen, da für **double 8 Byte** (64 bit) im Speicher reserviert werden.
Im Programm prg3_2.c wird der Variablentyp **double** verwendet. Sie können sich wieder Tipparbeit ersparen, wenn Sie das letzte Programm überschreiben. Sie müssen nur **float** gegen **double** und den Platzhalter **%f** gegen **%lf** austauschen.

```
/* prg3_2.c */
       #include <stdio.h>
/* 3*/
/* 4*/ main()
/* 5*/ {
/* 6*/ double summe=0.0,zahl;
/* 7*/    printf("\n1. Zahl : ");
/* 8*/    scanf("%lf",&zahl);
/* 9*/    summe=summe+zahl;
/*10*/    printf("\n2. Zahl : ");
/*11*/    scanf("%lf",&zahl);
/*12*/    summe=summe+zahl;
/*13*/    printf("\n3. Zahl : ");
/*14*/    scanf("%lf",&zahl);
/*15*/    summe=summe+zahl;
/*16*/    printf("\nEndergebnis = %.17lf",summe);
/*17*/ }
```

Wenn Sie die gleichen Eingaben wie in prg3_1.c machen, erscheint folgendes Ergebnis:

```
Endergebnis = 10.12345678901234000
```

Die Ungenauigkeit beginnt hier erst ab der 15. Stelle; das dürfte auch für die ausgefallensten Anwendungen ausreichen.
Zu erwähnen wäre noch, daß für **double**-Werte der Platzhalter **%lf** verwendet wird. **lf** steht für long float.
Von jetzt an werden wir in den Programmen nur noch den Typ **double** verwenden, da dies für C der bevorzugte Fließkommatyp ist. (Der Compiler wandelt **float** bei Bedarf selbständig in **double** um.)

3.2 Zusammenfassung

- Als Zuweisungsoperator verwendet C das Gleichheitszeichen (=).
- Bei einer Wertzuweisung darf auf der linken Seite nur eine Variable stehen. *Beispiele:*

  gesamtsumme = 2 * summe
  z = 12
  bereich = x1 + 40/x2

- Variablen können bei der Deklaration gleichzeitig initialisiert werden.
- Der Typ **double** ist der bevorzugte Fließkommatyp.

3.3 Übungen

Aufgabe 8

Welche der folgenden Zuweisungen sind falsch?

a) summe = summe + 10
b) x*x = x*5
c) 5a = anfang + ende
d) wert = eingabe + alter_wert * 2
e) g_betrag = betrag * 1.14

Aufgabe 9

Warum liefert das folgende Programm unter Umständen ein falsches Ergebnis?

```
#include <stdio.h>

main()
{
double summe,zahl;
  zahl = 10
  summe = summe + zahl;
  summe = summe + zahl;
  printf("Ergebnis = %lf",summe);
}
```

4 WIEDERHOLEN VON PROGRAMMTEILEN

Im letzten Kapitel haben Sie Programme zur Summenbildung geschrieben. Für jede Zahleneingabe enthielt das Programm eine eigene Zeile. Bei den drei einzugebenden Zahlen mag das noch angehen. Was aber, wenn hundert oder tausend Zahlen addiert werden sollen? Die Lösung für dieses Problem bieten sogenannte Programmschleifen, auch Wiederholstrukturen genannt. Bei diesen Schleifen läuft das Programm nicht wie bisher von oben nach unten durch, sondern springt zurück und wiederholt einen bestimmten Programmteil mehrmals.

4.1 Die for-Schleife

4.1.1 Einfache Schleifen

In Programm prg4_1.c lernen Sie eine dieser Schleifenkonstruktionen kennen.
Wir stellen uns die Aufgabe, ein Programm zu schreiben, das eine bestimmte Anzahl von Zahlen über die Tastatur einliest. Die Summe der Zahlen soll berechnet und zusammen mit dem Mittelwert am Programmende ausgegeben werden.

```
/* prg4_1.c */
        #include <stdio.h>
/* 3*/
/* 4*/ main()
/* 5*/ {
/* 6*/ int x,anzahl;
/* 7*/ double zahl,summe=0.0,mittelw;
/* 8*/   printf("\n\t\t\tS t a t i s t i k\n\n");
/* 9*/   printf("\nWieviel Werte wollen Sie eingeben : ");
/*10*/   scanf("%i",&anzahl);
/*11*/   for(x=1; x<=anzahl; x=x+1)
/*12*/   {
/*13*/     printf("\nBitte %i. Zahl eingeben : ",x);
/*14*/     scanf("%lf",&zahl);
/*15*/     summe=summe+zahl;
/*16*/   }
/*17*/   mittelw=summe/anzahl;
/*18*/   printf("\nSumme der Zahlen      = %lf",summe);
/*19*/   printf("\nMittelwert der Zahlen = %lf",mittelw);
/*20*/ }
```

<STARTEN> Sie das Programm. Geben Sie bei der Frage: "Wieviel Werte wollen Sie eingeben : " 3 ein. Die drei Zahlen sind 12, 15 und 7. Das Ergebnis sehen Sie unten.

```
Summe der Zahlen      = 34.000000
Mittelwert der Zahlen = 11.333333
```

Zeilen 11–16: In unserem Beispiel wollen Sie nacheinander drei Zahlen eingeben. Da in den Zeilen 13–15 jeweils eine Zahl eingelesen und die Summe gebildet wird, muß dieser Programmteil auch dreimal durchlaufen werden. Das Programm muß also wissen, was zu wiederholen ist und wie oft das zu geschehen hat.
In C, wie auch in anderen Sprachen, muß dieser zu wiederholende Anweisungsblock eingeklammert werden. In C geschieht das mit den geschweiften Klammern (12,16). BASIC-Programmierer benutzen statt dessen die Anweisung FOR...NEXT.
Jetzt wird nur noch festgelegt, wie oft zu wiederholen ist. Das besorgt die Anweisung **for** in Zeile 11. Sehen wir uns dazu die Anweisung for(x=1; x<=anzahl; x=x+1) etwas genauer an.
Damit das Programm feststellen kann, wie viele Durchläufe bereits

stattgefunden haben, wird eine Variable benutzt, die bei jedem Schleifendurchlauf hochgezählt wird. Der Ausdruck **x=1** setzt diese Zählvariable auf einen Startwert (hier der Wert 1). Der nächste Ausdruck **x<=anzahl** entscheidet, ob die Schleife nochmals zu durchlaufen ist. Diese Entscheidung wird so lange mit ja beantwortet, wie in unserem Beispiel x kleiner oder gleich (<=) anzahl ist. Der Ausdruck **x=x+1** sorgt schließlich dafür, daß nach jedem Schleifendurchlauf der Wert der Zählvariablen x um 1 erhöht wird. Die Zählvariable muß nicht immer um 1 hochgezählt werden; sie kann um beliebige Werte hoch- und auch heruntergezählt werden!
Ist die Bedingung **x<=anzahl** schließlich nicht mehr erfüllt, wird das Programm hinter der geschlossenen geschweiften Klammer fortgeführt (Zeile 17).
Die **for**-Schleife wird typischerweise dann eingesetzt, wenn zu Beginn einer Schleife bekannt ist, wie oft sie ausgeführt werden soll.

Zeile 13: Die Anweisung printf("\nBitte%i. Zahl eingeben : ",x); druckt die Eingabeaufforderungen

```
Bitte 1. Zahl eingeben :
Bitte 2. Zahl eingeben :
Bitte 3. Zahl eingeben :
```

auf dem Bildschirm aus. Das Programm macht sich zunutze, daß die Laufvariable x die Werte von 1 bis 3 annimmt, um damit dem Benutzer anzuzeigen, die wievielte Zahl er gerade eingibt. Es liegt nun am Programmierer, welchen Start- und Endwert er für die **for**-Schleife wählt. Bei geschickter Auswahl der Laufvariablen kann man sich einiges an Arbeit ersparen. Betrachten wir dazu folgendes *Beispiel*:
Angenommen, Sie wollen Umsatzzahlen für die Jahre 1985 bis 1990 verarbeiten; Sie müssen dann insgesamt sechs Werte einlesen. Damit Sie sofort sehen, welches Jahr gerade einzugeben ist, soll das Programm die entsprechende Jahreszahl ausdrucken. Die zugehörige Programmschleife sieht dann so aus (siehe Abb. auf S. 42):

```
for(x=1985; x<1991; x=x+1)
{
  printf("Umsatz für %i ",x);
  scanf("%lf",&umsatz);
  gesamtumsatz = gesamtumsatz + umsatz;
}
```

Sie sehen, daß es nicht auf die Werte der Zählvariablen selbst, sondern auf die Differenz von Start- und Endwert ankommt.

4.1.2 Vergleichsoperatoren

Mit der Formulierung **x <= anzahl** wird ein Vergleich durchführt. Das Ergebnis eines solchen Vergleichs ist entweder "ja" oder "nein" bzw. "wahr" oder "falsch". Der Ausdruck <= ist ein sogenannter Vergleichsoperator; er legt fest, welche Art von Vergleich durchgeführt werden soll.
C kennt folgende Vergleichsoperatoren:

- < → kleiner als
- > → größer als
- <= → kleiner oder gleich
- >= → größer oder gleich
- != → ungleich
- == → gleich

Verwechseln Sie nicht den Zuweisungsoperator (=) mit dem Vergleichsoperator (==)! Diese Verwechslung dürfte der häufigste Fehler bei C-Programmierern sein.

Aufgabe 10

Geben Sie für die folgenden **for**-Schleifen an, wie oft sie durchlaufen werden und welche Werte die Zählvariable dabei annimmt.

a) for(zaehler = 0; zaehler != 10; zaehler=zaehler+1)
b) for(n=10; n>0; n=n−1)
c) for(x=1; x<=15; x=x+3)
d) for(anfang=0; anfang<3; anfang=anfang+0.5)
e) for(i=10; i<0; i=i+2)

4.1.3 Geschachtelte Schleifen

Im nächsten Programm stellen wir uns die Aufgabe, das kleine Einmaleins in tabellarischer Form zu erzeugen:

```
  1  2  3  4  5  6  7  8  9  10
  2  4  6  8 10 12 14 16 18  20
  3  6  9 12 15 18 21 24 27  30
  4  8 12 16 20 24 28 32 36  40
  5 10 15 20 25 30 35 40 45  50
  6 12 18 24 30 36 42 48 54  60
  7 14 21 28 35 42 49 56 63  70
  8 16 24 32 40 48 56 64 72  80
  9 18 27 36 45 54 63 72 81  90
 10 20 30 40 50 60 70 80 90 100
```

Bevor Sie das Programm eingeben, erst ein paar Vorüberlegungen: Für diese Tabelle müssen insgesamt hundert Zahlen gedruckt werden. Das läßt vermuten, daß eine Schleife sinnvoll wäre. Die Tabelle ist aber aus zehn Zeilen mit jeweils zehn Spalten aufgebaut. Mit anderen Worten, es müssen insgesamt zehn Zeilen gedruckt werden und in jeder Zeile wiederum zehn Zahlen. In diesem Fall bietet sich eine geschachtelte Schleife zur Erzeugung der Tabelle an.

```
/* prg4_2.c */
       #include <stdio.h>
/* 3*/
/* 4*/ main()
/* 5*/ {
/* 6*/ int x,y;
/* 7*/   for(x=1; x<=10; x=x+1)     /* äußere Schleife */
/* 8*/   {
/* 9*/     printf("\n");
/*10*/     for(y=1; y<=10; y=y+1)     /* innere Schleife */
/*11*/     {
/*12*/       printf("%4i",x*y);
/*13*/     }
/*14*/   }
/*15*/ }
```

Nach dem <STARTEN> erscheint die Tabelle in der oben dargestellten Form.
Wenn das Programm das erste Mal die Zeile 7 erreicht, wird die Variable x auf 1 gesetzt. Dann erfolgt in Zeile 9 der Zeilenvorschub. Jetzt ist das Programm in Zeile 10 angekommen und führt die innere Schleife zehnmal aus. Es werden also zehn Zahlen in dieser Zeile gedruckt. Nach Beendigung der inneren Schleife springt das Programm wieder in die äußere Schleife zurück, zählt die Variable x auf 2 hoch und läuft wieder in die innere Schleife, wo die nächsten zehn Zahlen gedruckt werden. Versuchen Sie jetzt, das Programm Schritt für Schritt nachzuvollziehen.
Die Angabe **%4i** in Zeile 12 legt fest, daß für jede zu druckende Zahl vier Stellen reserviert werden. Ist die Zahl kleiner als die Anzahl der Stellen, wird mit Leerstellen aufgefüllt. Auf diese Art können Zahlen formatiert, das heißt kommastellengerecht ausgegeben werden.

Aufgabe 11

Wie oft wird der Text "Hallo Welt" gedruckt?

```
for(x=1; x<6; x=x+1)

{
  for(y=2; y<=4; y=y+1)
  {
    printf("Hallo Welt\n");
  }
}
```

Die Zahl der Schleifen, die geschachtelt werden können, ist fast beliebig groß. Es kommt jedoch selten vor, daß die Schachtelungstiefe vier Ebenen übersteigt.

4.2 Die while-Schleife

Die **while**-Schleife ist die in C am häufigsten verwendete Schleife. Ein Beispiel dafür sehen Sie im nächsten Programm.

Für eine beliebige Anzahl von Zahlen soll das Quadrat berechnet und gedruckt werden. Die Eingabeserie wird durch Eingabe von 0 beendet.

```
/* prg4_3.c */
         #include <stdio.h>
/* 3*/
/* 4*/ main()
/* 5*/ {
/* 6*/ int zahl;
/* 7*/   printf("\nBitte Zahl eingeben ('0' für Ende) :");
/* 8*/   scanf("%i",&zahl);
/* 9*/   while(zahl != 0)
/*10*/   {
/*11*/     printf("%3i hoch 2 = %4i\n",zahl,zahl*zahl);
/*12*/     printf("\nBitte Zahl eingeben ('0' für Ende) :");
/*13*/     scanf("%i",&zahl);
/*14*/   }
/*15*/ }
```

Wie in der **for**-Schleife haben Sie auch hier einen Schleifenrumpf, in dem die zu wiederholenden Programmteile stehen (Zeilen 10–14), und eine Anweisung, die entscheidet, ob der Rumpf nochmals durchlaufen werden soll (Zeile 9). Anders als bei der **for**-Schleife wird aber nicht die Anzahl der Durchläufe gezählt, sondern die Schleifenvariable legt fest, unter welcher Bedingung weitergemacht oder abgebrochen werden soll.

Zeile 6: Die Anweisung while(zahl != 0) läßt sich mit ”Solange die Variable zahl ungleich 0 ist” übersetzen, und wenn dieser Vergleich wahr ergibt, wird der Schleifenrumpf abgearbeitet. Andernfalls fährt das Programm hinter der Schleife fort.

Eine **while**-Schleife besteht aus vier Komponenten:

(1) Initialisierung (Zeile 8). Hier wird dafür gesorgt, daß die Variable in der **while**-Anweisung beim ersten Durchlauf einen definierten Wert hat.

(2) Bedingung zum Weitermachen (Zeile 9).

(3) Schleifenrumpf (Zeilen 10–14).

(4) Wertänderung der Schleifenvariablen (Zeile 13).

Bei der **while**-Schleife tragen Sie die Verantwortung dafür, daß die Schleife richtig abgebrochen wird. Es ist ein häufiger Fehler, daß die Veränderung der Schleifenvariablen vergessen wird. Das ergibt dann eine der ärgerlichen Endlosschleifen.
while wird typischerweise dann eingesetzt, wenn zu Beginn einer Schleife noch nicht bekannt ist, wie oft sie durchlaufen werden soll. Ein weiteres Anwendungsbeispiel finden Sie im nächsten Programm.
Dieses Programm soll die Gesamtfläche einer Wohnung berechnen. Außerdem soll die Anzahl der Räume und die durchschnittliche Raumgröße ausgegeben werden.

```
/* prg4_4.c */
        #include <stdio.h>
/* 3*/
/* 4*/ main()
/* 5*/ {
/* 6*/ double flaeche,gesamt=0;
/* 7*/ int anzahl=0;
/* 8*/   printf("\n\t\tBerechnung der Wohnfläche\n");
/* 9*/   printf("\nBeenden der Eingabe mit '0'.\n\n");
/*10*/   printf("Zimmergröße in qm > ");
/*11*/   scanf("%lf",&flaeche);
/*12*/   while(flaeche > 0.0)
/*13*/   {
/*14*/     gesamt = gesamt + flaeche;
/*15*/     anzahl = anzahl +1;
/*16*/     printf("Zimmergröße in qm > ");
/*17*/     scanf("%lf",&flaeche);
/*18*/   }
/*19*/   printf("\nAnzahl der Zimmer = %i",anzahl);
/*20*/   printf("\nGesamtfläche = %.2lf qm",gesamt);
/*21*/   printf("\nDurchschnittliche Zimmergröße = ");
/*22*/   printf("%.2lf",gesamt/anzahl);
/*23*/ }
```

Zeile 12: Die Abbruchbedingung while(flaeche > 0.0) ist willkürlich gewählt. Sie hätten ebensogut bestimmen können, daß ein Wert kleiner null oder der Wert 9999 die Schleife beendet. Sie sollten jedoch eine möglichst logische Bedingung nehmen, das heißt Werte, die als normale Eingabe nicht sinnvoll sind. Im Programm selbst sollte aber immer ein Hinweis gegeben werden, wie die Schleife zu beenden ist.

4.3 Die do-Schleife

Die **do**-Schleife ist eng mit der **while**-Schleife verwandt. Der Unterschied besteht im Zeitpunkt der Prüfung, ob weitergemacht werden soll oder nicht. Bei **do** findet diese Prüfung am Ende der Schleife statt; die Schleife wird also auf jeden Fall einmal durchlaufen, während es bei der **while**-Schleife vorkommen kann, daß sie überhaupt nicht durchlaufen wird, da die Prüfung hier zu Beginn erfolgt.
Das folgende Programm demonstriert den Einzatz der **do**-Schleife.

```
/* prg4_5.c */
         #include <stdio.h>
/* 3*/
/* 4*/ main()
/* 5*/ {
/* 6*/ int eingabe;
/* 7*/   do
/* 8*/   {
/* 9*/     printf("\nBitte eine Zahl bis max. 100 :");
/*10*/     scanf("%i",&eingabe);
/*11*/   }
/*12*/   while(eingabe > 100);
/*13*/   printf("Ihre Zahl war %i",eingabe);
/*14*/ }
```

Die Schleife wird durch das Schlüsselwort **do** eingeleitet. Dann folgt der Anweisungsblock, der durch geschweifte Klammern begrenzt wird. Zum Schluß folgt die Bedingung zur Fortführung der Schleife: while(eingabe > 100);

Zeile 12: Beachten Sie das Semikolon hinter **while**.

Die **do**-Schleife wird seltener eingesetzt als die **while**-Schleife. Sie wird hauptsächlich dann benutzt, wenn auf jeden Fall eine Eingabe erfolgen soll, wie es zum Beispiel bei der Auswahl von Menüpunkten eines Programms vorkommt. In einer solchen Auswahl muß der Benutzer eine Option auswählen und wird daher so lange in der Schleife gehalten, bis eine gültige Wahl getroffen wurde.

4.4 Zusammenfassung

- C kennt die drei Wiederholstrukturen **for**, **while** und **do**.
- Die **for**-Anweisung legt fest, wie oft ein Programmteil zu wiederholen ist. Sie benutzt dazu eine Variable, die die Anzahl der Durchläufe zählt.
- Bei der **while**-Schleife wird ein logischer Ausdruck bewertet, der entscheidet, ob die Schleife nochmals zu durchlaufen ist. Diese Prüfung findet zu Beginn statt, so daß es vorkommen kann, daß die Schleife gar nicht durchlaufen wird. Diese Schleife wird auch "kopfgesteuerte Schleife" genannt.
- Auch bei der **do**-Schleife wird eine Bedingung getestet. Allerdings erfolgt dieser Test erst nach dem Abarbeiten der Schleife; sie wird also mindestens einmal durchlaufen. Diese Art der Schleife nennt sich "fußgesteuert".
- Bei dem Vergleichsoperator ==, der auf Gleichheit testet, weicht C von der üblichen Schreibweise anderer Programmiersprachen ab. Die Verwechslung des Zuweisungoperators = mit == ist eine der häufigsten Fehlerquellen in C-Programmen.
- Schleifen können (fast) beliebig geschachtelt werden.

4.5 Übungen

Aufgabe 12

Schreiben Sie ein Programm, das alle ungeraden Zahlen von 1 bis n addiert. Verwenden Sie dazu eine **for**-Schleife.

Aufgabe 13

Das folgende Programm gibt eine Anzahl von Sternen (*) in Form eines Dreiecks auf dem Bildschirm aus. Ändern Sie das Programm so, daß dieses Dreieck auf dem Kopf steht.

```
/* ueb4_4.c */
#include <stdio.h>

main()
{
int zeile,spalte;
  for(zeile=1; zeile <= 20; zeile=zeile+1)
  {
    for(spalte=1; spalte <= zeile; spalte=spalte+1)
    {
      printf("*");
    }
    printf("\n");
  }
}
```

Aufgabe 14

Schreiben Sie ein Programm, das die ganzen Zahlen von 1 bis n miteinander multipliziert.
Das Programm erwartet die Eingabe von n und berechnet das Produkt von 1*2*3*...*n. In der Mathematik heißt dieses Produkt n Fakultät, geschrieben n!.
4! entspricht also 1*2*3*4 = 24.

Aufgabe 15

Notieren Sie die folgenden Aussagen in C-Schreibweise für eine **while**-Schleife.

a) Solange summe ungleich 1000.
b) Solange x gleich y.
c) Solange zahl größer oder gleich n
d) Solange x minus y ungleich 145.
e) Solange a mal b gleich c mal d.

Aufgabe 16

Ändern Sie das Programm aus Aufgabe 12 so, daß statt der **for**-Schleife eine **while**-Schleife benutzt wird.

Aufgabe 17

In einem Programm muß bei der Eingabe einer Zahl dafür gesorgt werden, daß nur Integer-Zahlen kleiner null eingegeben werden können. Wie muß dieser Programmteil aussehen, damit die Forderung erfüllt wird? Benutzen Sie hierfür die **do**-Schleife.

Aufgabe 18

Was ist an folgendem Programm falsch?

```
/* ueb4_9.c */
#include <stdio.h>

main()  /* Dieses Programm enthält einen Fehler ! */
{
double wert,wertminderung,restwert;
int jahr;
  printf("\t\tBerechnung der Wertminderung\n");
  printf("\nWert            :");
  scanf("%lf",&wert);
  printf("\nWertminderung in Prozent :");
  scanf("%lf",&wertminderung);
  printf("\nRestwert                 :");
  scanf("%lf",&restwert);
  jahr=1;
  while(wert != restwert)
  {
    wert=wert*((100-wertminderung)/100);
    printf("\nWert nach %i Jahren %lf",jahr,wert);
    jahr=jahr+1;
  }
}
```

5 AUSWAHL

In den ersten drei Kapiteln haben Sie Programme mit einer sequentiellen Struktur geschrieben. Die Befehle wurden hierbei von oben nach unten abgearbeitet.
Im 4. Kapitel haben Sie Wiederholstrukturen kennengelernt, die durch die Anweisungen **for**, **do** und **while** bestimmte Programmteile mehrfach ausführen.
In diesem Kapitel werden Sie eine weitere wichtige Programmstruktur kennenlernen: die Auswahl. Mit Hilfe einer solchen Entscheidung kann bestimmt werden, welcher Programmteil alternativ zu durchlaufen ist.

5.1 Die if-Anweisung

Im folgenden Programm wird die Anweisung **if** für ein Zahlenratespiel benutzt. Es spielen zwei Personen, wobei die erste die zu ratende Zahl eingibt und die zweite diese Zahl erraten muß.
Die Aufgabe des Programms ist es, festzustellen, ob eine Zahl größer oder kleiner als die zu erratende Zahl ist, und dem Spieler eine entsprechende Meldung auszugeben (siehe Abb. auf S. 52).

```
/* prg5_1.c */
          #include <stdio.h>
/* 3*/
/* 4*/ main()
/* 5*/ {
/* 6*/ int x,versuch=0,ratezahl,eingabe;
/* 7*/   printf("\n\t\tZ A H L E N R A T E N\n\n");
/* 8*/   printf("Welche Zahl soll geraten werden ? ");
/* 9*/   scanf("%i",&ratezahl);
/*10*/   for(x=1; x<=25; x=x+1) printf("\n");
/*11*/   do
/*12*/   {
/*13*/     printf("\nBitte Zahl raten : ");
/*14*/     scanf("%i",&eingabe);
/*15*/     versuch = versuch + 1;
/*16*/     if(eingabe > ratezahl)
/*17*/     {
/*18*/       printf("Diese Zahl ist zu groß !\n");
/*19*/     }
/*20*/     if(eingabe < ratezahl)
/*21*/     {
/*22*/       printf("Diese Zahl ist zu klein !\n");
/*23*/     }
/*24*/   }
/*25*/   while(eingabe != ratezahl);
/*26*/   printf("\n\nSie haben die Zahl in %i ",versuch);
/*27*/   printf("Versuchen gefunden.\a");
/*28*/ }
```

Auch bei der **if**-Anweisung wird durch die geschweiften Klammern ein Block gebildet. Dieser Block wird nur dann abgearbeitet, wenn die Bedingung hinter **if** wahr ist, ansonsten wird das Programm hinter der schließenden geschweiften Klammer fortgesetzt. In unserem Programm wird der Text "Diese Zahl ist zu groß" nur dann ausgegeben, wenn die Bedingung (eingabe > ratezahl) zutrifft.

Zeile 10: Bei diesem Spiel muß natürlich die zu erratende Zahl vom Bildschirm verschwunden sein, bevor der zweite Spieler mit seinen Versuchen beginnt. Das wird durch die **for**-Schleife erreicht, die 25mal einen Zeilenvorschub druckt. Wie Sie sehen, können Anweisungen hinter **for** auch ohne die geschweiften Klammern folgen, vorausgesetzt, es folgt nur eine einzige Anweisung, wie zum Beispiel das **printf** in unserem Programm. Das Gesagte gilt natürlich auch für **while** und **if**. Sie hätten also die Zeilen 18 und 22 auch ohne geschweifte Klammern direkt hinter das zugehörige **if** setzen können. Um die Programme übersichtlicher zu halten, sollte man jedoch im allgemeinen die Klammern verwenden.

Zeile 11 + 25: Das gesamte Programm soll so lange immer wieder zur Eingabe einer Zahl auffordern, wie diese Zahl ungleich der zu ratenden Zahl ist.

Zeile 15: Innerhalb der Schleife wird die Anzahl der benötigten Versuche nach jeder Eingabe um 1 hochgezählt.

5.2 Die if-else-Anweisung

Die **if**-Anweisung kann um den Zusatz **else** erweitert werden. Diese Konstruktion benutzt man immer dann, wenn man genau aus zwei Alternativen auswählen will.
Daş nächste Programm verwendet diese Struktur, um die Anzahl der positiven und negativen Zahlen aus einer Eingabeserie zu ermitteln. Das Programm soll durch Eingeben von 0 beendet werden.

```
/* prg5_2.c */
       #include <stdio.h>
/* 3*/
/* 4*/ main()
/* 5*/ {
/* 6*/ double zahl;
/* 7*/ int positiv=0,negativ=0;
/* 8*/   printf("\nBitte positive oder negative Zahl eingeben. ");
/* 9*/   printf("Null beendet das Programm.\n\n");
/*10*/   printf("Zahl > ");
/*11*/   scanf("%lf",&zahl);
/*12*/   while(zahl != 0)
/*13*/   {
/*14*/     if(zahl > 0)
/*15*/     {
/*16*/       printf("  Zahl ist größer Null.\n");
/*17*/       positiv++;
/*18*/     }
/*19*/     else
/*20*/     {
/*21*/       printf("  Zahl ist kleiner Null.\n");
/*22*/       negativ++;
/*23*/     }
/*24*/     printf("Zahl > ");
/*25*/     scanf("%lf",&zahl);
/*26*/   }
/*27*/   printf("\n%i positiv und %i negativ.",positiv,negativ);
/*28*/ }
```

Die **if-else**-Anweisung ist so aufgebaut, daß zuerst ein **if** mit der zugehörigen Bedingung kommt. Direkt hinter dem Anweisungsblock des **if** folgt das Schlüsselwort **else** mit dem nächsten Anweisungsblock. Ist nun der Ausdruck hinter **if** wahr, in unserem Beispiel also, wenn die Variable zahl größer als 0 ist, dann werden die Anweisungen hinter **if** ausgeführt, anderenfalls die Programmzeilen hinter **else**. Achten Sie darauf, daß hinter **else** kein Semikolon folgt!
Der Vorteil von **if-else** gegenüber der Verwendung von zwei **if**-Anweisungen ist der, daß nur eine einzige Bedingung getestet werden muß; das Programm arbeitet also schneller. Die Verwendung des **else** ist allerdings nicht ganz unproblematisch. Gibt es nämlich mehr als zwei Alternativen und ist die Bedingung hinter **if** nicht wahr, dann werden ohne weitere Prüfung die Anweisungen hinter **else** abgearbeitet. Ein Beispiel für ein solches Fehlverhalten zeigt Programm prg5_3.c.

```
/* prg5_3.c */
#include <stdio.h>

main()  /* Dieses Programm arbeitet nicht korrekt ! */
{
int x;
  printf("\nBitte Zahl eingeben : ");
  scanf("%i",&x);
  if(x > 0)
  {
    printf("Die Zahl ist positiv.");
  }
  else
  {
    printf("Die Zahl ist negativ.");
  }
}
```

Der Programmierer beabsichtigte, die eingegebenen Zahlen in positive und negative Werte aufzuteilen. Er hat jedoch übersehen, daß auch die Zahl 0 eingegeben werden kann. In diesem Fall trifft die Bedingung $x > 0$ nicht zu. Daraufhin wird zur Anweisung hinter **else** verzweigt, und das Programm behauptet, daß 0 eine negative Zahl sei. Als Lösung für dieses Problem bieten sich zwei Alternativen an.
Die erste haben Sie in prg5_2.c bereits kennengelernt. Dieses Programm umgeht das Problem dadurch, daß es eine **while**-Schleife verwendet, die dafür sorgt, daß bei null die Eingabe abgebrochen wird.

Das heißt, die **if-else**-Anweisung hat es mit Sicherheit nur mit positiven und negativen Werten zu tun.
Die zweite Lösung verwendet drei **if**-Abfragen ohne **else**-Zweig, die jeden der drei Fälle gesondert behandeln.

5.3 Logische Operatoren

5.3.1 UND, ODER, NICHT

Die Bedingungen, die wir bisher bei **for**, **while**, **do** und **if** verwendet haben, bestanden immer nur aus einem Vergleich von zwei Werten (a > b, summe != 100, o.ä.).
Es ist jedoch häufig der Fall, daß man eine Aktion von mehreren Bedingungen gleichzeitig abhängig machen will. Im täglichen Leben finden sich häufig solche Entscheidungen.

> "Wenn es Sonntag regnet und wenn meine Freundin kommt, dann gehen wir ins Kino".

Diese Aussage verknüpft zwei Bedingungen miteinander. Die Aktion "gehen wir ins Kino" wird nur dann wahr, wenn beide Teilaussagen "Wenn es Sonntag regnet" und "wenn meine Freundin kommt" stimmen.
Für solche Aussagen lassen sich sogenannte Wahrheitstabellen aufstellen. Aus einer solchen Tabelle kann man ablesen, ob die Verknüpfung zweier Aussagen wahr oder falsch ist. Wenn wir das obige Beispiel in Form einer Tabelle aufstellen wollen und der Aussage "Wenn es Sonntag regnet" den Buchstaben "a" zuweisen und der Aussage "wenn meine Freundin kommt" den Buchstaben "b", dann ergibt sich folgendes Bild.

Aussagen		Ergebnis
a	b	a UND b
falsch	falsch	falsch
falsch	wahr	falsch
wahr	falsch	falsch
wahr	wahr	wahr

Das Ergebnis ist nur dann wahr, wenn beide Aussagen wahr sind. Die hier verwendete Verknüpfung der beiden Aussagen ist eine sogenannte "UND"-Verknüfung.

```
C verwendet dafür das Zeichen &&. Beispiele:

if(summe == 5 && anzahl < 1)
while(x < 1000 && y != 512)
```

Ebenfalls sehr häufig wird die "ODER"-Verknüpfung benötigt. Hier genügt es, wenn eine der beiden Aussagen wahr ist, um den gesamten Ausdruck wahr werden zu lassen.

Aussagen		Ergebnis
a	b	a ODER b
falsch	falsch	falsch
falsch	wahr	wahr
wahr	falsch	wahr
wahr	wahr	wahr

Vielleicht ist Ihnen bei dieser Tabelle aufgefallen, daß sich auch dann als Ergebnis "wahr" ergibt, wenn beide Aussagen wahr sind. Dieses Ergebnis entspricht nicht dem allgemeinen Sprachgebrauch, wo "oder" häufig im Sinne von "entweder-oder" verwendet wird!

```
Für die "ODER"-Verküpfung verwendet C ¦¦. Beispiele:

if(zahl1 == 10 ¦¦ zahl2 == 20)
if(n > x ¦¦ n < y)
```

Abschließend lernen Sie noch den "NICHT"-Operator kennen. Dieser Operator dreht den Wahrheitswert einer Aussage um. In C wird dafür das Ausrufungszeichen (!) verwendet.
Wenn in der Bedingung *while !(eingabe > 5)* der Ausdruck *eingabe > 5* wahr ist, wird er durch das **!** in falsch umgewandelt.
Der "NICHT"-Operator wird weniger häufig als der "UND"- und der "ODER"-Operator (ASCII 124) eingesetzt.

5.3.2 Reihenfolge der Bewertung

Es können beliebig viele Aussagen durch logische Operatoren verknüpft werden. Daher ist die folgende Programmzeile durchaus üblich.

```
if(x > 5 || zahl == 4 && x < zahl)
```

Sie erinnern sich wahrscheinlich an die alte Schulweisheit "Punktrechnen geht vor Strichrechnen", mit der etwas über den Vorrang von Operatoren ausgesagt wird. Das gleiche gilt auch für die logischen Operatoren. Bei den dreien, die Sie kennengelernt haben, gilt folgende Reihenfolge:

```
!       (höchster Vorrang)
&&
||      (niedrigster Vorrang)
```

Gehen wir davon aus, daß im Beispiel die Variable x den Wert 3 hat und zahl den Wert 4, dann erfolgt die Bewertung des Gesamtausdrucks in dieser Reihenfolge:

$x > 5$ → falsch

ODER

$zahl == 4$ → richtig

UND

$x < zahl$ → richtig

Da **&&** den höheren Rang hat, wird zuerst *richtig UND richtig* bewertet.

falsch ODER richtig UND richtig

ergibt

falsch ODER richtig

und diese letzte Verknüpfung ergibt den endgültigen Wahrheitswert *richtig* der gesamten Aussage. Kommen in einem Ausdruck logische Operatoren mit gleichem Rang vor, wird von links nach rechts bewertet.

Intern stellt C den Wahrheitswert **falsch** durch **0** dar und den Wahrheitswert **richtig** durch alle Zahlen, die **ungleich 0** sind.
Die Vergleichsoperatoren <, > usw. haben einen höheren Vorrang als die logischen Operatoren, daher kann der obige Ausdruck ohne Klammern geschrieben werden. Die Schreibweise:

```
if((x > 5) || (zahl == 4) && (x < zahl))
```

ist zwar nicht falsch, aber überflüssig.
Sie sollten sich diese Sachverhalte gut einprägen, da Sie ohne deren Verständnis an vielen Stellen Probleme bekommen.

Aufgabe 19

Sind die folgenden Aussagen wahr oder falsch?

```
a)  int a=5,b=18;
    while(a > 0 && b != 18)

b)  int zahl=10,wert=100;
    if(zahl != 0 || zahl > wert || wert-zahl == 90)

c)  double x=1.0,y=5.7;
    if(x >= .9 && y <= 5.8)

d)  int n1=1,n2=17;
    while(n1 > 0 && n2 > 0 || n1 > n2 && n2 != 17)
```

5.4 Die switch-Anweisung

Die letzte Kontrollstruktur, die C besitzt, ist die **switch**-Anweisung. Mit ihr kann eine Auswahl aus einer Vielzahl von Alternativen getroffen werden.
Hinter dem **switch** folgt ein ganzzahliger Ausdruck. An Hand dieses Ausdrucks wird jetzt ein "Fall" aus der case-Liste gesucht, der mit diesem Wert übereinstimmt. Ohne Übereinstimmung wird der optionale **default**-Zweig abgearbeitet.
Das Programm erwartet die Eingabe eines Zeichens und entscheidet dann, ob es sich um eine gerade Ziffer, eine ungerade Ziffer oder ein sonstiges Zeichen handelt. Neben der **switch**-Anweisung lernen Sie den Variablentyp **char** und die Funktion **getche** kennen.

```
/* prg5_4.c */
        #include <stdio.h>
        #include <conio.h>
/* 4*/
/* 5*/ main()
/* 6*/ {
/* 7*/ char zeichen;
/* 8*/   printf("\nBitte ein Zeichen eingeben :");
/* 9*/   zeichen=getche();
/*10*/   switch(zeichen)
/*11*/   {
/*12*/     case '0':
/*13*/     case '2':
/*14*/     case '4':
/*15*/     case '6':
/*16*/     case '8':
/*17*/       printf("\nGerade Ziffer!\n");
/*18*/       break;
/*19*/     case '1':
/*20*/     case '3':
/*21*/     case '5':
/*22*/     case '7':
/*23*/     case '9':
/*24*/       printf("\nUngerade Ziffer!\n");
/*25*/       break;
/*26*/     default:
/*27*/       printf("\nKeine Ziffer!\n");
/*28*/       break;
/*29*/   }
/*30*/ }
```

Zeile 7: Der Variablentyp **char** dient zur Aufnahme eines einzelnen Zeichens. Im Hauptspeicher belegt dieser Typ **1 Byte** (8 bits). Damit lassen sich 256 verschiedene Zeichen darstellen. Im genormten ASCII-Code (siehe Anhang) sind den ersten 128 Code-Nummern (0 bis 127) Steuercodes und häufig benötigte Zeichen zugeordnet. Die Code-Nummern 128 bis 255 können von den Herstellern unterschiedlich belegt werden. Beim überwiegenden Teil der MS-DOS-Rechner wird der Zeichensatz der Firma IBM verwendet. Probleme kann diese unterschiedliche Belegung im deutschen Sprachraum vor allem dadurch hervorrufen, daß die Umlaute im Bereich oberhalb 128 angesiedelt und ihre Code-Nummern nicht genormt sind. In diesem Buch verwenden wir durchgehend den IBM-Zeichensatz, wie er auf praktisch allen PCs gebräuchlich ist.

Zeile 9: Mit **getche** haben Sie eine weitere C-Funktion kennengelernt. Auch diese Funktion dient zur Eingabe von Zeichen über die Tastatur. Im Gegensatz zu **scanf** wartet **getche** nicht darauf, daß das Ende der Eingabe mit <RETURN> bestätigt wird. Sie kann also nur zum Lesen einzelner Zeichen verwendet werden. Das eingetippte Zeichen wird am Bildschirm angezeigt.
Da es sich um eine Funktion handelt, müssen die leeren Klammern dahinter angegeben werden. Beachten Sie, daß bei MS C/C++ ab Version 7.0 die Funktion mit einem Unterstrich beginnt (**_getche**)!

Zeilen 10–29: Dieser Programmteil zeigt Ihnen ein Beispiel für die Verwendung von **switch**. Die allgemeine Syntax für diese Anweisung sieht folgendermaßen aus:

(1) Hinter **switch** folgt in Klammern ein ganzzahliger Ausdruck.
(2) Daran schließt sich ein Anweisungsblock an, der durch geschweifte Klammern begrenzt wird.
(3) Innerhalb dieses Blocks kann das Schlüsselwort **case** beliebig oft erscheinen. Hinter jedem **case** folgt ein konstanter Ausdruck, der sich auf den Ausdruck hinter **switch** bezieht.
(4) Wahlweise kann das Schlüsselwort **default** erscheinen, das angibt, was geschehen soll, wenn kein **case** zutrifft.

Sehen wir uns diesen Programmteil Schritt für Schritt an.
Gehen wir davon aus, daß die Ziffer 7 als Wert der Variablen zeichen eingegeben wurde. switch(zeichen) weist den Rechner jetzt an, ein **case** zu suchen, hinter dem die Konstante 7 steht. Wenn dieses **case** gefunden wurde, macht das Programm ab dieser Stelle weiter. In unserem Beispiel wird also der Text "Ungerade Ziffer!" ausgegeben.
Die in Zeile 25 folgende Anweisung **break** sorgt dafür, daß das Programm den **switch**-Block verläßt und in Zeile 30 weitermacht (in unserem Beispiel ist das Programm an dieser Stelle zufällig zu Ende).
Die **break**-Anweisung ist nötig, da ein **case** nur als Startpunkt für die weitere Fortführung des Programms dient. Fehlte das **break** in Zeile 25, würde auch noch der Text "Keine Ziffer!" ausgegeben.
Ein vergessenes **break** ist die häufigste Fehlerquelle in der **switch**-Anweisung!

Zeilen 18+25+28: Die **break**-Anweisung verläßt nicht nur das **switch**, in dem es vorkommt, sondern auch die **for**–, **do**- und **while**-Schleife, in der sie steht. Wirklich nötig ist **break** allerdings nur bei der **switch**-Anweisung, bei den Schleifen dient es dazu, diese bei Bedarf schneller beenden zu können.

Im **nächsten Programm** können Sie beliebig viele Dezimalzahlen eingeben und bestimmen, wie diese Zahlen dargestellt werden sollen. Sie haben die Wahl zwischen den Zahlensystemen Oktal und Hexadezimal, oder Sie lassen ASCII-Zeichen zu den dezimalen Code-Nummern 0 bis 255 darstellen. Beendet wird das Programm durch die Eingabe **0**.

```
/* prg5_5.c */
       #include <stdio.h>
       #include <conio.h>
/* 4*/
/* 5*/ main()
/* 6*/ {
/* 7*/ char eingabe;
/* 8*/ int zahl;
/* 9*/   printf("\nWählen Sie (O)ktal, (H)ex oder (A)SCII > ");
/*10*/   eingabe=getche();
/*11*/   printf("\nBitte Dezimalzahl eingeben :");
/*12*/   scanf("%i",&zahl);
/*13*/   while(zahl != 0)
/*14*/   {
/*15*/     switch(eingabe)
/*16*/     {
/*17*/       case 'O':
/*18*/       case 'o':
/*19*/         printf("Dezimal %i = Oktal %o \n",zahl,zahl);
/*20*/         break;
/*21*/       case 'H':
/*22*/       case 'h':
/*23*/         printf("Dezimal %i = Hexadezimal %x \n",zahl,zahl);
/*24*/         break;
/*25*/       case 'A':
/*26*/       case 'a':
/*27*/         if(zahl <= 255)
/*28*/         {
/*29*/           printf("ASCII-Code %i entspricht %c \n",zahl,zahl);
/*30*/         }
/*31*/         else
/*32*/         {
/*33*/           printf("Diese Zahl ist zu groß ! \n\a");
/*34*/         }
/*35*/         break;
/*36*/     }
/*37*/     printf("\nBitte Dezimalzahl eingeben :");
/*38*/     scanf("%i",&zahl);
/*39*/   }
/*40*/ }
```

Zeile 19: Der Platzhalter **%o** stellt Ganzzahlen in oktaler Form (Zahlensystem mit der Basis 8) dar.

Zeile 23: Der Platzhalter **%x** stellt Ganzzahlen in hexadezimaler Form (Zahlensystem mit der Basis 16) dar.

Zeile 29: Das Platzhaltersymbol **%c** stellt Ganzzahlen als Zeichen dar. Im ASCII-Code wird beispielsweise die Zahl 65 als Buchstabe A dargestellt.

Dieses Programm demonstriert noch einmal, wie flexibel C-Programme sind. Allein durch die Verwendung verschiedener Platzhalter kann ein und derselbe Wert in den unterschiedlichsten Formen dargestellt werden.

5.5 Konstanten

Im Laufe der ersten fünf Kapitel haben Sie mit **int**, **float**, **double** und **char** einige der Variablentypen der Sprache C kennengelernt. Variablen zeichnen sich dadurch aus, daß sie während des Programmlaufs die unterschiedlichsten Werte aufnehmen können. Sie sind eben "variabel".
Es kommt allerdings häufig vor, daß Werte benötigt werden, die sich nicht ändern sollen. Solche Werte nennt man auch Konstanten (siehe auch 9.6). Der Ausdruck if(x > 125) enthält die Variable x und die Konstante 125. Der Typ der Konstanten 125 ist **int**, sie können aber jeden beliebigen anderen Typ benutzen.
An dieser Stelle sind zwei Regeln zu erwähnen.

(1) **Zeichenkonstanten** werden in Hochkommata eingeschlossen. *Beispiele:*

    '7' 'A' 'B'

Ein Beispiel für die Verwendung dieses Typs haben Sie schon bei der **switch**-Anweisung kennengelernt.
Bei Vergleichen ist es auch möglich, die folgende Bedingung zu formulieren:

```
char zeichen1='A',zeichen2='B';
if(zeichen1 < zeichen2)
```

In diesem Beispiel ist (vorausgesetzt, der Rechner benutzt den ASCII-Code) die Bedingung wahr. Der Vergleich wird nämlich mit den entsprechenden Code-Werten durchgeführt, und da hat das A den Wert 65 und B den Wert 66. Alle Vergleichsoperatoren sind also auch auf Zeichen anwendbar.

(2) **Zeichenkettenkonstanten** werden in Anführungszeichen eingeschlossen. *Beispiele:*

"Bitte eine Zahl eingeben" "Achtung!"

Diesen Typ haben Sie bereits häufig in der Funktion **printf** verwendet.
Merken Sie sich also, daß Zeichenkonstanten das Hochkomma benötigen, Zeichenkettenkonstanten hingegen das Anführungszeichen.

5.6 Zusammenfassung

- Die **if**-Anweisung führt einen Programmblock nur dann aus, wenn die zugehörige Bedingung wahr ist, ansonsten wird das Programm hinter dem Ende des Blocks fortgesetzt. **if** kann durch einen **else**-Zweig ergänzt werden.
- Für die logischen Operatoren UND, ODER und NICHT verwendet C **&&**, ¦¦ und **!**.
- Die **switch**-Anweisung erlaubt die Auswahl aus mehreren Alternativen. Sie wird häufig dann eingesetzt, wenn eine gleichwertige **if**-Konstruktion mehr als drei if-Anweisungen enthielte und somit unübersichtlich würde.
- **switch** ist auf den Vergleich ganzzahliger Werte mit einer Konstanten beschränkt. Es kann nur auf Gleichheit abgefragt werden.
- **char** ist der kürzeste Variablentyp. Er belegt im Speicher 1 Byte. Der Platzhalter für diesen Typ ist **%c**.
- Die Funktion **getche** liest ein einzelnes Zeichen von der Tastatur und zeigt es auf dem Bildschirm an.
- Die Platzhalter **%o** und **%x** werden für oktale bzw. hexadezimale Zahlen verwendet.

5.7 Übungen

Aufgabe 20

Welche Worte würden Sie in der letzten Zeile des folgenden Programms ergänzen? Benutzen Sie zur Lösung die ASCII-Tabelle im Anhang!

```
/* ueb5_2.c */
#include <stdio.h>
#include <conio.h>

main()
{
int x,wieviel,klein=0,gross=0;
char bstb;
  printf("\nWieviel Buchstaben einlesen ? ");
  scanf("%i",&wieviel);
  printf("\nBitte keine Umlaute eingeben !\n");
  for(x=1; x <= wieviel; x=x+1)
  {
    printf("\nBuchstabe : ");
    bstb=getche();
    while(bstb < 'A' || bstb > 'z' || bstb > 'Z' && bstb < 'a')
    {
      printf("\nDas ist kein Buchstabe !");
      printf("\nBuchstabe : ");
      bstb=getche();
    }
    if(bstb >= 'A' && bstb <= 'Z')
    {
      gross=gross+1;
    }
    else
    {
      klein=klein+1;
    }
  }
  printf("\nSie haben %i ... und %i ... eingegeben.",gross,klein);
}
```

Aufgabe 21

Schreiben Sie ein Programm, das Bruttogehälter einliest. Zu jedem Gehalt soll der zu entrichtende Steuerbetrag ausgegeben werden.
Bei Gehältern unter 8000 DM sind keine Steuern zu zahlen. Zwischen 8000 DM und 29999 DM (einschließlich) werden 12,5% Lohnsteuern fällig. Alle darüberliegenden Gehälter werden mit 30% besteuert.
Das Programm soll bei der Eingabe von 0 beendet werden.
Benutzen Sie die **while**- und die **if**-Anweisung.

Aufgabe 22

Das folgende Programm soll alle eingegebenen Buchstaben in Großschrift umwandeln. Warum arbeitet es nicht korrekt?

```
/* ueb5_4.c */
#include <stdio.h>
#include <conio.h>

main()
{
char zeichen;
  printf("\nProgramm wird durch Eingabe von 0 beendet.\n");
  do
  {
    printf("\nZeichen eingeben : ");
    zeichen = getche();
    if(zeichen >= 'a' && zeichen <= 'z')
    {
      zeichen = zeichen - 32; /* Nur für ASCII-Code gültig */
    }
    printf("    %c\n",zeichen);
  }
  while(zeichen != 0);
}
```

6 FUNKTIONEN

Es ist ein großer Vorteil von C, daß es einen sehr kleinen Sprachumfang hat und daß alle benötigten Funktionen aus den Bibliotheken nur bei Bedarf dazugebunden werden. Dadurch bleiben die Programme klein und schnell.
Was aber, wenn man eine Funktion für eine ganz spezielle Aufgabe benötigt und nichts Brauchbares in der Library vorhanden ist? Ganz einfach! Man schreibt sich diese Funktion selbst!
In den bisherigen Programmen haben Sie zwar auch Funktionen, wie zum Beispiel **printf** oder **scanf**, verwendet, das sind aber Funktionen, die bereits fertig in der Bibliothek vorliegen. Ab diesem Kapitel wollen wir die Möglichkeit, eigene Funktionen zu schreiben, ausgiebig nutzen.

6.1 C-Funktionen

Sie können sich eine Funktion als einen Spezialisten vorstellen, der immer dann gerufen wird, wenn eine bestimmte Aufgabe zu erledigen ist. Sie müssen nicht immer wieder das Rad neu erfinden; arbeitet eine Funktion einmal einwandfrei, kann sie immer wieder, auch in anderen Programmen, verwendet werden.
Sehen wir uns dazu das nachstehende Programm an.

```
/* prg6_1.c */
        #include <stdio.h>
/* 3*/
/* 4*/ loesche_bild()
/* 5*/ {
/* 6*/ int x;
/* 7*/   for(x=1; x<=25; x=x+1)
/* 8*/   {
/* 9*/      printf("\n");
/*10*/   }
/*11*/ }
/*12*/
/*13*/ main()
/*14*/ {
/*15*/ int x,y,z;
/*16*/   loesche_bild();
/*17*/   printf("\nBitte x eingeben > ");
/*18*/   scanf("%i",&x);
/*19*/   loesche_bild();
/*20*/   printf("\nBitte y eingeben > ");
/*21*/   scanf("%i",&y);
/*22*/   loesche_bild();
/*23*/   printf("\nBitte z eingeben > ");
/*24*/   scanf("%i",&z);
/*25*/   loesche_bild();
/*26*/   printf("\n%i + %i + %i = %i\n\a",x,y,z,x+y+z);
/*27*/ }
```

In diesem Programm taucht zum erstenmal neben **main** eine weitere selbstgeschriebene Funktion auf. Sie hat die Aufgabe, den Bildschirm zu löschen und hat daher den Namen loesche_bild bekommen. Der Aufbau ist der gleiche wie bei **main**. Zuerst kommt der Name, es folgen die Klammern, in denen bei anderen Funktionen Parameter stehen könnten, und abschließend der Anweisungsblock, der durch geschweifte Klammern umschlossen ist. In diesem wird zunächst die benötigte Variable deklariert, und darauf folgen die entsprechenden Programmanweisungen. Die Funktion loesche_bild löscht den gesamten Bildschirminhalt, indem sie 25mal das Zeichen **\n** (neue Zeile) ausgibt.

Ihnen ist wahrscheinlich aufgefallen, daß loesche_bild ebenso wie **main** die Variable x verwendet. Diese beiden Variablen haben jedoch nichts miteinander zu tun. Es ist also nicht so wie zum Beispiel in BASIC, wo nur eine Variable mit dem gleichen Namen existieren kann. In C hat jede Funktion ihren eigenen Bereich, in dem sie Variablen verwaltet, so daß sie sich nicht gegenseitig überschreiben kön-

nen. Diese Eigenschaft erleichtert die Programmentwicklung erheblich. Sie können in C Funktionen schreiben, ohne stets zu prüfen: "Habe ich diesen Variablennamen nicht schon einmal verwendet?"
Haben Sie eine Funktion fertig geschrieben, brauchen Sie sich nicht mehr um deren interne Arbeitsweise kümmern. Sie müssen nur noch wissen, wie sie anzuwenden ist.
Mit zunehmender Erfahrung in C wird auch Ihre Funktionsbibliothek wachsen, so daß Sie im Lauf der Zeit für die Entwicklung eines Programms immer weniger Zeit benötigen, da Sie auf Ihre Sammlung von Funktionen zurückgreifen können. Um den Einsatz von Funktionen in anderen Programmen zu gewährleisten, sollten Sie bestrebt sein, die Funktionen möglichst allgemeingültig zu halten.
prg6_2.c soll um eine Funktion erweitert werden, die eine Meldung auf dem Bildschirm ausgibt und das Programm unterbricht. Durch einen beliebigen Tastendruck soll der Programmlauf fortgesetzt werden (siehe Abb. rechts). Beachten Sie, daß die Funktion **getch** ab MS C/C++ 7.0 mit einem Underscore beginnt (**_getch**).

Zeile 8: In der Funktion unterbrechung findet sich die neue Bibliotheksfunktion **getch**. Sie hat die gleiche Aufgabe wie **getche**, nämlich ein einzelnes Zeichen von der Tastatur zu lesen. Im Gegensatz zu **getche** wird das eingegebene Zeichen am Bildschirm nicht angezeigt (geechot).
Bei der Wahl der **Funktionsnamen** gelten die gleichen Regeln wie bei den Variablennamen. Sie dürfen aus den Buchstaben A–Z und a–z, den Ziffern 0–9 und dem Unterstrich (_) bestehen.
Namen müssen mit einem Buchstaben oder einem Unterstrich beginnen. Ziffern an der ersten Stelle sind nicht erlaubt.
Sie wissen bereits, daß C zwischen Groß- und Kleinschreibung unterscheidet. Namen wie loesche_bild, Loesche_bild und LOESCHE_BILD sind deshalb drei völlig verschiedene Namen. Sie sollten sich bei der Namensvergabe eine einheitliche Schreibweise aneignen, um diesem Problem aus dem Weg zu gehen. Es ist üblich, Funktions- und Variablennamen durchgängig klein zu schreiben; diese Schreibweise wird auch in allen Beispielprogrammen benutzt.
Der Unterstrich wird häufig benutzt, um Variablennamen besser lesbar zu machen ("loesche_bild" statt "loeschebild"). Obwohl es erlaubt ist, einen Variablen- oder Funktionsnamen mit Unterstrich zu

```
/* prg6_2.c */
       #include <stdio.h>
       #include <conio.h>
/* 4*/
/* 5*/ unterbrechung()
/* 6*/ {
/* 7*/   printf("\nBeliebige Taste für weiter ... \n");
/* 8*/   getch();
/* 9*/ }
/*10*/
/*11*/ loesche_bild()
/*12*/ {
/*13*/ int x;
/*14*/   for(x=1; x<=25; x=x+1)
/*15*/   {
/*16*/     printf("\n");
/*17*/   }
/*18*/ }
/*19*/
/*20*/ main()
/*21*/ {
/*22*/ int x,y,z;
/*23*/   loesche_bild();
/*24*/   printf("\nBitte x eingeben > ");
/*25*/   scanf("%i",&x);
/*26*/   unterbrechung();
/*27*/   loesche_bild();
/*28*/   printf("\nBitte y eingeben > ");
/*29*/   scanf("%i",&y);
/*30*/   unterbrechung();
/*31*/   loesche_bild();
/*32*/   printf("\nBitte z eingeben > ");
/*33*/   scanf("%i",&z);
/*34*/   unterbrechung();
/*35*/   loesche_bild();
/*36*/   printf("\n%i + %i + %i = %i\n\a",x,y,z,x+y+z);
/*37*/ }
```

beginnen, sollte man davon keinen Gebrauch machen. Denn die Bibliotheksfunktionen und -variablen beginnen häufig mit einem Unterstrich. Das kann zu unerklärlichen Fehlern führen.

6.2 Parameter

Mit loesche_bild und unterbrechung haben Sie zwei Funktionen geschrieben, die eine festgelegte Aufgabe erfüllen. Häufig ist jedoch ein flexibleres Verhalten wünschenswert. Das erreicht man, indem man der Funktion Werte, sogenannte Parameter, mitgibt, die genauer festlegen, was gemacht werden soll. Dieses Prinzip ist Ihnen bereits von der Bibliotheksfunktion **printf** bekannt, der auch Parameter übergeben werden, wie zum Beispiel Formatangaben oder Variablenwerte. Das nächste Programm stellt Ihnen eine Funktion vor, die eine variable Anzahl von Leerzeilen erzeugen kann.

```
/* prg6_3.c */
        #include <stdio.h>
/* 3*/
/* 4*/ neue_zeile(int x)
/* 5*/ {
/* 6*/ int zaehler;
/* 7*/   for(zaehler=1; zaehler<=x; zaehler=zaehler+1)
/* 8*/   {
/* 9*/     printf("\n");
/*10*/   }
/*11*/ }
/*12*/
/*13*/ main()
/*14*/ {
/*15*/ int eingabe;
/*16*/   neue_zeile(3);
/*17*/   printf("1. Satz");
/*18*/   neue_zeile(4);
/*19*/   printf("2. Satz");
/*20*/   neue_zeile(1);
/*21*/   printf("Wieviel Zeilenvorschübe soll ich drucken :");
/*22*/   scanf("%i",&eingabe);
/*23*/   neue_zeile(eingabe);
/*24*/   printf("3. Satz");
/*25*/ }
```

Die Funktion neue_zeile soll Zeilenvorschübe ausdrucken. Die Anzahl dieser Vorschübe ist jedoch nicht in der Funktion selbst festgelegt, sondern wird ihr als Parameter übergeben. Das macht sie weitaus flexibler.
Hinter dem Funktionsnamen werden der Typ und der Name des übergebenen Wertes (neue_zeile(int x)) angegeben. Der Variablenname

ist völlig frei wählbar und kann innerhalb der Funktion wie jede andere Variable verwendet werden.
In älteren C-Programmen finden Sie häufig noch eine andere Schreibweise für die Parameterübergabe. Nach der alten Konvention sähe der Kopf unserer Funktion so aus:

```
neue_zeile(x)
int x;
{
...
```

In dieser Form erfolgt die Deklaration der Parameter zwischen Funktionsname und Anweisungsblock.
Der Vorteil der neuen Schreibweise liegt darin, daß der Compiler beim Übersetzen Ihres Programms feststellen kann, ob die Funktion mit den richtigen Werten aufgerufen wurde. Sie erhalten zum Beispiel eine Warnung, wenn Sie eine Funktion, die einen **int**-Wert erwartet, mit einem **double**-Wert aufrufen oder wenn die Anzahl der Parameter nicht stimmt. Ob diese Warnung auch tatsächlich ausgegeben wird, hängt davon ab, wie Sie den Compiler eingestellt haben.
Das nächste Programm benutzt eine Funktion, um Linien variabler Länge zu zeichnen. Neben der Länge wird auch das Zeichen angegeben, aus dem die Linie bestehen soll (siehe Abb. auf S. 72).

```
/* prg6_4.c */
        #include <stdio.h>
        #include <conio.h>
/* 4*/
/* 5*/ linie(int zeichen, int laenge)
/* 6*/ {
/* 7*/ int x;
/* 8*/   for(x=1; x<=laenge; x++)
/* 9*/   {
/*10*/     printf("%c",zeichen);
/*11*/   }
/*12*/ }
/*13*/
/*14*/ main()
/*15*/ {
/*16*/ int zeichen;
/*17*/ int wieoft;
/*18*/   printf("\nIch schreibe jetzt 10 Fragezeichen.\n");
/*19*/   linie('?',10);
/*20*/   printf("\nWelches Zeichen  : ");
/*21*/   zeichen=getche();
/*22*/   printf("\nWie oft schreiben: ");
/*23*/   scanf("%i",&wieoft);
/*24*/   linie(zeichen,wieoft);
/*25*/ }
```

Die Funktion linie muß zwei Werte erhalten, das Zeichen selbst und die Angabe, wie oft es zu drucken ist. Die beiden Parameter müssen, durch Komma getrennt, einzeln angegeben werden.
Soweit dürfte die Funktion verständlich sein. Das Programm enthält aber zwei Besonderheiten, die wir uns ansehen sollten.

Zeile 8: In der Schleife for(x=1; x<=laenge; x++) findet sich der seltsame Ausdruck **x++**. Das ist nichts anderes als die Kurzschreibweise für x=x+1. Als Gegenstück dazu gibt es auch die Möglichkeit, eine Variable um 1 herunterzuzählen. Zum Beispiel steht **zahl--** als Kurzform für zahl=zahl−1. Diese Schreibweise ist nicht willkürlich bei der Entwicklung der Sprache C eingeführt worden, sondern sollte es dem Compiler ermöglichen, einen sehr effektiven Maschinencode aus dieser Anweisung zu erzeugen.
Die Operatoren **++** und **--** finden Sie häufig bei Schleifenvariablen, die um den Wert 1 herauf- oder heruntergezählt werden sollen.

Zeile 16+21: Der Typ der Variablen zeichen in **main** müßte Sie eigentlich verwundern. Hatten wir doch festgestellt, daß die Funktionen **getche** und **getch** genau ein Zeichen von der Tastatur lesen. Die

Variable zeichen könnte also vom Typ **char** sein. Die Funktionen liefern jedoch nicht einen Wert vom Typ **char** sondern den Typ **int** zurück. Daß wir in den bisherigen Programmen trotzdem **char** verwenden konnten, liegt an der Eigenschaft von C, Typen bei Bedarf automatisch umzuwandeln.
Diese automatische Umwandlung bemerken Sie normalerweise überhaupt nicht. Sie ist im allgemeinen auch problemlos. An den Stellen, wo sie zu berücksichtigen ist, werden wir besonders darauf hinweisen.

6.3 Rückgabewerte

Die wichtigste Eigenschaft einer Funktion haben wir bisher noch nicht besprochen: die Rückgabe von Werten. Einer Funktion zum Wurzelziehen beispielsweise wird als Parameter eine Zahl übergeben, und sie liefert die Wurzel dieser Zahl zurück. Oder nehmen Sie die Funktion **getch**. Sie benötigt zwar keine Parameter, liefert als Ergebnis aber den Wert des eingegebenen Zeichens.
In C wird die Wertrückgabe durch die Anweisung **return** bewirkt. Dazu das nächste *Beispiel:*
Die Funktion max soll den größeren von zwei **int**-Werten ermitteln und ihn an die aufrufende Programmstelle zurückgeben.

```
/* prg6_5.c */
        #include <stdio.h>
/* 3*/
/* 4*/ int max(int a, int b)
/* 5*/ {
/* 6*/   if(a > b)
/* 7*/   {
/* 8*/     return(a);
/* 9*/   }
/*10*/   else
/*11*/   {
/*12*/     return(b);
/*13*/   }
/*14*/ }
/*15*/
/*16*/ main()
/*17*/ {
/*18*/   printf("\nWelche Zahl ist größer, 5 oder 6 ?");
/*19*/   printf("\nDie Zahl %i ist größer!",max(5,6));
/*20*/ }
```

Zeile 4: Neben den Typangaben für die Parameter taucht in dieser Zeile eine weitere Typangabe vor dem Funktionsnamen auf: int max(...). Diese Angabe legt fest, welchen Datentyp diese Funktion liefert. Die Funktion max benötigt also zwei Parameter vom Typ **int** und gibt als Ergebnis ebenfalls einen Wert vom Typ **int** zurück.
Der Typ des Rückgabewertes muß prinzipiell immer angegeben sein. Sie hatten zwar in den bisherigen Beispielfunktionen keine Angaben dazu gemacht, da C aber, bei fehlendem Funktionstyp, automatisch den Typ **int** annimmt, hat die Compilierung problemlos funktioniert. Gewöhnen Sie sich dennoch an, bei jeder Funktion den Rückgabetyp anzugeben.

Zeilen 8 + 12: Die Anweisung **return** verläßt die Funktion an dieser Stelle. Sollte a größer sein als b, wird die Funktion in Zeile 8 verlassen und übergibt den Wert von a. Anderenfalls wird sie in Zeile 12 verlassen und gibt b zurück. Die Anweisung **return** kann auch ohne den geklammerten Rückgabewert verwendet werden. In diesem Fall wird die Funktion an dieser Stelle verlassen, ohne einen Wert zurückzuliefern.

Beachten Sie bitte:
Eine Funktion kann nur einen einzigen Wert zurückgeben!

Zeile 19: Der Aufruf einer Funktion ist an jeder Stelle möglich, wo auch eine Variable, eine Konstante oder ein Ausdruck mit dem entsprechenden Typ stehen könnte. Auf Grund des Platzhalters **%i** erwartet **printf** hinter der Zeichenkette einen **int**-Ausdruck; und da die Funktion max einen Wert vom Typ **int** liefert, kann sie an dieser Stelle eingesetzt werden.
Versuchen Sie jetzt bitte, die folgende Aufgabe zu lösen.

Aufgabe 23

Wie muß eine Funktion d_min aussehen, die den kleineren von zwei **double**-Werten zurückliefert?

Das folgende Programm demonstriert den Einsatz der Funktion max an einem ausführlicheren Beispiel. Es soll aus einer Reihe von Zahlen die größte ermitteln.

```
/* prg6_6.c */
        #include <stdio.h>
/* 3*/
/* 4*/ int max(int a, int b)
/* 5*/ {
/* 6*/   if(a > b)
/* 7*/   {
/* 8*/     return(a);
/* 9*/   }
/*10*/   else
/*11*/   {
/*12*/     return(b);
/*13*/   }
/*14*/ }
/*15*/
/*16*/ main()
/*17*/ {
/*18*/ int x,anzahl,eingabe,maximum;
/*19*/   printf("\nWieviel Zahlen eingeben ? ");
/*20*/   scanf("%i",&anzahl);
/*21*/   printf("\nBitte die 1. Zahl eingeben : ");
/*22*/   scanf("%i",&eingabe);
/*23*/   maximum = eingabe;
/*24*/   for(x=2; x<=anzahl; x++)
/*25*/   {
/*26*/     printf("\nBitte die %i. Zahl eingeben : ",x);
/*27*/     scanf("%i",&eingabe);
/*28*/     maximum = max(eingabe,maximum);
/*29*/   }
/*30*/   printf("\nDie größte Zahl war %i.",maximum);
/*31*/ }
```

Das Programm prg6_7.c verwendet eine Funktion namens fakultaet, um die Kombinationsmöglichkeiten im Lotto zu berechnen. Versuchen Sie auch in diesem Fall, das Programm Schritt für Schritt nachzuvollziehen (siehe Abb. auf S. 76).

```
/* prg6_7.c */
        #include <stdio.h>
/* 3*/
/* 4*/ double fakultaet(int zahl)
/* 5*/ {
/* 6*/ int x;
/* 7*/ double ergebnis=1.0;
/* 8*/   for(x=1; x <= zahl; x++)
/* 9*/   {
/*10*/     ergebnis=ergebnis*x;
/*11*/   }
/*12*/   return(ergebnis);
/*13*/ }
/*14*/ main()
/*15*/ {
/*16*/ double ergebnis;
/*17*/   ergebnis=fakultaet(49)/(fakultaet(43)*fakultaet(6));
/*18*/   printf("\nDie Anzahl der möglichen Kombinationen ");
/*19*/   printf("im Lotto ist %.0lf \n",ergebnis);
/*20*/ }
```

Zeile 17: Die Formel zur Berechnung der möglichen Kombinationen im Lotto lautet: $49!/((49-6)! * 6!)$. Sie sehen, daß eine Funktion auch in ein und derselben Anweisung beliebig oft aufgerufen werden kann.

Neben den Rückgabetypen **int** oder **double** kennt C noch den Typ **void**. Dieser Typ wird eingesetzt, um dem Compiler anzuzeigen, daß eine Funktion keinen Wert zurückliefert. Die Funktionen loesche_bild oder linie sind zum Beispiel vom Typ **void**.

Sie sollten alle Funktionen, die keinen Wert liefern, durch **void** kenntlich machen.

6.4 Prototypen

Bei allen Programmen in diesem Kapitel hatten Sie die Funktionen jeweils vor **main** gesetzt. Diese Aufteilung – zuerst Funktionen, dann Hauptprogramm **main** – ist jedoch nicht zwingend vorgeschrieben. Sie können die Reihenfolge prinzipiell beliebig wählen. Dabei sind allerdings einige Besonderheiten zu beachten.

Das folgende Programm dient der Erläuterung der dabei auftretenden Probleme.

```
/* prg6_8.c */
        #include <stdio.h>
/* 3*/
/* 4*/
/* 5*/
/* 6*/ main()  /* Dieses Programm erzeugt einen Compiler-Fehler! */
/* 7*/ {
/* 8*/ double x,y;
/* 9*/    x=4711;
/*10*/    y=11;
/*11*/    printf("\nErgebnis = %lf ",func(x,y));
/*12*/ }
/*13*/
/*14*/ double func(double x, double y)
/*15*/ {
/*16*/    return(y/x);
/*17*/ }
```

Wie Sie dem Kommentar entnehmen konnten, tritt beim Compilieren dieses Programms ein Fehler auf. Wenn der Compiler die Zeile 14 bearbeitet, meldet er einen "redefinition error". Die Ursache dieses Fehlers wollen wir untersuchen.

Beim Übersetzten arbeitet sich der Compiler von oben nach unten durch das Programm. In Zeile 11 trifft er auf die Funktion func. Da er diese noch nicht kennt, nimmt er standardmäßig an, daß sie den Rückgabetyp **int** hat. Im weiteren Verlauf erreicht er die Zeile 14. Hier steht Ihre Funktion func, allerdings mit dem Rückgabetyp **double**. Und da es in einem C-Programm nicht zwei Funktionen mit gleichem Namen geben kann, selbst wenn sie verschiedene Rückgabetypen haben, wird an dieser Stelle die Fehlermeldung ausgegeben.

Wie kann man das nun verhindern?

Als erste Möglichkeit bietet sich an, die Funktionen vor die Stelle im Programm zu setzen, wo sie das erste Mal aufgerufen werden. In unserem Beispiel könnten Sie func vor **main** setzen. Damit kennt der Compiler diese Funktion, bevor sie das erste Mal in **main** aufgerufen wird. Diese Methode hatten Sie bisher auch verwendet.

Die zweite Möglichkeit besteht darin, dem Compiler zu Beginn des Programms mitzuteilen, welche Funktionen vorkommen. Das wird durch die sogenannten "Funktions-Prototypen" erreicht. Ein solcher Prototyp teilt dem Compiler mit, welchen Rückgabetyp eine Funktion hat, und außerdem auch noch Typ und Anzahl der zu erwartenden

Parameter. Damit ist der Compiler in der Lage, Ihr Programm auf eventuelle Fehler hin zu untersuchen.

An dieser Stelle mögen Sie einwenden, daß die erste Möglichkeit – Funktionen vor **main** zu stellen – das Problem genauso gut behebt. Da es aber häufiger vorkommt, daß von einer Funktion eine oder mehrere andere aufgerufen werden, ist es an einigen Stellen unumgänglich, die zweite Möglichkeit zu benutzen. Im allgemeinen bleibt es Ihnen jedoch überlassen, welches Layout Sie für Ihr Programm bevorzugen.

Im folgenden Programm ist prg6_8.c durch einen Funktions-Prototyp erweitert worden, so daß der Compiler seine Aufgabe ohne Fehler erledigen kann.

```
/* prg6_9.c */
        #include <stdio.h>
/* 3*/
/* 4*/ double func(double, double);     /* Funktions-Prototyp */
/* 5*/
/* 6*/ main()
/* 7*/ {
/* 8*/ double x,y;
/* 9*/   x=4711;
/*10*/   y=11;
/*11*/   printf("\nErgebnis = %lf ",func(x,y));
/*12*/ }
/*13*/
/*14*/ double func(double x, double y)
/*15*/ {
/*16*/   return(y/x);
/*17*/ }
```

Zeile 4: Der Funktions-Prototyp sieht fast so aus wie eine Funktions-Definition. Nur daß hier in den Klammern keine Variablennamen angegeben werden müssen; es reichen die Typen. Außerdem endet die Zeile, im Gegensatz zur normalen Funktion, mit einem Semikolon.

Ohne daß Sie es bemerkten, wurden in Ihren Programmen schon wiederholt Funktions-Prototypen verwendet. Denn ein Großteil der **include**-Dateien besteht aus fertigen Prototyp-Deklarationen für die Bibliotheksfunktionen, wie zum Beispiel die Funktionen **printf**, **scanf** oder **getch** aus #include <stdio.h.>

6.5 Zusammenfassung

- Eine Funktion besteht aus Rückgabetyp, Funktionsname, Parameterliste und Anweisungsblock.
- Rückgabetyp kann jeder gültige Typ sein. Ist kein Typ angegeben, wird standardmäßig **int** angenommen.
- Funktionen, die keinen Wert zurückliefern sollen, erhalten den Rückgabetyp **void**.
- In der Parameterliste werden Typ und Name der übergebenen Werte aufgeführt.
- Die Anweisung **return** dient zur Rückgabe des Wertes einer Funktion.
- Ein **return** ohne folgenden Klammerausdruck verläßt die Funktion, ohne einen Wert zurückzugeben.
- Funktions-Prototypen ermöglichen es dem Compiler, Ihr Programm genauer auf mögliche Fehler zu untersuchen.

6.6 Übungen

Aufgabe 24

Ändern Sie die folgende Funktionsdefinition so, daß sie dem neuen Standard entspricht.

```
double func(x,y)
double x;
int y,
{
...
```

Aufgabe 25

Welche Aufgabe hat die folgende Funktion?

```
/* ueb6_3.c */
int umlaut(int zeichen)
{
  switch(zeichen)
  {
    case 'ä':
    case 'Ä':
    case 'ö':
    case 'Ö':
    case 'ü':
    case 'Ü':
      return(1);
    default:
      return(0);
  }
}
```

Aufgabe 26

Schreiben Sie eine Funktion mit Namen d_abs, die den Absolutwert (den Wert ohne Vorzeichen) eines **double**-Wertes zurückliefert.

Aufgabe 27

Schreiben Sie eine Funktion namens beep, die Töne erzeugt. Die Anzahl der Töne wird als Parameter übergeben.

Aufgabe 28

Schreiben Sie eine Funktion mit dem Namen vorzeichen, die den Rückgabetyp **int** hat und als Parameter einen Wert vom Typ **double** erhält. Wenn der Wert größer als null ist, soll 1, wenn der Wert kleiner als null ist, −1, und wenn der gleich Wert null ist, 0 zurückgegeben werden.

Aufgabe 29

Schreiben Sie eine Funktion, die einen **double**-Wert potenziert. Der Prototyp der Funktion sieht so aus:
double hoch(double wert, int potenz);.
Wird als Potenz 0 angegeben, soll der Wert 1, wird als Potenz ein negativer Wert angegeben, soll der Fehlerwert −1 zurückgeliefert werden.

7 BILDSCHIRMSTEUERUNG

In diesem Kapitel wollen wir Ihnen eine einfache Möglichkeit zur Bildschirmsteuerung vorstellen.
Ihre bisherigen Programme zeigten Ausgaben immer an der momentanen Cursorposition an. Die einzige Art der Bildschirmsteuerung bestand darin, einen oder mehrere Zeilenvorschübe auszugeben. Zum Bildschirmlöschen stand Ihnen bisher eine recht langsame Funktion zur Verfügung; den Cursor positionieren konnten Sie bis jetzt allerdings noch nicht. Nachstehend werden Sie eine schnellere Routine zum Bildschirmlöschen und eine Funktion zur Cursorpositionierung kennenlernen.
Die meisten Compiler stellen in ihren Bibliotheken Funktionen bereit, die der Cursorpositionierung und dem Bildschirmlöschen dienen. Da diese Funktionen jedoch von Hersteller zu Hersteller eine unterschiedliche Syntax haben, kann es nützlich sein, eine Funktion zu entwickeln, die mit jedem Compiler arbeitet.

7.1 ANSI-Escape-Sequenzen

Zur Bildschirmsteuerung auf MS-DOS-Rechnern bieten sich grundsätzlich drei verschiedene Möglichkeiten an:
(1) ANSI-Escape-Sequenzen
(2) Video-Interrupt 10h
(3) Direktes Schreiben in den Bildschirmspeicher

Die ersten beiden Möglichkeiten werden Sie in diesem Buch kennenlernen. (Der Video-Interrupt wird in Kapitel 12 besprochen.) Welche der drei Alternativen Sie wählen, hängt nicht nur davon ab, welche Geschwindigkeit Sie erzielen wollen, sondern auch davon, wie leicht

Sie Ihr Programm von einem Rechner auf den anderen portieren wollen. Die langsamste Methode – die Benutzung der ANSI-Sequenzen – gewährleistet auch die leichteste Übertragbarkeit Ihrer Programme auf andere Rechner, während die schnellste Art der Bildschirmsteuerung – das Schreiben in den Bildschirmspeicher – Ihre Programme sehr stark von der verwendeten Hardware abhängig macht.
Bevor Sie das folgende Programm ausprobieren können, müssen Sie sicherstellen, daß in der Datei CONFIG.SYS die Zeile **DEVICE=ANSI.SYS** enthalten ist. Sollte das nicht der Fall sein, dann erweitern Sie die Datei CONFIG.SYS jetzt. Sie können hierzu einen beliebigen Editor wie beispielsweise EDLIN verwenden. Damit diese Einstellung wirksam wird, muß der Computer erneut gestartet werden.
Das nachstehende Programm benutzt die **ANSI-Sequenzen**, um einen Stern (*) von rechts nach links über den Bildschirm wandern zu lassen.

```
/* prg7_1.c */
       #include <stdio.h>
/* 3*/
/* 4*/ void myclrscr()
/* 5*/ {
/* 6*/   printf("\x1B[2J");
/* 7*/ }
/* 8*/
/* 9*/ void mygotoxy(int xk, int yk)
/*10*/ {
/*11*/   printf("\x1B[%i;%iH",yk,xk);
/*12*/ }
/*13*/
/*14*/ main()
/*15*/ {
/*16*/ int x,pause;
/*17*/   myclrscr();
/*18*/   for(x=80; x>=1; x--)
/*19*/   {
/*20*/     mygotoxy(x,12);
/*21*/     printf("%c",'*');
/*22*/     for(pause=1; pause<10000; pause++);
/*23*/     mygotoxy(x,12);
/*24*/     printf("%c",' ');
/*25*/   }
/*26*/ }
```

Wenn Sie das Programm fehlerfrei eingegeben haben, müßte nach dem <STARTEN> ein Stern (∗) langsam von rechts nach links wandern. Erscheint statt dessen eine Reihe von Zeichen auf dem Bildschirm, müssen Sie nochmals überprüfen, ob die Datei CONFIG.SYS die oben besprochene Erweiterung enthält.

Zeilen 6+11: Lassen Sie sich nicht von den etwas geheimnisvoll aussehenden **printf**-Anweisungen erschrecken, im Grunde steckt nicht viel dahinter. Die ANSI-Escape-Sequenz legt durch bestimmte Zeichenfolgen fest, was geschehen soll. Jede dieser Sequenzen beginnt mit <ESC>, gefolgt von einer geöffneten eckigen Klammer (**[**). Das Programm benutzt diese beiden Folgen:

<ESC>[2J → Bildschirm löschen

und

<ESC>[<zeile>;<spalte>H → Cursor positionieren

Die Anweisung **printf("\x1B[2J")** kommt nun folgendermaßen zustande:
Da wir <ESC> nicht direkt eingeben können (es ist ein Steuerzeichen), benutzen wir den \, der als Einleitung für ein Steuerzeichen dient. Das Steuerzeichen selbst geben wir in hexadezimaler Form ein, daher das **x** hinter dem \. <ESC> hat den ASCII-Code 27, das entspricht **1B** in hexadezimaler Schreibweise. Zusammen ergibt das also **\x1B**. Dann folgt noch **[2J**, und damit ist die Escapesequenz für das Bildschirmlöschen fertig.
Wenn Sie mit den Hexadezimalzahlen noch Schwierigkeiten haben, können Sie sich das Programm prg5_4.c nochmals ansehen.
Die Anweisung **printf("\x1B[%i;%iH",yk,xk)** ist ähnlich aufgebaut. Auch hier beginnt die Sequenz mit **\x1B** und **[**. Dann folgt ein Platzhalter (%i) für die Zeile, ein Semikolon, der Wert für die Spalte und zum Schluß der Buchstabe **H**.

Zeilen 4+9: Die Funktionsnamen myclrscr und mygotoxy sind gewählt worden, damit es bei Turbo C keine Verwechslung mit den Bibliotheksfunktionen clrscr und gotoxy gibt.

Zeile 22: Diese **for**-Schleife wird als Warteschleife verwendet und hat keine andere Aufgabe, als den Programmablauf an dieser Stelle zu verzögern. Dadurch, daß dem **for** kein Anweisungsblock folgt, wird nur die Schleifenvariable pause bis 10000 hochgezählt. Allein das

Hochzählen dauert einen kurzen Augenblick und verzögert so den Programmablauf an dieser Stelle.
Diese Art der Programmverzögerung hat allerdings einen Nachteil: Je nachdem, ob das Programm auf einem einfachen PC oder auf einem AT läuft, fällt die Länge der Pause sehr unterschiedlich aus. Eine bessere Lösung kann man durch Abfragen der internen Uhr erzielen.

7.2 Übungen

Aufgabe 30

Schreiben Sie ein Programm, das einen Rahmen an eine beliebige Stelle des Bildschirms setzen kann.
Benutzen Sie die Funktionen myclrscr und mygotoxy, und entwickeln Sie eine Funktion namens box. Die Funktion box soll das Zeichnen des Rahmens ausführen. Sie erhält als Parameter die Koordinaten der linken oberen und rechten unteren Ecke sowie das Zeichen, aus dem der Rahmen aufgebaut werden soll. Die Funktion soll keinen Wert zurückliefern.

8 FELDER UND ZEICHENKETTEN

In diesem Kapitel lernen Sie, wie die Programmiersprache C Zeichenketten bearbeitet. Vorher müssen wir uns jedoch noch ansehen, was unter einem Feld zu verstehen ist und was man damit machen kann.

8.1 Felder

Stellen Sie sich vor, Sie müßten ein Programm schreiben, das die Tagestemperaturen eines Monats speichern soll. Bis jetzt hätten Sie nur die Alternative, für jeden Tag des Monats eine eigene Variable zu definieren. Für den Monat August könnten Sie die Variablen august1, august2, ... august31 benutzen. Abgesehen von der Tipparbeit bringt das noch weitere Schwierigkeiten mit sich. Allein um den Temperaturdurchschnitt zu berechnen, wäre eine ellenlange Formel nötig wie: durchschnitt = (august1 + august2 + ... august31)/31. Glücklicherweise bietet C eine Lösung für solche Problemstellungen.

8.1.1 Felder in C

Für unser Problem ist es nützlich, wenn man die Tage des Monats nicht als Teil des Variablennamens verwenden müßte, sondern wenn diese Kennzeichnung variabel gehalten werden könnte. In C sieht eine solche Lösung so aus:

```
double temperatur[31];
```

Mit dieser Deklaration haben Sie dem Compiler mitgeteilt, daß Sie eine Variable mit dem Namen temperatur verwenden möchten, und daß Sie unter diesem Namen 31 verschiedene Wert speichern wollen. Dabei wird die Größe des Feldes (englisch: array) in eckigen Klammern hinter dem Feldnamen angegeben.

Sie erinnern sich, daß eine **double**-Variable acht Byte im Speicher belegt. Wenn Sie 31 Stück davon haben, ergibt das eine Gesamtanzahl von 248 Byte, die der Compiler für Ihr Feld temperatur reserviert.

8.1.2 Einzelne Felder ansprechen

Wollen Sie jetzt die einzelnen Elemente dieses Feldes ansprechen, geben Sie den Variablennamen an, gefolgt von der Nummer (dem Index) des Elements. Der dritte Tag des Monats wird also folgendermaßen angesprochen:

temperatur[2]

Doch halt! Sie wollten doch den dritten Tag, warum heißt es dann temperatur[2]? Der Grund dafür liegt in der Art, wie C die einzelnen Felder anspricht. C benutzt als erste Indexnummer immer die Null! Mit unserer Felddeklaration haben wir also die folgenden Variablen vereinbart:

temperatur[0]
temperatur[1]
bis
temperatur[30]

Bitte beachten Sie: Mit der Deklaration double temperatur[31] reservieren Sie Platz für 31 Variablen. Die Indizes dieser Variablen laufen aber von 0 bis 30!

Mit dem folgenden Programm können Sie die Temperaturwerte für einen Monat eingeben, in einem zweiten Schritt wieder anzeigen und im letzten Schritt die Durchschnittstemperatur berechnen lassen (siehe Abb. auf S. 88).

```
/* prg8_1.c */
        #include <stdio.h>
/* 3*/
/* 4*/ main()
/* 5*/ {
/* 6*/ int x;
/* 7*/ double temperatur[31];
/* 8*/ double gesamt=0,durchschnitt;
/* 9*/   printf("\t\tTagestemperaturen des Monats August\n\n");
/*10*/
/*11*/   for(x=0; x<=30; x++)        /* Eingabe aller Werte */
/*12*/   {
/*13*/     printf("%2i. Tag : ",x+1);
/*14*/     scanf("%lf",&temperatur[x]);
/*15*/   }
/*16*/   printf("\nAlle Werte ausdrucken.\n");
/*17*/
/*18*/   for(x=0; x<=30; x++)        /* Ausgabe aller Werte */
/*19*/   {
/*20*/     printf("\n%2i. Tag : %2.1lf Grad",x+1,temperatur[x]);
/*21*/   }
/*22*/
/*23*/   for(x=0; x<=30; x++)        /* Durchschnittstemperatur */
/*24*/   {
/*25*/     gesamt = gesamt + temperatur[x];
/*26*/   }
/*27*/   durchschnitt = gesamt / 31;
/*28*/   printf("\nDurchschn. Temperatur = %lf Grad.",durchschnitt);
/*29*/ }
```

Zeile 7: Diese Deklaration reserviert Speicherplatz für 31 Variablen vom Typ **double**.

Zeilen 11–15: In dieser Schleife werden die 31 Werte eingelesen. Beachten Sie, daß der Index des Feldes temperatur bei 0 beginnt und bis zum Wert 30 läuft (nicht 31!).

Zeilen 18–21: Diese Schleife gibt die soeben eingegebenen Werte wieder auf dem Bildschirm aus.

Zeilen 23–26: Bildung der Gesamtsumme aller Temperaturen.

Zeile 27: Berechnung der Durchschnittstemperatur.

8.2 Zeichenketten

Zeichenketten sind ein wichtiger Bestandteil eines jeden Programms. Sie dienen zur Aufnahme von Meldetexten – einschließlich Fehlermeldungen – oder speichern die Texte, die Sie mit einer Textverarbeitung in den Rechner eingeben.
In C gibt es keinen Datentyp, der speziell für Zeichenketten geschaffen ist. In C ist eine Zeichenkette (englisch: string) nichts anderes als ein Feld von **char**-Werten.
Zeichenketten sind das weitaus häufigste Einsatzgebiet für Felder. Es gibt in der Funktionsbibliothek weit über zwanzig Funktionen, die der Zeichenkettenverarbeitung dienen.
Um eine Zeichenkette speichern zu können, muß ein Feld vorhanden sein, das groß genug ist, den Text aufzunehmen. Die Deklaration

char text[10];

reserviert im Speicher Platz für zehn Zeichen. Die einzelnen Zeichen können mit text[0], text[1] usw. bis text[9] angesprochen werden.
Bei der Behandlung von Zeichenketten ergibt sich aber ein weiteres Problem: Angenommen Sie haben mit char satz[80]; Platz für achtzig Zeichen reserviert. Sie speichern jetzt das Wort "Hallo" in diesem Feld und wollen es wieder ausdrucken lassen. Woran soll das Programm erkennen, daß hinter dem "o" von "Hallo" der Text bereits zu Ende ist? Man müßte das Ende irgendwie kenntlich machen!
Diese Endemarkierung einer Zeichenkette wird in C durch eine binäre Null bewirkt. Eine binäre Null hat nichts mit der Ziffer 0 (ASCII-Code 48) zu tun, sondern ist das Zeichen mit dem ASCII-Code 0. Um dieses Zeichen eingeben zu können, wird die Schreibweise **'\0'** benutzt. **Achtung: Die Hochkommas vor dem Backslash (\ ) und hinter der Null müssen mit eingegeben werden.**
Im Speicher ist die Zeichenkette folgendermaßen abgelegt:

Element	0	1	2	3	4	5
Inhalt	H	a	l	l	o	\0

Zu Ihrer Beruhigung: Sie müssen nur in Ausnahmefällen die binäre Null selbst an das Ende einer Zeichenkette setzen. Normalerweise besorgen die entsprechenden Stringfunktionen dies für Sie.

Sehen wir uns dazu das nächste Programm an.
Dieses Programm erwartet von Ihnen die Eingabe eines Satzes, der dann zur Kontrolle ausgedruckt wird. Anschließend wird eine Änderung am Satz vorgenommen und das Ergebnis ebenfalls ausgegeben. In diesem Programm lernen Sie die Funktionen **gets** und **strlen** sowie den Platzhalter **%s** kennen.

```
/* prg8_2.c */
       #include <stdio.h>
       #include <string.h>
/* 4*/
/* 5*/ main()
/* 6*/ {
/* 7*/ char satz[80];
/* 8*/   printf("\nBitte einen Satz eingeben\n>");
/* 9*/   gets(satz);
/*10*/   printf("\n%s",satz);
/*11*/   printf("\nDer Satz besteht aus %i Zeichen.",strlen(satz));
/*12*/   printf("\n\nIch schreibe in satz[5] eine binäre Null.\n");
/*13*/   satz[5]='\0';
/*14*/   printf("\n%s",satz);
/*15*/   printf("\nDer Satz besteht aus %i Zeichen.",strlen(satz));
/*16*/ }
```

<Starten> Sie das Programm, und geben Sie den Satz

"Das ist ein Test."

ein (natürlich ohne Anführungszeichen). Wenn Sie <RETURN> gedrückt haben, wird der Satz nochmals ausgedruckt und es erscheint die Meldung:

"Der Satz besteht aus 17 Zeichen."

Danach schreibt das Programm in das Element **satz[5]** eine binäre Null und druckt den Satz nochmals aus. Jetzt erscheint der Text:

"Das i"

und die Meldung:

"Der Satz besteht aus 5 Zeichen."

Sie werden wahrscheinlich schon beschreiben können, was im einzelnen geschehen ist. Wir wollen das Programm dennoch Schritt für Schritt durchgehen.

Zeile 7: Das Feld satz soll Ihren Text aufnehmen. Dafür haben Sie mit dieser Anweisung Platz für achtzig Zeichen reserviert. Denken Sie daran, daß von diesen achtzig Zeichen nur 79 für den Text nutzbar sind, da ein Platz die binäre Null (\0) aufnehmen muß. Wenn Sie also wirklich achtzig Zeichen Text speichern wollen, müssen Sie das Feld auf 81 dimensionieren.

Zeile 9: gets dient der Eingabe von Zeichenketten (strings). Mit **gets** haben Sie bereits die vierte Funktion zur Dateneingabe kennengelernt. Ihre Benutzung ist denkbar einfach: In den Klammern hinter **gets** geben Sie den Namen des Feldes an, in das der Text gespeichert werden soll. Auch mußten Sie sich nicht um die Eingabe der binären Null kümmern; das hat die Funktion **gets** für Sie erledigt.

Zeile 10: Diese Druckanweisung gibt den gerade eingegebenen Satz zur Kontrolle auf dem Bildschirm aus. Wie sich leicht erraten läßt, steht im Platzhalter **%s** der Buchstabe s für string, sprich Zeichenkette. Wenn **printf** diesen Platzhalter findet, geht es davon aus, daß jetzt eine Zeichenkette zu drucken ist. Es fängt beim ersten Element des Feldes (in unserem Fall satz[0]) an, ein Zeichen nach dem anderen zu drucken, bis die binäre Null gefunden wird, die den Druck beendet.

Zeile 11: Die Funktion **strlen** ermittelt die Länge einer Zeichenkette. Es werden dabei alle Zeichen (auch die Leerzeichen) bis zur binären Null gezählt.

Zeile 13: Zu Beginn des Kapitels hatten Sie gesehen, daß man die einzelnen Elemente eines Feldes ansprechen kann, indem man den Namen des Feldes und den Index benutzt. satz[5] spricht also das 6. Element der Zeichenkette satz an. Mit satz[5]='\0' haben Sie in dieses Element eine binäre Null geschrieben. Die Folgen dieser Zuweisung werden in den Zeile 14 und 15 deutlich.

Zeile 14: printf druckt jetzt nur noch "Das i" aus, da Sie an die Stelle des Buchstabens "s" eine **\0** geschrieben und damit das Ende der Zeichenkette markiert haben.

Zeile 15: Auch die Funktion **strlen** kommt zu dem Ergebnis, daß die Zeichenkette nur noch fünf Zeichen lang ist.

Da die gerade erläuterten Zusammenhänge wichtig für das Arbeiten mit C sind, hier noch ein weiteres Beispielprogramm zu diesem Punkt. Dieses Programm arbeitet so, wie **printf** mit dem Platzhalter **%s** funktioniert, benutzt aber den Platzhalter **%c**, druckt die Zeichenkette also als Folge von Einzelzeichen.

```
/* prg8_3.c */
        #include <stdio.h>
/* 3*/
/* 4*/ main()
/* 5*/ {
/* 6*/ int x;
/* 7*/ char satz[80];
/* 8*/    printf("\nBitte einen Satz eingeben\n>");
/* 9*/    gets(satz);
/*10*/    x=0;
/*11*/    while(satz[x] != '\0')
/*12*/    {
/*13*/      printf("%c",satz[x]);
/*14*/      x++;
/*15*/    }
/*16*/ }
```

Zeilen 11–15: In dieser Schleife werden die einzelnen Zeichen so lange gedruckt, bis die binäre Null erreicht wird.
Bevor Sie weiterlesen, bearbeiten Sie bitte die folgende Aufgabe.

Aufgabe 31

Das nächste Programm benutzt eine erlaubte, wenn auch etwas mühselige Art, einem **char**-Feld Werte zuzuweisen.

```
/* ueb8_1.c */
#include <stdio.h>

main()
{
char wort[10];
  wort[0]='1';
  wort[1]='.';
  wort[2]=' ';
  wort[3]='W';
  wort[4]='o';
  wort[5]='r';
  wort[6]='t';
  printf("\n%s",wort);
}
```

Welchen Fehler enthält das Programm?

8.3 Zeichenkettenfunktionen

In diesem Abschnitt lernen Sie drei weitere Bibliotheksfunktionen zur Stringbearbeitung kennen.

strcpy → Kopieren
strcat → Verknüpfen
strcmp → Vergleichen

8.3.1 strcpy und strcat

Für die folgenden Beispiele gehen wir davon aus, daß ein **char**-Feld namens text deklariert wurde, das Platz für zehn Zeichen bereitstellt.

char text[10];

Nach dieser Deklaration stehen Ihnen diese zehn Plätze zur Verfügung:

0	1	2	3	4	5	6	7	8	9

In der Skizze sind die einzelnen Elemente leer gelassen. In Wirklichkeit enthalten sie jedoch irgendwelche zufälligen Zeichen. Für unsere Erläuterungen ist das vorerst unerheblich.
Die Syntax der Funktion **strcpy** sieht so aus:

strcpy(<zeichenkette1>,<zeichenkette2>)

Für <zeichenkette1> wird eine Variable und für <zeichenkette2> eine Variable oder ein konstanter Ausdruck eingesetzt. Sie wollen text die Zeichenkette "Soft" zuweisen; die Anweisung dazu lautet:

strcpy(text,"Soft");

0	1	2	3	4	5	6	7	8	9
S	o	f	t	\0					

Die Funktion **strcpy** hat die binäre Null automatisch angehängt. Mit

strcat(<zeichenkette1>,<zeichenkette2>)

soll der Text "ware" angehängt werden. Die Anweisung dazu lautet:

strcat(text,"ware");

0	1	2	3	4	5	6	7	8	9
S	o	f	t	w	a	r	e	\0	

strcat überschreibt mit dem ersten Zeichen des anzuhängenden Textes die binäre Null und hängt sie ans Ende der gesamten Zeichenkette wieder an.
Gehen wir davon aus, daß der alte Inhalt von text ("Software") nicht mehr benötigt wird und durch den Text "Zahl" überschrieben werden soll.

strcpy(text,"Zahl");

0	1	2	3	4	5	6	7	8	9
Z	a	h	l	\0	a	r	e	\0	

Die Zeichenkettenfunktionen löschen den alten Inhalt nicht, so daß in den Speicherstellen 5 bis 8 der Rest des letzten Inhalts stehenbleibt. Diese Eigenschaft stört allerdings nicht, da die gültige Zeichenkette mit **\0** begrenzt wird.
Daher reicht die folgende Anweisung aus, wenn eine Zeichenkette gelöscht werden soll:

strcpy(text,"");

0	1	2	3	4	5	6	7	8	9
\0	a	h	l	\0	a	r	e	\0	

Durch die binäre Null zu Beginn der Zeichenkette wird sie zu einem Leerstring. Die Funktion **strlen** würde für diese Zeichenkette den Wert 0 zurückgeben.
Zum Schluß wollen Sie text die Zeichenkette "Zahlensysteme" zuweisen.

strcpy(text,"Zahlensysteme");

0	1	2	3	4	5	6	7	8	9
Z	a	h	l	e	n	s	y	s	t

Eigentlich sollte das Ende der Zeichenkette doch durch **\0** markiert sein? – Das ist es auch! Nur dummerweise in einem Speicherbereich, den Sie für text nicht reserviert hatten:

10	11	12	13	14	15	16	17	18	19
e	m	e	\0						

Beim Arbeiten mit Feldern kontrolliert C nämlich nicht, ob das Ende des Feldes erreicht wurde. Das kann, wie in unserem Fall, dazu führen, daß der angrenzende Speicherbereich überschrieben wird. Und da dort meistens andere Variablen oder Programmbefehle gespeichert sind, haben Sie das Pech, daß diese zerstört werden.

Achten Sie also unbedingt darauf, daß der reservierte Speicherbereich für die Aufnahme einer Zeichenkette groß genug ist! Solche Fehler können sehr unangenehm werden, da sie schwer zu lokalisieren sind.

8.3.2 strcmp

Die Funktion **strcmp** vergleicht <zeichenkette1> mit <zeichenkette2> und gibt folgende Werte zurück:
< 0 → <zeichenkette1> kleiner als <zeichenkette2>
= 0 → <zeichenkette1> gleich <zeichenkette2>
> 0 → <zeichenkette1> größer als <zeichenkette2>

strcmp(<zeichenkette1>,<zeichenkette2>)

Die Angaben kleiner, gleich und größer beziehen sich auf den ASCII-Code, nicht auf die Länge!
In prg8_4.c muß ein Paßwort eingegeben werden. Mit **strcmp** wird getestet, ob die Eingabe richtig ist. Wir überlassen es Ihnen, das richtige Paßwort herauszufinden (siehe Abb. rechts).

8.4 Umwandlungsfunktionen

Stellvertretend für die Vielzahl der Umwandlungsfunktionen stellen wir Ihnen die Funktionen

atoi → ASCII nach Integer

und

itoa → Integer nach ASCII

vor. Für beide Funktionen benötigen Sie die **include**-Datei **stdlib.h**.
Das folgende Programm demonstriert die Arbeitsweise der beiden Funktionen (siehe Abb. auf S. 98).

```
/* prg8_4.c */
        #include <stdio.h>
        #include <string.h>
/* 4*/
/* 5*/ main()
/* 6*/ {
/* 7*/ char geheim[10],passwort[80];
/* 8*/ int versuch=3;
/* 9*/   geheim[3]='p';
/*10*/   geheim[2]=109;
/*11*/   geheim[7]=114;
/*12*/   geheim[5]=116;
/*13*/   geheim[0]=67;
/*14*/   geheim[9]='x';
/*15*/   geheim[1]=111;
/*16*/   geheim[8]='\0';
/*17*/   geheim[4]=geheim[1]+6;
/*18*/   geheim[6]=101;
/*19*/   printf("\nSie haben 3 Versuche.\n");
/*20*/   do
/*21*/   {
/*22*/     printf("\nBitte Paßwort eingeben.\n>");
/*23*/     gets(passwort);
/*24*/     if(strcmp(geheim,passwort) == 0)
/*25*/     {
/*26*/       printf("\nPaßwort ok!\n");
/*27*/       break;
/*28*/     }
/*29*/     else
/*30*/     {
/*31*/       printf("\nFehlerhaftes Paßwort! \n\a");
/*32*/     }
/*33*/     versuch--;
/*34*/   }
/*35*/   while(versuch > 0);
/*36*/ }
```

Hinweis:
Bitte beachten Sie, daß ab der Version 7.0 des Microsoft C-Compilers die Funktion **itoa** mit einem Unterstrich beginnt (**_itoa**). Siehe auch Kapitel 17.1.

```
/* prg8_5.c */
        #include <stdio.h>
        #include <stdlib.h>
/* 4*/
/* 5*/ main()
/* 6*/ {
/* 7*/ int ergebnis,zahl,basis;
/* 8*/ char puffer[80],eingabe[80];
/* 9*/
/*10*/   printf("\nBitte eine Ganzzahl eingeben : ");
/*11*/   gets(eingabe);
/*12*/   ergebnis=atoi(eingabe);
/*13*/   printf("Der Wert ist %i\n",ergebnis);
/*14*/
/*15*/   printf("\nBitte eine Ganzzahl eingeben : ");
/*16*/   scanf("%i",&zahl);
/*17*/   printf("Basis 2-32 : ");
/*18*/   scanf("%i",&basis);
/*19*/   itoa(zahl,puffer,basis);
/*20*/   printf("Der String lautet %s\n",puffer);
/*21*/ }
```

Zeile 12: Die Funktion **atoi** erhält als Parameter die Zeichenkette, die in eine **int**-Zahl umzuwandeln ist.
Zeile 19: Die Funktion **itoa** benötigt insgesamt drei Parameter.

(1) Den umzuwandelnden Wert (hier die Variable zahl).
(2) Eine Zeichenkette, in der das Ergebnis abgelegt wird (puffer). Die benötigte Länge des Puffers kann bis zu 17 Stellen betragen. Die Länge von 80 in unserem Beispiel ist unnötig groß gewählt.
(3) Die Basis, auf der die Umwandlung stattfinden soll (basis). Wollen Sie das Ergebnis in dezimaler Form, geben sie 10 als Basis an; die Basis 2 zum Beispiel würde das Ergebnis in dualer Form liefern. Als Basis sind Zahlen zwischen 2 und 32 erlaubt.

8.5 Mehrdimensionale Felder

Bitte sehen Sie sich das Beispiel mit den Monatstemperaturen zu Beginn dieses Kapitels noch einmal an. Wenn Sie nun die Aufgabe hätten, die Temperaturen für ein ganzes Jahr zu speichern, ständen Sie erneut vor dem Problem, eine Vielzahl von Variablen anzulegen, um alle Daten speichern zu können. Man würde vielleicht an so etwas wie

januar[31],februar[29] usw. denken. Das ist aber auch keine befriedigende Lösung.
Hierfür bieten sich sogenannte mehrdimensionale Felder an; für unser Problem sinnvollerweise ein zweidimensionales. In C wird das folgendermaßen formuliert:

```
double jahres_temperatur[12][31];
```

Diese Deklaration sorgt dafür, daß 12 mal 31 Werte gespeichert werden können. Die erste Dimension (12) benutzen wir für die einzelnen Monate, die zweite (31) für die Tage im jeweiligen Monat. Soll beispielsweise die Temperatur für den zweiten Tag des Monats November gespeichert werden, legen wir diesen Wert in

```
jahres_temperatur[10][1]
```

ab. (Sie denken daran, daß die Indexe bei 0 beginnen?)
An dieser Stelle noch ein kleiner Tip. Wenn Ihnen das Arbeiten mit dem Wert 0 als erstem Index Schwierigkeiten bereitet, können Sie die Felder ein Element größer machen, als tatsächlich benötigt, und das nullte Element nicht benutzen. Sie verschwenden dadurch allerdings Speicherplatz.
Zur Verwendung mehrdimensionaler Felder noch ein weiteres *Beispiel:*
Wenn wir davon ausgehen, daß der Bildschirm Ihres Rechners 25 Zeilen zu je 80 Spalten darstellen kann, dann benötigen Sie zur Speicherung des Bildschirminhalts ein Feld mit den folgenden Dimensionen:

```
char bild[25][80];
```

Mit dieser Deklaration haben Sie Platz für insgesamt 2000 Zeichen reserviert (25 Zeilen mal 80 Spalten ergibt 2000 Zeichen).
Bildlich kann man sich dieses Feld so vorstellen:

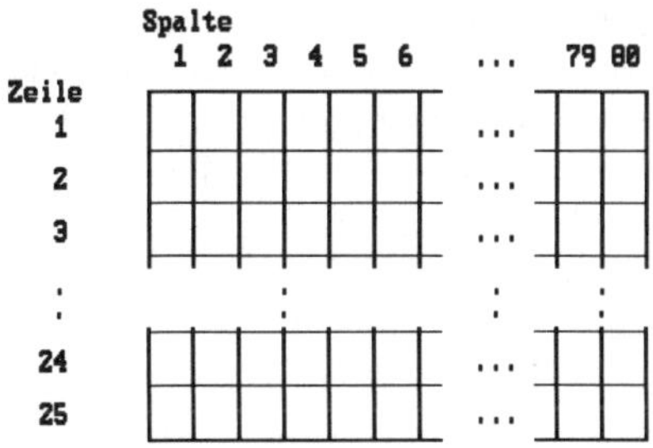

Bei der Dimensionierung können Sie zwei-, drei- oder höherdimensionale Felder deklarieren. In der Praxis sind mehr als zwei Dimensionen allerdings selten, da der Speicherplatzbedarf für ein solches Feld enorm ansteigt. Mit

```
double riesig[100][100][100];
```

wird Platz für 100 mal 100 mal 100 Elemente festgelegt; und da jedes Element vom Typ **double** ist und somit acht Bytes benötigt, ergibt sich ein Speicherplatzbedarf von 8 Millionen Bytes. Das dürfte für die meisten PCs zu viel sein.

8.6 Zusammenfassung

- Zur Deklaration von Feldern benutzt C die eckigen Klammern ([]). In diesen Klammern wird die Anzahl der Elemente angegeben.
- Alle Felder beginnen mit dem Index 0.
- Ein String ist ein **char**-Feld, das durch eine binäre Null begrenzt ist.
- Der Platzhalter **%s** dient der Funktion **printf** zur Ausgabe von Zeichenketten.
- Die Feldgrenzen werden von C nicht geprüft. Sie sind als Programmierer dafür veranwortlich, daß jedes Feld groß genug für die Aufnahme aller Elemente ist.
- Durch das Überschreiten der Feldgrenzen können andere Variablen zerstört werden.
- **strlen**, **strcpy**, **strcat** und **strcmp** gehören zur Gruppe der Zeichenkettenfunktionen.
- Die Funktion **itoa** wandelt eine Ganzzahl in eine Zeichenkette um. **atoi** wandelt einen String in eine ganze Zahl um. Diese Zahl kann zu einer beliebigen Basis dargestellt werden.
- Bei mehrdimensionalen Feldern wird die Größe jeder weiteren Dimension in separaten eckigen Klammern angegeben.

8.7 Übungen

Aufgabe 32

Welchen Fehler enthält der folgende Programmausschnitt?

```
char puffer[20];
strcpy(puffer,"Programmiersprache C");
```

Aufgabe 33

Gegeben sind drei Zeichenketten mit folgendem Inhalt:

```
string1="Bild"
string2="schirm"
string3="steuerung"
```

Wie müssen diese drei Teilstrings verknüpft werden, damit die Zeichenkette ergebnis den Text "Bildschirmsteuerung" enthält?

Aufgabe 34

Ein Programm soll einen Satz einlesen und die Anzahl der Buchstaben "e" ermitteln. Lassen Sie auch den prozentualen Anteil dieses Buchstabens an der Gesamtanzahl berechnen.

Aufgabe 35

Was macht das folgende Programm?

```
/* ueb8_5.c */
#include <stdio.h>

main()
{
char satz[80];
int x=0,y=0;
  printf("\nBitte einen Satz eingeben\n>");
  gets(satz);
  while(satz[x] != '\0')
  {
    if(satz[x] == 32) y++;
    x++;
  }
  printf("\ny = %i",y);
}
```

Aufgabe 36

Was ist am folgenden Programm fehlerhaft?

```
/* ueb8_6.c */
#include <stdio.h>
#include <stdlib.h>

main()    /* Dieses Programm enthält einen Fehler! */
{
int zahl;
char buffer[10];
  printf("\n\t\t\tDualzahlen\n\n");
  do
  {
    printf("\nBitte eine Integer-Zahl ");
    printf("zwischen 1 und 32000 eingeben.\n>");
    scanf("%i",&zahl);
  }
  while(zahl < 1  || zahl > 32000);
  itoa(zahl,buffer,2);
  printf("\n%i entspricht %s als Dualzahl.",zahl,buffer);
}
```

Aufgabe 37

Schreiben Sie ein Programm, das einen Satz einliest und ihn ohne Satzzeichen und Leerstellen wieder ausdruckt.

Aufgabe 38

Schreiben Sie ein Programm, das einen Satz einliest und jedes Wort in einer eigenen Zeile wieder ausgibt. Als Wortbegrenzung dient das Leerzeichen.

9 VARIABLEN UND KONSTANTEN

In den ersten acht Kapiteln haben Sie C als eine Programmiersprache kennengelernt, die alle Eigenschaften besitzt, die auch andere moderne Sprachen bieten. Im folgenden sollen einige Aspekte hervorgehoben werden, die deutlich machen, warum C so erfolgreich und auch bei Programmierern immer beliebter geworden ist. Dieses Kapitel beschäftigt sich daher nochmals mit dem Thema Variablen.

9.1 Datentypen

Im Laufe der ersten Kapitel haben Sie alle grundlegenden Datentypen bereits kennengelernt. Die folgende Tabelle faßt diese fünf Typen nochmals zusammen.

Typ	Größe
char	1 Byte
int	2 Byte
float	4 Byte
double	8 Byte
void	0 Byte

Die Größe des Typs **int** ist übrigens von der verwendeten Hardware abhängig. Bei anderen Rechnern kann **int** auch vier Bytes groß sein. Bei einem IBM-PC bzw. IBM-PC-kompatiblen Rechner beträgt sie allerdings zwei Bytes. In diesem Buch wird von dieser Größe ausgegangen. C bietet nun die Möglichkeit, diese Typen, ausgenommen **void**, durch sogenannte Modifizierer genauer zu bestimmen. Als Modifizierer stehen folgende Schlüsselwörter zur Verfügung:

- **signed**
- **unsigned**
- **long**
- **short**

Diese Modifizierer erlauben es, Datentypen zu deklarieren, die ganz individuell auf eine bestimmte Aufgabe zugeschnitten sind. In der folgenden Tabelle finden Sie die wichtigsten Kombinationen von Grundtyp und Modifizierer.

Typ	Größe	Wertebereich
char	1 Byte	-128 bis +127
unsigned char	1 Byte	0 bis 255
signed char	1 Byte	-128 bis +127
int	2 Byte	-32768 bis +32767
unsigned int	2 Byte	0 bis 65535
signed int	2 Byte	-32768 bis +32767
short int	2 Byte	-32768 bis +32767
unsigned short int	2 Byte	0 bis 65535
signed short int	2 Byte	-32768 bis +32767
long int	4 Byte	-2147483648 bis +2147483649
unsigned long int	4 Byte	0 bis 4294967296
signed long int	4 Byte	-2147483648 bis +2147483649
float	4 Byte	3.4*10^ -38 bis 2.4*10^ +38
double	8 Byte	1.7*10^-308 bis 1.7*10^+308

Einige C-Compiler unterstützen darüber hinaus noch weitere Typen, die in dieser Tabelle nicht aufgeführt sind.
Lassen Sie sich nicht von der Vielfalt überwältigen; die meisten Typen werden nur in Ausnahmefällen eingesetzt. Sie kommen mit den Grunddatentypen fast immer ans Ziel. So sind zum Beispiel die Grundtypen und die **signed**-Typen identisch (char = signed char), da der Compiler standardmäßig vorzeichenbehaftete Typen annimmt.
Da wir den Typ **char** fast ausschließlich dazu benutzen, ASCII-Zeichen zu speichern, die ja keine negativen Codewerte haben, könnte man hier **unsigned char** nehmen. Außerdem kann es Probleme geben, wenn Sie ASCII-Codes über 127 verwenden, was zum Beispiel bei den deutschsprachigen Umlauten der Fall ist. Dazu das nächste *Beispiel*:

```
/* prg9_1.c */
        #include <stdio.h>
        #include <string.h>
/* 4*/
/* 5*/ main()   /* Dieses Programm arbeitet nicht wie erwartet ! */
/* 6*/ {
/* 7*/ char text[80];           /* standardmäßig 'signed' */
/* 8*/ int x;
/* 9*/   strcpy(text,"standardmäßig");
/*10*/   for(x=0; x<strlen(text); x++)
/*11*/   {
/*12*/     if(text[x] == 'ä')
/*13*/     {
/*14*/       printf("\ngefunden !");
/*15*/     }
/*16*/     else
/*17*/     {
/*18*/       printf("\nnicht gefunden !");
/*19*/     }
/*20*/   }
/*21*/ }
```

In dieser Form des Programms wird der Buchstabe ä nicht erkannt. Erst wenn Sie den Typ des Feldes text auf **unsigned** ändern, ergibt der Vergleich an der entsprechenden Stelle das Ergebnis wahr.

9.2 Lokale Variablen

Alle Variablen, die Sie in den bisherigen Programmen verwendet haben, waren sogenannte lokale Variablen, das heißt sie können nur innerhalb der Funktion benutzt werden, in der sie auch deklariert wurden. Wir hatten diese Eigenschaft als durchaus positiv betrachtet, da man so eine Funktion entwickeln kann, ohne ständig überlegen zu müssen, ob dieser Variablenname nicht schon irgendwo vergeben wurde.
Ein Programm kann die folgenden Funktionen enthalten, in denen die gleichen Variablennamen auftreten. Da sie als lokale Variablen deklariert wurden, können sie sich nicht gegenseitig beeinflussen.

```
funk1()
{
int zaehler;
  zaehler=10;
...
}

funk2()
{
int zaehler;
  zaehler=125;
...
}

main()
{
  funk1();
  funk2();
...
}
```

Die Variable zaehler der Funktion funk1 hat also nichts mit der Variablen zaehler in der Funktion funk2 zu tun. Beide existieren völlig unabhängig voneinander.
Einer der wichtigsten Aspekte der lokalen Variablen ist, daß sie nur so lange existieren, wie auch ihre Funktion existiert. Mit anderen Worten: bei jedem Aufruf der Funktion werden die Variablen neu angelegt, und wenn die Funktion beendet wird, hören auch die Variablen auf zu existieren.
Als Schlüsselwort zur Bezeichnung einer lokalen Variablen dient in C das wort **auto**. Da der Compiler aber alle Variablen ohne eine zusätzliche Angabe als vom Typ **auto** betrachtet, wird dieses Schlüsselwort so gut wie nie verwendet.

9.3 Globale Variablen

Im Gegensatz zu lokalen Variablen können globale Variablen von allen Programmteilen aus benutzt werden; und sie behalten ihren Wert zwischen den einzelnen Funktionsaufrufen bei. Sie können dies im nächsten Progammausschnitt sehen.

```
double zaehler=125;    /* globale Variable */

void funk1()
{
  zaehler++;
}

void funk2()
{
  zaehler=zaehler+200;
}

main()
{
  funk1();
  funk2();
...
}
```

Die Deklaration einer globalen Variablen ist denkbar einfach: Man deklariert sie außerhalb jeglicher Funktion.
Wie im Beispiel angedeutet, ist es üblich, alle verwendeten globalen Variablen zu Beginn des Programms zusammenzufassen.
Von anderen Variablendeklarationen her ist Ihnen bekannt, daß es auch bei globalen Variablen möglich ist, diese sofort zu initialisieren. In unserem Beispiel wird die globale Variable zaehler mit dem Wert 125 initialisiert. Dieser Wert wird dann von funk1 um 1 erhöht und anschließend von funk2 um weitere 200, so daß zaehler am Ende den Wert 326 hat.
Benutzen Sie die globalen Variablen möglichst sparsam. Wenn Sie davon zu viele haben, ist der Vorteil, den C Ihnen mit seinen lokalen Variablen bietet, wieder aufgehoben.
Noch ein Hinweis: Wenn in einer Funktion eine lokale Variable mit dem gleichen Namen wie eine globale Variable deklariert wurde, hat innerhalb dieser Funktion die lokale Variable den Vorrang. In diesem Fall beziehen sich beispielsweise Wertzuweisungen nur auf die lokale Variable. Trotz dieser eindeutigen Regelung sollten solche Konstruktionen vermieden werden, da sie mit Sicherheit nicht der Übersichtlichkeit dienen.

Aufgabe 39

Welchen Wert für die Variable zahl liefert folgendes Programm?

```
/* ueb9_1 */
#include <stdio.h>

int zahl=0;  /* globale Variable */

void zaehlen()
{
  zahl++;
}

main()
{
int x;
  for(x=1; x<=12; x++)
  {
    zaehlen();
  }
  printf("\nDie Variable 'zahl' hat den Wert %i",zahl);
}
```

9.4 Speicherklassen

C besitzt vier Schlüsselwörter, um die Speicherklasse zu definieren. Es sind:

- **auto**
- **register**
- **static**
- **extern**

Sie sagen dem Compiler, wie die folgende Variable gespeichert werden soll.
Diese Schlüsselwörter erscheinen bei der Deklaration vor dem Variablentyp. *Beispiele:*

- **auto** double summe;
- **register** int zaehler;
- **static** float wert;
- **extern** int i;

auto und **register** bezeichnen Variablen, die ihren Wert nur vorübergehend behalten. **static** und **extern** bezeichnen Variablen, die ihren Wert während des ganzen Programms behalten können.
Das Schlüsselwort **auto** haben Sie bereits kennengelernt. Der Typ **register** verhält sich im Prinzip genau so wie **auto**, nur daß der Inhalt einer solchen Variablen in einem Register des Prozessors abgelegt wird. Dadurch kann weitaus schneller auf diesen Wert zugegriffen werden.
Falls Sie jetzt auf die Idee kommen, alle Variablen in Registern ablegen zu wollen, müssen wir Sie enttäuschen. Die Verwendung dieses Typs unterliegt nämlich einigen Einschränkungen.

(1) Das Schlüsselwort **register** kann nur für lokale Variablen verwendet werden.
(2) Es können nur Variablen vom Typ **char** oder **int** verwendet werden.
(3) Die Anzahl der Register ist von dem Prozessortyp Ihres Rechners abhängig. Bei vielen Rechnern müssen Sie mit zwei oder wenig mehr Registern auskommen.
(4) Wenn keine Register mehr frei sind, wird die Variable wie eine normale **auto**-Variable behandelt.

Trotz dieser Einschränkungen kann der Einsatz von **register**-Variablen besonders bei Schleifenvariablen sehr nützlich sein, da sich die erhöhte Zugriffsgeschwindigkeit in diesem Fall durchaus bemerkbar macht.
Zum Schlüsselwort **extern** nur soviel: Ein C-Programm kann aus mehreren getrennt compilierten Teilen bestehen. Wenn in jedem dieser Teile dieselbe globale Variable benötigt wird, darf sie nur in einem Teil deklariert werden. In den anderen Modulen erhält diese Variable den Zusatz **extern**. Damit weiß der Compiler, daß diese Variable existiert, er in diesem Fall aber keinen Speicherplatz reservieren darf, da das bereits an einer anderen Stelle geschehen ist.
Als letzten Bezeichner sehen wir uns **static** an. Mit **static** können Sie dafür sorgen, daß eine lokale Variable ihren Wert auch zwischen den Funktionsaufrufen behält.
Das folgende Programm demonstriert den Einsatz einer **static**-Variablen (siehe Abb. auf S. 110).

```
/* prg9_2.c */
         #include <stdio.h>
/* 3*/
/* 4*/ int zaehlen()
/* 5*/ {
/* 6*/ static int zahl=0;
/* 7*/   zahl++;
/* 8*/   return(zahl);
/* 9*/ }
/*10*/
/*11*/ main()
/*12*/ {
/*13*/ int x,ergebnis;
/*14*/   for(x=1; x<=12; x++)
/*15*/   {
/*16*/     ergebnis=zaehlen();
/*17*/   }
/*18*/   printf("\n'ergebnis' hat den Wert %i",ergebnis);
/*19*/ }
```

Zeile 6: In der Funktion zaehlen ist eine Variable zahl mit der Speicherklasse **static** und dem Typ **int** deklariert worden. Beachten Sie bitte, daß zahl nur beim ersten Aufruf dieser Funktion den Wert 0 hat. Bei allen weiteren Aufrufen wird der jeweils letzte Wert weiterverarbeitet.

Zeile 7: Bei jedem Funktionsaufruf wird zahl um 1 erhöht, und dieser Wert wird dann in Zeile 8 an die aufrufende Programmstelle zurückgegeben.
Was Sie in diesem Programm durch den Einsatz einer **static**-Variablen erreicht haben, daß sie nämlich ihren Wert behält, hätten Sie auch mit Hilfe einer globalen Variablen erreichen können (siehe Programm ueb9_1). Eine **static**-Variable ist in diesem Beispiel aber weitaus vorteilhafter, da Sie so eine in sich abgeschlossene Funktion erhalten, die ohne großen Aufwand auch in anderen Programmen verwendbar ist. Gehen Sie jedoch den Weg über die globalen Variablen, müssen Sie dafür sorgen, daß neben Ihrer Funktion auch diese Variable in das andere Programm übernommen wird.
Für diesen Abschnitt noch ein letzter Hinweis: Der Speicherplatz, der zur Aufnahme der lokalen Variablen dient, ist relativ begrenzt; typischerweise auf 2048 Bytes. Dieser Bereich nennt sich **stack**. Wenn Ihre Funktionen sehr viele lokale Daten benötigen, kann es vorkommen, daß der Speicherplatz des Stacks nicht mehr ausreicht. In die-

sem Fall bricht das Programm mit der Fehlermeldung "stack overflow" ab.
Der Stack kann bei Bedarf vergrößert oder verkleinert werden. Schlagen Sie die dafür nötigen Schritte bitte im Handbuch Ihres Compilers bzw. Linkers nach.

9.5 Casts

Sie haben bisher gesehen, daß der C-Compiler Daten vom einen in den anderen Typ umwandelt, wenn dies erforderlich ist. Sie können ihn aber auch zwingen, an einer bestimmten Stelle eine solche Umwandlung durchzuführen. Ein solche Konstruktion nennt sich **cast**. Die allgemeine Form eines **cast** sieht so aus:

(Typ) Ausdruck

Angenommen, Sie wollen zwei Integerzahlen teilen. Das Ergebnis ist normalerweise wieder eine int-Zahl. Sie benötigen jedoch ein Ergebnis vom Typ **double**. Das heißt, Sie verwenden hier einen cast:

```
main()
{
int zahl1=5,zahl2=3;
  printf("\n%i ",zahl1/zahl2);
  printf("\n%lf ",(double) zahl1/zahl2);
  printf("\n%lf ",(double) (zahl1/zahl2)); /* FALSCH */
}
```

Sie geben vor dem Ausdruck den Typ in Klammern an, den der nachfolgende Ausdruck haben soll. Beachten Sie bitte, daß das dritte **printf** ein falsches Ergebnis liefert, da zuerst die int-Division in den Klammern durchgeführt und dieses ganzzahlige Ergebnis erst dann umgewandelt wird. Dadurch sind die Nachkommastellen verlorengegangen.
Casts werden im allgemeinen nicht sehr häufig benötigt. In manchen Fällen können sie jedoch nützlich sein.

9.6 Konstanten

Wie bereits in Kapitel 5.5 beschrieben, werden in Programmen neben Variablen auch Konstanten benötigt. So ist zum Beispiel der Wert 4711 im Ausdruck x=y+4711 eine Konstante. Dieses Kapitel faßt noch einmal alle Konstantentypen zusammen und erläutert einige Besonderheiten.

Ganzzahl-Konstanten
Ganzzahl-Konstanten können z. B. folgende Formen haben:

6815	(dezimal)
0x1A9F	(hexadezimal)
015237	(oktal)
6815L	(dezimal, long)
6815F	(dezimal, float)
6815U	(dezimal, unsigned)

Beginnt eine Zahl mit der Zeichenkombination 0X (bzw. 0x), dann handelt es sich bei den folgenden Zeichen um die hexadezimale Schreibweise dieser Zahl. Beginnt die Zahl mit einer Null (0) und folgen darauf direkt weitere Ziffern, so handelt es sich um eine Oktalzahl. Steht am Ende einer Konstanten der Buchstabe L (bzw. l), so handelt es sich um eine Zahl vom Typ **long**, bei U (bzw. u) ist die Zahl vom Typ **unsigned**.

Fließkomma-Konstanten
Diese Konstanten lassen sich in C auf vielfältige Weise darstellen. Die folgenden Beispiele zeigen einige der Möglichkeiten:

Darstellung	Wert
3.	(3,0)
-.4	(-0,4)
-24.0e-1	(-2,4)
-04.E+2	(-400,0)
18E-2	(0,18)
1.434E1	(14,34)

Die so eingegebenen Konstanten haben automatisch den Typ double.

Hinweis:
Benutzen Sie immer einen Dezimalpunkt, wenn Sie eine Fließkommazahl schreiben. Beispielsweise 4711.0 statt 4711, da die letztere als int betrachtet wird.

Zeichen-Konstanten

'\n' Neue Zeile (new line)
'\r' Wagenrücklauf (Carriage Return)
'\t' Horizontaler Tabulator
'\v' Vertikaler Tabulator
'\b' Backspace
'\f' Neue Seite (Formfeed)
'\\' Backslash
'\'' Apostroph
'\"' Anführungszeichen
'\a' Alarm (ist nicht für alle Compiler gültig)

Zeichenketten-Konstanten (String-Konstanten)

Zeichenkettenkonstanten werden in Anführungszeichen gesetzt und können aus beliebigen Zeichen bestehen. Ein String kann auch Escape-Sequenzen enthalten, wie im folgenden Beispiel dargestellt:

"Eine \tZeichenkettenkonstante\t mit Escape-Sequenzen"

Die Länge einer Zeichenkettenkonstanten kann laut ANSI-Norm bis zu 509 Zeichen betragen, die meisten Compiler erlauben jedoch größere Werte (beispielsweise 4096 Bytes bei MS C/C++). Sind in der Zeichenkette Escape-Sequenzen enthalten (z. B. \t), dann zählen diese nur als ein Zeichen. Beim Ablegen im Hauptspeicher wird an die Zeichenkette eine binäre Null (\0) als Endemarkierung angehängt.

Schlüsselwort const

Neben der Möglichkeit, mit **#define** (siehe Kapitel 9.7) Konstanten zu definieren, bietet C noch den Modifizierer **const**. Er sorgt dafür, daß eine Variable während des Programmlaufs nicht mehr geändert werden kann. Die allgemeine Form sieht so aus:

const typ name = wert;

Das Einsatzgebiet dieses Modifizierers ist das gleiche wie bei **#define**. Er ist jedoch dem **#define** vorzuziehen, da der Compiler hier die verwendeten Typen und Gültigkeitsbereiche besser kontrollieren kann.

Beispiel:

```
const int Apostel = 12;
const double PI = 3.14159265;
```

Der Operator sizeof

Der Operator **sizeof** ermittelt die Größe eines Datenobjektes. Er dient dazu, daß in einem Programm keine maschinenabhängigen Datengrößen verwendet werden müssen. Soll beispielsweise für **int**-Werte Speicherplatz angefordert werden, kann mit **sizeof** ermittelt werden, wie groß **int** auf diesem speziellen System ist. Der Operator **sizeof** liefert seinen Wert nicht während des Programmlaufs, sondern bereits während des Compilierens! Die allgemeine Form lautet:

sizeof(typ_name)

Das Ergebnis von **sizeof** ist vom Typ **size_t**, was gleichbedeutend mit **unsigned int** ist.

Die folgenden Variablendeklarationen:

```
short kurz;
char kette[29];
struct adr
{
   char name[35];
   int alter;
   double gehalt;
}
```

liefern auf einem PC die folgenden Ergebnisse:

```
printf("\nGröße = %u",sizeof(kurz));         ergibt 2
printf("Größe = %u",sizeof(kette));          ergibt 29
printf("Größe = %u",sizeof(struct adr));     ergibt 45
```

Das Schlüsselwort **struct** und die Anforderung von Speicher werden in den folgenden Kapiteln erläutert.

9.7 define

Die Preprozessoranweisung **#include** ist Ihnen in allen bisherigen Programmen immer wieder begegnet. Sie sorgt dafür, daß zusätzliche Definitionsdateien in Ihr Programm einkopiert werden. Neben diesem Kommando **#include** versteht der Preprozessor jedoch noch weitere Anweisungen. Eine davon lernen Sie in diesem Abschnitt kennen.
Der Preprozessorbefehl **#define** erlaubt es, eine Zeichenkette im Programm durch eine andere zu ersetzen. Die allgemeine Form eines **#define** sieht so aus:

#define <NAME> <zeichenkette>

Beachten Sie, das diese Anweisung nicht durch ein Semikolon abgeschlossen wird! Am Beispiel des folgenden Programms können Sie die Arbeitsweise des **#define** nachvollziehen.

```
/* prg9_3.c */
      #include <stdio.h>
/* 3*/
      #define  TITEL  "\n\t\tHerzschläge\n"
      #define  MELDUNG1  "\nHerzschläge pro Minute       : "
      #define  MELDUNG2  "\nAlter in Jahren              : "
      #define  MELDUNG3  "\nHerzschläge seit der Geburt :"
      #define  SCHLAEGE  72.0
      #define  ALTER  33.0
/*10*/
/*11*/ main()
/*12*/ {
/*13*/   printf(TITEL);
/*14*/   printf("%s %i",MELDUNG1,SCHLAEGE);
/*15*/   printf("%s %i",MELDUNG2,ALTER);
/*16*/   printf(MELDUNG3);
/*17*/   printf("%lf ",SCHLAEGE * 60 * 24 * 365.25 * ALTER);
/*18*/ }
```

Ihnen fällt sicherlich die Großschreibung des Namen der Konstanten hinter **#define** auf. Diese Schreibweise ist nicht nötig, die Namen könnten auch durchgängig klein geschreiben werden. Es hat sich jedoch eingebürgert, sie groß zu schreiben, um sie von normalen Variablen- oder Funktionsnamen besser unterscheiden zu können.
Der Preprozessor sucht nun in Ihrem Programm den hinter **#define**

stehenden Begriff. Wenn er ihn findet, wird dieser Name gegen den dahinter stehenden Begriff ausgetauscht. Für den Namen "TITEL" wird also der Text "\n\t\tHerzschläge\n" eingesetzt.
Der Preprozessor macht beim Ersetzen keinen Unterschied zwischen Texten und Zahlen; er behandelt alles als Text. Seine Arbeitsweise läßt sich mit der SUCHEN-und-ERSETZEN-Funktion einer Textverarbeitung vergleichen. Und erst nachdem der Preprozessor das Programm bearbeitet hat, kommt der Compiler zum Zuge. Und dem präsentiert sich das Programm so, als hätte es von Anfang an die tatsächlichen Werte enthalten.
Am häufigsten benutzt man **#define** dann, wenn Konstanten in einem Programm verwendet werden sollen. Ein weiteres Beispiel dafür finden Sie im nächsten Programm.

```
/* prg9_4.c */
        #include <stdio.h>
/* 3*/
        #define TRUE 1
        #define FALSE 0
/* 6*/
/* 7*/ main()
/* 8*/ {
/* 9*/ int weiter=TRUE;
/*10*/ int zaehler=0;
/*11*/   while(weiter == TRUE)
/*12*/   {
/*13*/     printf("%3i  ",zaehler);
/*14*/     zaehler++;
/*15*/     if(zaehler > 100) weiter = FALSE;
/*16*/   }
/*17*/ }
```

Mit **#define** können Sie leicht einprägsame Texte verwenden, statt schwer zu merkender Zahlen.
Ein weiterer Vorteil liegt darin, daß Sie eine Konstante bei Bedarf nur noch an einer einzigen Stelle im Programm ändern müssen und nicht Ihr gesamtes Programm nach diesem Wert durchsuchen müssen.
Stellen Sie sich vor, Sie haben ein Feld einer bestimmten Größe deklariert und benutzen dieses Feld an vielen Stellen im Programm. Sollte sich im Laufe der Programmentwicklung ergeben, daß die Größe des Feldes nicht ausreicht, können Sie diese Änderung an einer einzigen Stelle durchführen. Voraussetzung ist, Sie haben die Größe des Fel-

des nicht als Zahlenwert, sondern durch den symbolischen Namen angegeben.

```
#define MAX_GROSS 128

unsigned char eingabe_text[MAX_GROSS];
```

9.8 Zusammenfassung

- Die Grunddatentypen können durch die Schlüsselwörter **signed**, **unsigned**, **long** und **short** modifiziert werden.
- Lokale Variablen können wahlweise durch das Schlüsselwort **auto** kenntlich gemacht werden.
- Globale Variablen werden dadurch deklariert, daß sie außerhalb jeglicher Funktion stehen. Üblicherweise werden sie am Anfang des Programms zusammengefaßt.
- C besitzt vier Schlüsselwörter, um die Speicherklasse einer Variablen zu definieren: **auto**, **register**, **static** und **extern**.
- Der **cast**-Operator erzwingt die Umwandlung in einen gewünschten Datentyp.
- Der Preprozessorbefehl **#define** erlaubt das Ersetzen einer Zeichenkette durch eine andere.

9.9 Übungen

Aufgabe 40

Welche Ergebnisse liefert das folgende Programm?

```
/* ueb9_2.c */
#include <stdio.h>

int naechste_zahl()
{
static int zahl=10;
  if(zahl > 12) zahl=10;
  zahl++;
  return(zahl);
}

main()
{
int x=1;
  while(x < 10)
  {
    printf("%4i",naechste_zahl());
    x++;
  }
}
```

Aufgabe 41

Welche Aufgabe hat das folgende Programm?

```
/* ueb9_3.c */
#include <stdio.h>

#define SPACE ' '      /* Leerstelle zwischen den Hochkommas! */
#define NL '\n'        /* Neue Zeile */
#define BINULL '\0'    /* binäre Null */
#define MAX_LANG 80    /* Länge der Zeichenkette 'text' */

unsigned char text[MAX_LANG];

void eingeben()
{
  printf("\nText eingeben\n>");
  gets(text);
}

void tauschen()
{
 int x=0;
  while(text[x] != BINULL)
  {
    if(text[x] == SPACE) text[x] = NL;
    x++;
  }
}

void ausgeben()
{
  printf("%s",text);
}

main()
{
  eingeben();
  tauschen();
  ausgeben();
}
```

10 POINTER

In Ihren bisherigen Programmen hatten Sie die Variablen, denen Sie einen Wert zuweisen oder die Sie mit einem anderen Wert vergleichen wollten, immer über ihren Namen angeprochen. Wenn Sie sich dieses Vorgehen allerdings genauer überlegen, werden Sie feststellen, daß Sie ja eigentlich nicht dem Namen irgendetwas zugewiesen haben, sondern einer Speicheradresse, die sich hinter diesem Namen verbarg.
Mit Hilfe der **Pointer** (der deutsche Ausdruck dafür ist Zeiger) können Sie nun direkt auf diese **Maschinenadressen** zugreifen.

10.1 Adressen

Das folgende kleine Programm soll demonstrieren, wie man an diese Speicheradressen herankommt.

```
/* prg10_1.c */
       #include <stdio.h>
/* 3*/
/* 4*/ main()
/* 5*/ {
/* 6*/ int a=16, b=22;
/* 7*/ double c=10.0, d=234.52;
/* 8*/   printf("\nAdresse von a = %u  ",&a);
/* 9*/   printf("Wert von a     = %i  ",a);
/*10*/   printf("\nAdresse von b = %u  ",&b);
/*11*/   printf("Wert von b     = %i  ",b);
/*12*/   printf("\nAdresse von c = %u  ",&c);
/*13*/   printf("Wert von c     = %lf ",c);
/*14*/   printf("\nAdresse von d = %u  ",&d);
/*15*/   printf("Wert von d     = %lf ",d);
/*16*/ }
```

Wenn Sie das Programm <STARTEN>, liefert es folgende Ausgabe:

```
Adresse von a = 5996  Wert von a       = 16
Adresse von b = 5994  Wert von b       = 22
Adresse von c = 5986  Wert von c       = 10.000000
Adresse von d = 5978  Wert von d       = 234.520000
```

Dieses Programm zeigt Ihnen die Adressen und Werte der Variablen a,b,c und d, wie sie im Speicher Ihres Rechners abgelegt sind. Die Adreßangaben können bei Ihnen übrigens ganz anders aussehen. Die absoluten Werte sind für uns allerdings auch nur nebensächlich.
Sehen wir uns jetzt das Programm etwas genauer an.

Zeilen 6+7: In diesen Zeilen haben Sie die Variablen ganz normal initialisiert.

Zeile 8: Diese Zeile macht sie gleich mit zwei neuen Dingen bekannt. Als erstes mit dem sogenannten Adreßoperator (**&**). Dieses Zeichen vor einer Variablen sorgt dafür, daß nicht der Wert der Variablen, sondern deren Adresse zurückgeliefert wird. Der Adreßoperator ist Ihnen übrigens nicht neu. Sie haben ihn bei der Funktion **scanf** bereits häufig verwendet.
Als zweites findet sich in dieser Zeile der Platzhalter **%u**. Er dient zur Ausgabe von vorzeichenlosen Integerzahlen (Sie erinnern sich an den Datentyp **unsigned int**). Dieser Platzhalter ist hier nötig, da wir den gesamten Wertebereich der Ganzzahl ausschöpfen wollen und eine negative Adresse nicht sinnvoll ist.
Wenden wir uns der Ausgabe des Programms zu.
In der letzten Zeile wird angegeben, daß die Variable d auf der Speicheradresse 5978 liegt und die Variable c auf der Adresse 5986. Die Differenz von 8 Bytes beruht auf der Tatsache, daß d vom Typ **double** ist und zur Speicherung eben diese 8 Bytes benötigt. Auch bei den anderen Variablen kann man sehen, wieviel Speicherplatz sie auf Grund ihres Datentyps benötigen.
Wir haben also festgestellt, daß Variablen einen Namen, einen Wert und eine Adresse haben. Die Adresse einer Variablen erhalten Sie durch den Adreßoperator (**&**). Im nächsten Abschnitt wollen wir uns ansehen, was man mit diesen Adressen anfangen kann.

10.2 Pointer-Variablen

Eine Pointer-Variable ist eine Variable, deren Wert eine Adresse ist. Eine Adresse benötigt im Normalfall zwei Bytes. Wenn eine Variable als Pointer-Variable deklariert werden soll, muß sie auch als solche kenntlich gemacht werden. Das geschieht durch ein Sternchen (∗) vor dem Variablennamen. Das nächste Programm veranschaulicht Ihnen diese Schreibweise.

```
/* prg10_2.c */
        #include <stdio.h>
/* 3*/
/* 4*/ main()
/* 5*/ {
/* 6*/ int zahl;          /* Variable vom Typ 'int' */
/* 7*/ int *ptr;          /* Pointer auf Variable vom Typ 'int' */
/* 8*/   zahl = 88;       /* 'zahl' erhält den Wert 88 */
/* 9*/   ptr = &zahl;     /* 'ptr' erhält die Adresse von 'zahl' */
/*10*/   printf("\nDer Wert von 'zahl' ist          %i",zahl);
/*11*/   printf("\nDie Adresse von 'zahl' ist       %u",ptr);
/*12*/ }
```

Hier die Ausgabe dieses Programms:

```
Der Wert von 'zahl' ist        88
Die Adresse von 'zahl' ist     5872
```

Zeile 7: Mit dem Ausdruck int ∗ptr wird eine Variable namens ptr deklariert. Da sie die Adresse einer Ganzzahl aufnehmen soll, wird sie durch int ∗ zu einem Pointer gemacht. **Achtung: der Typ der Variablen ist int ∗, der Name ist ptr.**

Zeile 9: Der Variablen ptr wird jetzt die Adresse der Variablen zahl zugewiesen.

Zeile 11: Der Wert der Pointer-Variablen ptr wird ausgedruckt. Es ist die Adresse der Variablen zahl.
Eine Pointervariable ist also im Grunde nichts Besonderes. Auch sie

enthält, wie die anderen Variablen, einen Wert. Die einzige Besonderheit ist, daß dieser Wert eine Adresse im Speicher Ihres Computers darstellt.

Wenn Sie sich fragen sollten, warum man dann überhaupt Pointer-Variablen verwendet, wenn sie auch nichts anderes machen, als Werte zu speichern, finden Sie die Antwort auf den nächsten Seiten.

Zunächst wollen wir auf ein Verständnisproblem hinweisen: **Der Stern (*)**, der in Zeile 7 des obigen Programms zur Deklaration einer Pointer-Variablen dient, hat **in Programmanweisungen** die Funktion eines Operators. Als arithmetischer Operator (für die Multiplikation) ist er Ihnen bereits bekannt. Im Zusammenhang mit Pointern bewirkt der "Sternoperator" jedoch etwas anderes. Dies zeigt Programm prg10_3.c.

Fügen Sie nur die Zeile 12 in das vorhergehende Programm ein, und <STARTEN> Sie es erneut.

```
/* prg10_3.c */
        #include <stdio.h>
/* 3*/
/* 4*/ main()
/* 5*/ {
/* 6*/ int zahl;          /* Variable vom Typ 'int' */
/* 7*/ int *ptr;          /* Pointer auf Variable vom Typ 'int' */
/* 8*/   zahl = 88;       /* 'zahl' erhält den Wert 88 */
/* 9*/   ptr = &zahl;     /* 'ptr' erhält die Adresse von 'zahl' */
/*10*/   printf("\nDer Wert von 'zahl' ist           %i",zahl);
/*11*/   printf("\nDie Adresse von 'zahl' ist        %u",ptr);
/*12*/   printf("\nDer Wert, auf den 'ptr' zeigt, ist %i",*ptr);
/*13*/ }
```

Jetzt wird eine zusätzliche Zeile gedruckt:

```
Der Wert von 'zahl' ist            88
Die Adresse von 'zahl' ist         5910
Der Wert, auf den 'ptr' zeigt, ist 88
```

Zeile 12: Im Ausdruck **∗ptr** finden Sie den oben erwähnten Sternoperator (englisch: indirection operator). Dieses Sternchen vor der Pointer-Variablen bedeutet, daß nicht der Inhalt von ptr genommen werden soll, sondern der Inhalt der Speicherstelle, auf den die Adresse zeigt.
In unserem Beispiel hat ptr den Inhalt 5910 (die Adresse der Variablen zahl). **∗ptr** heißt also: Gehe zur Speicherstelle 5910 und nimm den Wert, den du dort findest. Mit dem **indirection operator** haben Sie sich "indirekt" auf einen Wert bezogen.
Falls dieser Sachverhalt noch nicht ganz klar geworden ist, kann Ihnen vielleicht dieses kleine Diagramm weiterhelfen.

Adresse	Wert	Name
5908	5910	ptr
5910	88	zahl
5912		

Die Adressen sind, wie gesagt, willkürlich. Sie können auf Ihrem Rechner völlig andere Werte haben.
Die Zuweisung zahl=88 legt den Wert 88 ab Speicherstelle 5910 ab, und die Zuweisung ptr=&zahl holt sich die Adresse von zahl und legt diesen Wert ab Speicherstelle 5908 ab.
Benutzen Sie nun den Sternoperator, beispielsweise:
printf("%i",∗ptr);.
Dann sieht der Rechner nach, welcher Wert unter dem Namen ptr gespeichert ist (5910) und holt sich dann den Wert, der unter dieser Adresse zu finden ist (88).
Wir können also sagen, daß zahl und ∗ptr gleich sind, da sich beide auf denselben Wert beziehen (88). Die beiden folgenden Zuweisungen bewirken also genau das gleiche.

```
zahl = 99;
```

oder

```
*ptr = 99;
```

In beiden Fällen wird der Variablen zahl der Wert 99 zugewiesen.
Bitte versuchen Sie, die folgenden Aufgaben zu lösen, bevor Sie die Programme im Computer testen.

Aufgabe 42

Welcher Wert wird für summe2 ausgegeben?

```
/* ueb10_1.c */
#include <stdio.h>

main()
{
double summe1,summe2;
double *p;
  summe1 = 187.5;
  p = &summe1;
  summe2 = *p;
  printf("Die Variable 'summe2' hat den Wert %lf",summe2);
}
```

Aufgabe 43

Welchen Wert hat die Variable x am Ende des Programms?

```
/* ueb10_2.c */
#include <stdio.h>

main()
{
int x;
int *zeiger;
  x = 9;
  zeiger = &x;
  *zeiger = 10;
  printf("Die Variable 'x' hat den Wert %i",x);
}
```

Es mag Sie verwirrt haben, daß der Stern (*) im Zusammenhang mit Pointern auf zwei verschiedene Arten Verwendung findet. Als erstes dient er dazu, eine Variable vom Typ Pointer zu deklarieren. *Beispiel:* **int *ptr**. Hier wird der Stern benutzt, um dem Compiler mitzuteilen, daß ptr ein Pointer auf eine Variable vom Typ **int** ist. In der Programmanweisung dient der Stern als Operator, um dem Rechner klarzumachen, daß hier nicht der Wert des Pointers direkt interessiert, sondern der Inhalt der Speicherzelle, auf die der Pointer zeigt.

10.3 Pointer als Funktionsparameter

In den letzten beiden Abschnitten haben Sie gelernt, wie Pointer deklariert werden und wie man mit ihnen arbeitet. Jetzt bleibt nur noch die kleine, aber entscheidende Frage: "Wozu brauche ich sie überhaupt?".

Versetzen Sie sich dazu in folgende Problemstellung: Sie möchten eine Funktion schreiben, die als Parameter zwei Werte bekommt und diese dann tauschen soll.

Eigentlich keine schwere Aufgabe!

Man müßte dafür sorgen, daß in der Funktion beide Werte getauscht würden und diese dann an die aufrufende Stelle zurückgegeben werden. Aber da liegt schon das Problem: Eine Funktion kann eben nur einen einzigen Wert zurückliefern.

Mit Hilfe von Pointern ist es nun aber möglich, die beteiligten Variablen direkt zu ändern.

Bevor Sie sich das Programm ansehen, noch einige Bemerkungen dazu, wie ein Wertetausch prinzipiell durchgeführt werden kann: Gehen wir davon aus, daß Variable x vor dem Tausch den Wert 17 und Variable y den Wert 31 hat. Nach dem Tausch soll x = 31 und y = 17 sein. Um diesen Tausch durchzuführen, wird eine Hilfsvariable benötigt. Welchen Zweck diese Hilfsvariable hat, wird im folgenden erklärt.

Wenn Sie versuchen würden, den Tausch durch die Anweisung

```
x = y;
y = x;
```

zu bewerkstelligen, dann hätten Sie die Variable x mit dem Wert von y überschrieben.

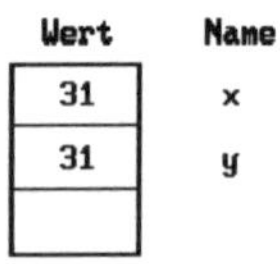

Die zweite Zuweisung y = x könnte auch nichts mehr retten. Der Wert von x wäre zerstört. Dieses Verfahren kann also niemals das gewünschte Ergebnis liefern.

Als Lösung bietet sich an, eine dritte Variable zu benutzen, die einen der beiden Werte zwischenspeichert. Im Beispiel wird sie hilf genannt.

Wert	Name
17	x
31	y
	hilf

Mit

```
hilf = x;
```

wird eine der Variablen gesichert.

Wert	Name
17	x
31	y
17	hilf

Jetzt kann der Tausch mit

```
x = y;
y = hilf;
```

vollendet werden:

Wert	Name
31	x
17	y
17	hilf

Die Variable hilf hat ihre Dienste getan. Der Tausch ist komplett. Diese gerade erläuterte Vorgehensweise benutzt auch die Funktion tausche im folgenden Programm (siehe Abb. auf S. 128).

```
/* prg10_4.c */
      #include <stdio.h>
/* 3*/
/* 4*/ void tausche(int *eins, int *zwei)
/* 5*/ {
/* 6*/ int hilf;
/* 7*/   hilf = *eins;
/* 8*/   *eins = *zwei;
/* 9*/   *zwei = hilf;
/*10*/ }
/*11*/
/*12*/ main()
/*13*/ {
/*14*/ int x,y;
/*15*/   x = 17;
/*16*/   y = 31;
/*17*/   printf("\n x = %i    y = %i",x,y);
/*18*/   tausche(&x,&y);
/*19*/   printf("\n x = %i    y = %i",x,y);
/*20*/ }
```

Die Programmausgabe zeigt, daß der Tausch stattgefunden hat.

```
x = 17   y = 31
x = 31   y = 17
```

Als erstes zur Funktion **main**:

Zeilen 15 + 16: Den Variablen x und y werden Werte zugewiesen.

Zeile 18: Die Funktion tausche wird aufgerufen. Als Parameter werden ihr nicht die Werte von x und y übergeben, sondern deren Adressen: tausche(&x,&y).

Nun zur Funktion tausche:

Zeile 4: Die Funktion liefert keinen Wert zurück. Als Parameter werden ihr zwei Pointer auf **int**-Werte übergeben (int *eins, int *zwei). In unserem Fall sind das die Adressen der Variablen x und y des Hauptprogramms.

Zeile 6: Die lokale Variable hilf wird deklariert; sie dient zur Sicherung einer der zu tauschenden Werte.

Zeile 7: Der Inhalt des Speicherplatzes, auf den der Pointer eins weist, wird hilf zugewiesen. Auf diese Weise haben Sie die Variable x im Hauptprogramm direkt angesprochen.

Zeile 8: Der Wert der Adresse, auf die zwei zeigt (also y), wird der Adresse, auf die eins zeigt (also x), zugewiesen.

Zeile 9: Zum Schluß erhält die Adresse von zwei noch den Wert von hilf, und der Tausch ist beendet.
Sollten Sie Schwierigkeiten haben, diesen Vorgang nachzuvollziehen, dann ersetzen Sie in Gedanken *eins durch x und *zwei durch y.

Fassen wir zusammen: Bei einer "normalen" Parameterübergabe

```
int xyz(int a, double b)
```

erhält die aufgerufene Funktion nur die Kopien der Werte, mit denen sie arbeiten soll. Alles was sie mit diesen Werten macht, hat keinen Einfluß auf die Originale. Diese Form der Parameterübergabe wird auch als **call by value** bezeichnet. Erhält die Funktion dagegen Pointer auf Variable als Parameter

```
int abc(double *x)
```

werden diese Variablen direkt geändert. Diese Form nennt sich **call by reference**.

10.4 Pointer-Arithmetik

Stellen wir uns nochmals die Frage, wozu man eigentlich Pointer-Variablen benötigt. Die Antwort lautet: weil man mit ihnen rechnen kann (siehe Abb. auf S. 130)!

```
/* prg10_5.c */
       #include <stdio.h>
/* 3*/
/* 4*/ main()
/* 5*/ {
/* 6*/ int x=2001;
/* 7*/ int *ptr;
/* 8*/   ptr = &x;
/* 9*/   printf("\nWert von ptr = %u",ptr);
/*10*/   ptr++;
/*11*/   printf("\nWert von ptr = %u",ptr);
/*12*/   ptr++;
/*13*/   printf("\nWert von ptr = %u",ptr);
/*14*/ }
```

Das Ergebnis sieht so aus:

```
Wert von ptr = 5856
Wert von ptr = 5858
Wert von ptr = 5860
```

Obwohl wir den Inkrement-Operator (++) verwendet haben, der normalerweise immer nur um 1 hochzählt, hat sich der Wert von ptr um jeweils 2 erhöht!

Jedesmal wenn ein Pointer erhöht wird, soll er auf den Anfang des nächsten Elements dieses Typs zeigen. Da in diesem Beispiel ein Pointer auf eine **int**-Variable hochgezählt wurde und **int** zwei Bytes belegt, muß der Pointer auch um 2 erhöht werden. Das hat nur funktioniert, da wir eine Pointer-Variable deklariert haben. C kann dann die jeweils richtige Anzahl von Bytes hinzuzählen.

Jetzt wird auch klar, warum der Datentyp bei der Deklaration eines Pointers angegeben werden muß. Auch für Zeiger vom Typ **double** oder **char** werden ja im Normalfall jeweils zwei Bytes Speicherplatz benötigt. Um jedoch richtig rechnen zu können, braucht das Programm Angaben darüber, auf welchen Datentyp der Pointer zeigt.

Pointer können nicht nur erhöht, sondern auch verringert werden. Als gültige Rechenzeichen für die Pointer-Arithmetik können **+**, **–**, **++** und **– –** verwendet werden.

Aufgabe 44

Welche Werte wird prg10_5.c liefern, wenn x eine Variable vom Typ **double** ist und ptr ein Pointer auf **double**?

Durch die Fähigkeit, mit Pointern zu rechnen, eröffnet C dem Programmierer an vielen Stellen Möglichkeiten, die in dieser Form von anderen Sprachen nicht geboten werden können.

10.5 Pointer und Felder

Der Grund dafür, daß an dieser Stelle Felder und Pointer gemeinsam behandelt werden, ist, daß Pointer und Felder sehr eng verwandt sind. In C ist der Name eines Feldes nämlich ein Pointer auf das erste Element dieses Arrays. Betrachten Sie folgendes Feld:

```
unsigned char text[200];
```

Die nächsten beiden Zeilen sind identisch:

```
text

&text[0]
```

Daher müssen Sie zum Beispiel bei **scanf** auch keinen Adreßoperator benutzen, um eine Zeichenkette einzugeben:

```
scanf("%s",text);
```

Das folgende Programm stellt Ihnen zwei Funktionen zur Ausgabe von Zeichenketten vor. Beide bewirken das gleiche, nur auf unterschiedlichen Wegen (siehe Abb. auf S. 132).

```
/* prg10_6.c */
        #include <stdio.h>
/* 3*/
/* 4*/ void schreibe1(char *text)
/* 5*/ {
/* 6*/ int x;
/* 7*/   x=0;
/* 8*/   while(text[x] != '\0')
/* 9*/   {
/*10*/     putchar(text[x]);
/*11*/     x++;
/*12*/   }
/*13*/ }
/*14*/
/*15*/ void schreibe2(char *text)
/*16*/ {
/*17*/   while(*text)
/*18*/   {
/*19*/    putchar(*text++);
/*20*/   }
/*21*/ }
/*22*/
/*23*/ main()
/*24*/ {
/*25*/ unsigned char text[80];
/*26*/   printf("\nBitte einen Satz eingeben\n>");
/*27*/   gets(text);
/*28*/   schreibe1(text);
/*29*/   schreibe2(text);
/*30*/ }
```

Die beiden Funktionen schreibe1 und schreibe2 werden in der gleichen Weise aufgerufen. Sie erhalten als Parameter einen Pointer auf eine Variable vom Typ **char**. Beachten Sie, daß bei schreibe1 und schreibe2 der Adreßoperator **&** nicht benötigt wird, da der Name eines Feldes bereits ein Pointer auf das erste Element dieses Feldes ist.

Zeile 4–13: Die Arbeitsweise der Funktion schreibe1 dürfte Ihnen verständlich sein. Die Bibliotheksfunktion **putchar** dient der Ausgabe einzelner Zeichen auf dem Bildschirm. Die Anweisung **putchar('A')** würde demnach den Buchstaben A ausdrucken.
Machen Sie sich an dieser Stelle nochmals klar, daß der Zugriff auf ein Feld wahlweise durch einen Pointer oder über einen Index erfolgen kann. In schreibe1 sehen Sie, daß ein Zeiger auf den Anfang des Feldes übergeben wird und in der Funktion dann durch Indizierung die einzelnen Elemente angesprochen werden.

Zeile 15–21: Die Funktion schreibe2 faßt all das zusammen, was Sie in diesem Abschnitt gelernt haben. Die hier vorgestellte Schreibweise ist typisch für C-Programme. Wir werden sie uns daher besonders gründlich ansehen.

Zeile 15: Auch diese Funktion erhält als Parameter einen Zeiger auf den Beginn der Zeichenkette.

Zeile 17: Der Ausdruck **while(*text)** erklärt sich folgendermaßen: Hinter while muß ein logischer Ausdruck folgen, der entscheidet, ob die Schleife weiterlaufen soll oder nicht. Bisher haben Sie Ausdrücke wie while(summe < 1000.0) oder while(zahl != 0) kennengelernt. Was in Klammern steht, wird vom Programm ausgewertet. Als Ergebnis ergibt sich entweder wahr oder falsch. Da C den Wahrheitswert falsch durch 0 und wahr durch einen Wert ungleich null darstellt, ergibt diese Bewertung schließlich eine Zahl. Sie können daher statt eines logischen Ausdrucks, den der Rechner auswertet, auch gleich eine Zahl in die Klammern setzen. Die Anweisung **while(1)** wäre somit gültig. Diese Bedingung bewirkt eine Endlosschleife, die nur durch ein **break** beendet werden kann. Umgangssprachlich formuliert bedeutet **while(*text)**: "Solange der Pointer auf eine Speicherstelle zeigt, die nicht den Wert null enthält, mache weiter."

Zeichen (*text)	E	I	N		S	A	T	Z	\0
Wert (ASCII-Code)	69	73	78	32	83	65	84	90	0

Erst bei der binären Null stimmt diese Bedingung nicht mehr, und die Schleife bricht ab.

Zeile 19: putchar(*text++) besagt: Drucke das Zeichen, auf das **text** zeigt. Das **++** hinter ***text** sorgt dafür, daß dieser Pointer **nach** jedem Druck um 1 erhöht wird und somit auf das nächste Zeichen zeigt. Diese Anweisung hätte auch in zwei Einzelbefehle aufgeteilt werden können:

```
putchar(*text);
text++;
```

10.6 Zusammenfassung

- Variablen haben einen Wert, einen Namen und einen Speicherplatz.
- Der Speicherplatz wird durch den Adreßoperator **&** geliefert.
- Durch einen Stern (*) vor dem Variablennamen wird eine Pointer-Variable deklariert.
- In einer Programmanweisung dient das Sternchen (*) als Operator. Dieser Operator bewirkt, daß der Wert der Variablen geholt wird, auf den die so gekennzeichnete Pointer-Variable zeigt.
- Eine der wichtigsten Aufgaben der Pointer ist es, durch **call by reference** die Informationen für die aufrufende Funktion zu erhalten.
- Pointer können addiert und subtrahiert werden. Nach jeder Addition zeigt der Pointer auf das nächste Elemente seines Datentyps, nach jeder Subtraktion auf das vorhergehende Element.
- In C ist der Name eines Feldes ein Pointer auf das erste Element dieses Feldes.

10.7 Übungen

Aufgabe 45

Schreiben Sie eine Funktion, die zwei Zeichenketten vertauscht. Lösen Sie die Aufgabe mit Hilfe von Pointern.

Aufgabe 46

Schreiben Sie eine Funktion, die in einer Zeichenkette ein Zeichen sucht und es jeweils durch ein anderes ersetzt. Benutzen Sie die folgende Deklaration zur Lösung der Aufgabe:

```
void ersetze_zeichen(char *s,char alt, char neu)
```

Die beiden folgenden Programme enthalten Fehler, die beim Arbeiten mit Pointern häufig auftreten.

Aufgabe 47

Welchen Fehler enthält das Programm?

```
/* ueb10_6.c */
#include <stdio.h>

main()   /* Dieses Programm enthält einen Fehler ! */
{
int zahl,*ptr;
  zahl = 4711;
  *ptr = zahl;
}
```

Aufgabe 48

Welchen Fehler enthält das Programm?

```
/* ueb10_7.c */
#include <stdio.h>

main()  /* Dieses Programm ist falsch ! */
{
int zahl,*ptr;
  zahl = 4711;
  ptr = zahl;
  printf("\n%i",*ptr);
}
```

11 DATEIEN

Viele der Programme, die Sie bisher geschrieben haben, erlaubten es, Daten einzugeben, zu bearbeiten und wieder auszugeben. Nach dem Programmende waren diese Zahlen und Texte dann allerdings wieder verloren. Was uns also noch fehlt, ist die Möglichkeit, die Daten auf Diskette oder Platte dauerhaft zu sichern.
Die C-Bibliothek bietet dafür eine sehr große Zahl von Funktionen an. Einige dieser Funktionen werden Sie in diesem Kapitel kennenlernen, so daß Sie anschließend in der Lage sind, Programme zu entwickeln, die Daten aus Dateien lesen bzw. in sie schreiben können.

11.1 Dateien öffnen und schließen

Der erste Schritt beim Arbeiten mit einer Datei besteht darin, diese Datei zu öffnen. Durch das Öffnen wird das Betriebssystem u. a. veranlaßt, Speicher bereitzustellen, in den Informationen zu dieser geöffneten Datei abgelegt werden.
Diese Aufgabe erledigen Sie mit der Bibliotheksfunktion **fopen**. Nach dem Öffnen kann in die Datei geschrieben oder aus ihr gelesen werden. Ist die Bearbeitung beendet, wird die Datei mit der Funktion **fclose** wieder geschlossen. Sehen wir uns dazu ein einfaches *Beispiel* an.

```
/* prg11_1.c */
       #include <stdio.h>
/* 3*/
/* 4*/ main()
/* 5*/ {
/* 6*/ FILE *datei_ptr;
/* 7*/
/* 8*/   datei_ptr = fopen("abc.xyz","w");
/* 9*/
/*10*/   if(datei_ptr != NULL)
/*11*/   {
/*12*/     fclose(datei_ptr);
/*13*/   }
/*14*/ }
```

Existiert im aktuellen Unterverzeichnis bereits eine Datei namens **abc.xyz**, so sollten Sie den Dateinamen in Zeile 8 ändern. Andernfalls wird diese Datei überschrieben!
Das Programm leistet nicht viel. Es öffnet eine Datei und schließt sie sofort wieder. Sollte die Datei noch nicht existieren, wird sie neu angelegt; ist sie bereits vorhanden, wird der alte Inhalt zerstört. Um diese Aufgaben zu erledigen, werden folgende Schritte ausgeführt:

Zeile 6: In dieser Programmzeile wird ein Zeiger namens datei_ptr deklariert. Dieser Pointer zeigt jetzt nicht, wie im letzten Kapitel gezeigt, auf den Typ **int** oder **double**, sondern auf den Typ **FILE**. Das ist ein vordefinierter Typ, der in der Include-Datei **stdio.h** enthalten ist. Dieser Datentyp speichert Informationen zu einer geöffneten Datei. Beachten Sie bitte, daß **FILE** groß geschrieben wird.

Zeile 8: Mit **fopen** wird versucht, die Datei **abc.xyz** zu öffnen. Wenn das gelingt, liefert die Funktion einen Pointer auf die geöffnete Datei zurück. Zur weiteren Verwendung wird dieser Zeiger in datei_ptr gespeichert. Schlägt das Öffnen aus irgendwelchen Gründen fehl, liefert die Funktion **NULL** zurück. **NULL** ist ebenfalls in **stdio.h** definiert.

Zeilen 10+12: Ist die Datei korrekt geöffnet worden, wurde also nicht **NULL** zurückgeliefert, wird die Datei durch **fclose** wieder ordnungsgemäß geschlossen.
In der Beschreibung der Funktionsbibliothek wird die Syntax für **fopen** ähnlich dem folgenden *Beispiel* beschrieben:

```
FILE *fopen(char *dateiname,char *typ);
```

Diese Funktionsbeschreibung wird folgendermaßen interpretiert:

- Die Funktion heißt **fopen**.
- Sie gibt als Ergebnis einen Pointer auf den (in stdio.h definierten) Datentyp **FILE** zurück.
- Als ersten Parameter erhält Sie einen Zeiger auf den Dateinamen.
- Als zweiten Parameter erhält sie einen Zeiger auf den Typ. Der Typ legt fest, in welchem Modus auf die Datei zugegriffen werden soll.

Gültige Typen sind:

r (read) → Öffnet Datei zum Lesen. Wenn die Datei nicht existiert, schlägt das Öffnen fehl.

w (write) → Öffnet Datei zum Schreiben. Wenn die Datei existiert, wird sie überschrieben, andernfalls neu angelegt.

a (append) → Öffnet Datei zum Schreiben am Ende der Datei. Legt sie neu an, falls sie noch nicht existiert.

Diese Grundtypen können durch weitere Zusätze variiert werden. Wir begnügen uns vorläufig mit diesen drei Typen.
Das nächste Programm erweitert prg11_1.c um einige Funktionen.

```
/* prg11_2.c */
    #include <stdio.h>

main()
{
FILE *datei_ptr;
char datei[67];
  printf("\nWelche Datei soll geöffnet werden?\n>");
  gets(datei);

  datei_ptr = fopen(datei,"r");

  if(datei_ptr != NULL)
  {
    printf("\nDatei %s wurde geöffnet !\n",datei);
    fclose(datei_ptr);
  }
  else
  {
    printf("\nIch konnte Datei %s nicht öffnen !\n",datei);
  }
}
```

Sie können dieses Programm unbesorgt mit den verschiedensten Dateinamen ausprobieren. Da die Dateien nur zum Lesen (**r**) geöffnet werden, bleibt ihr Inhalt unverändert.

11.2 Lesen einer Datei

Das nächste Programm zeigt Ihnen, wie Daten aus einer Datei gelesen und auf dem Bildschirm angezeigt werden können.

```
/* prg11_3.c */
       #include <stdio.h>
/* 3*/
/* 4*/ main()
/* 5*/ {
/* 6*/ FILE *stream;
/* 7*/ char dateiname[67];
/* 8*/ int ch;
/* 9*/   printf("\nWelche Datei wollen Sie einlesen?\n>");
/*10*/   gets(dateiname);
/*11*/
/*12*/   if((stream = fopen(dateiname,"r")) == NULL)
/*13*/   {
/*14*/     printf("\nIch konnte die Datei nicht öffnen!");
/*15*/     exit(1);
/*16*/   }
/*17*/
/*18*/   ch=fgetc(stream);
/*19*/   while( !feof(stream) )
/*20*/   {
/*21*/     putchar(ch);
/*22*/     ch=fgetc(stream);
/*23*/   }
/*24*/
/*25*/   fclose(stream);
/*26*/ }
```

Zeile 12: Die Anweisung in dieser Zeile zeigt Ihnen eine für C typische Schreibweise. Die Schachtelung der Befehle mag auf den ersten Blick unübersichtlich erscheinen. Sie können diesen Ausdruck jedoch genauso analysieren, wie es der Rechner macht. Er geht bei der Bewertung eines solchen Ausdrucks von den inneren Klammern zu den äußeren vor.

Er öffnet als erstes die Datei, weist den Rückgabewert von **fopen** der Variablen stream zu und vergleicht zum Schluß den Wert von stream mit **NULL**, um festzustellen, ob das Öffnen erfolgreich war oder nicht. Wenn Sie diesen Ausdruck in zwei Zeilen formulieren wollen, kann er so aussehen:

```
stream = fopen(dateiname,"r");
if(stream == NULL)
```

Zeile 15: Die Funktion **exit** dient dazu, ein Programm an dieser Stelle komplett zu beenden. Sie leert vorher alle Puffer und schließt alle geöffneten Dateien. Der Wert in Klammern wird an das Betriebssystem übergeben. Er kann beispielsweise unter MS-DOS als **ERROR-LEVEL** abgefragt werden. Der Exitcode 0 bedeutet, daß ein Programm fehlerfrei beendet wurde. Alle anderen Werte werden normalerweise als Fehler interpretiert.

Zeilen 18 + 22: Die Funktion **fgetc** liest ein einzelnes Zeichen aus der Datei und gibt es als **int**-Wert zurück. In unserem Beispiel wird dieser Wert der Variablen ch zugewiesen und in Zeile 21 mit **putchar** ausgedruckt.

Zeile 19: Mit **feof** wird getestet, ob das Ende der Datei erreicht worden ist. Wenn das der Fall ist, liefert **feof** einen Wert ungleich 0, und solange das Dateiende noch nicht erreicht ist, den Wert 0. (Wie Sie wissen, dient das Ausrufungszeichen zum Negieren.)

11.3 Schreiben in eine Datei

Im nächsten Schritt werden Sie ein Programm schreiben, mit dem Texte erfaßt und gespeichert werden können. Das Schreiben in die Datei wird von der Funktion **fprintf** besorgt.
Die Texte werden so lange gespeichert, bis Sie eine Leerzeile eingeben.

```
/* prg11_4.c */
        #include <stdio.h>
        #include <string.h>
/* 4*/
/* 5*/ main()
/* 6*/ {
/* 7*/ FILE *stream;
/* 8*/ char zeile[81],dateiname[67];
/* 9*/ int zeilen=0;
/*10*/
/*11*/   printf("\n\t\tTextzeilen erfassen\n");
/*12*/   printf("\nText in welcher Datei speichern?\n>");
/*13*/   gets(dateiname);
/*14*/
/*15*/   if((stream = fopen(dateiname,"w")) == NULL)
/*16*/   {
/*17*/     printf("\nDatei konnte nicht geöffnet werden!");
/*18*/     exit(1);
/*19*/   }
/*20*/
/*21*/   printf("\nEine Leerzeile beendet die Eingabe.");
/*22*/   printf("\n---------------------------------\n");
/*23*/
/*24*/   gets(zeile);
/*25*/   while(strlen(zeile) > 0)
/*26*/   {
/*27*/     fprintf(stream,"%s\n",zeile);
/*28*/     zeilen++;
/*29*/     gets(zeile);
/*30*/   }
/*31*/   fclose(stream);
/*32*/
/*33*/   printf("\n%i Zeilen wurden geschrieben.\n",zeilen);
/*34*/ }
```

Lassen Sie sich den gespeicherten Text zum Beispiel mit dem MS-DOS-Kommando **type** zur Kontrolle anzeigen.

Zeilen 24–30: Diese Zeilen beinhalten den Kern des Programms. Hier werden die einzelnen Textzeilen eingegeben und gespeichert.

Zeile 27: Die Funktion **fprintf** arbeitet wie **printf**, nur daß Sie zusätzlich noch die Datei (durch den Dateipointer) angeben, in die geschrieben werden soll. Hinter dem Platzhalter **%s** finden Sie noch die Sequenz **\n**. Warum ist sie hier nötig? – Sehen wir uns dazu nochmals an, was die Funktion **gets** macht. Sie liest eine Zeichenkette von der Tastatur und speichert sie in einem **char**-Feld. Diese Zeichenkette wird mit einer binären Null abgeschlossen (siehe Abb. auf S. 142).

0	1	2	3	4	5	6	7	8	9
1	.		Z	e	i	l	e	\0	

Würde man bei **fprintf** nur den Platzhalter **%s** als Formatangabe nehmen, würde die Textzeile (siehe Beispiel) bis zur Position 7 (e) gespeichert. Die nächste Zeile würde direkt dahinter abgelegt, so daß bei einem späteren Einlesen nicht mehr zu erkennen wäre, wo eine Zeile aufhört und die nächste anfängt. Durch **\n** werden die einzelnen Zeilen getrennt und können dann von Funktionen wie **fgets**, die Sie in Abschnitt 11.4 kennenlernen, wieder korrekt eingelesen werden.

11.4 Eine Datei wird gedruckt

Sie sind bereits in der Lage, Dateien einzulesen und auch zu speichern. Es fehlt eigentlich nur noch eine Anweisung, mit der Dateien auch auf einem Drucker ausgegeben werden können.
Das Programm c_druck soll Ihnen als nützliches Dienstprogramm für die tägliche Arbeit mit dem Computer dienen. Es ist dazu gedacht, insbesondere Programmtexte formatiert auszugeben. Jede Seite erhält als Überschrift den Dateinamen und die aktuelle Seitennummer. Ferner kann angegeben werden, ob der Ausdruck in Schmalschrift erfolgen und wie breit der linke Rand werden soll.
Bitte beachten Sie, daß ab MS C/C++ 7.0 die Streams **stdprn** und **stdaux** mit einem Unterstrich beginnen (**_stdprn**, **_stdaux**)!

```
/***************************************************************
*                        c _ d r u c k                          *
*---------------------------------------------------------------*
*  Aufgabe     : Formatierter Ausdruck von Textdateien          *
*---------------------------------------------------------------*
*  Autor       : Erlenkötter / Reher                            *
*  Stand       : 28.01.90                                       *
*---------------------------------------------------------------*
*  Compiler    : <hier werden die Compiler-Optionen eingetragen> *
***************************************************************/

/*----- include files ------------------------------*/
#include <stdio.h>
#include <string.h>
#include <stdlib.h>

/*----- define -------------------------------------*/
#define SEITENLAENGE 66
#define SCHMAL "0f"          /* Steuerzeichen für Schmalschrift */
#define NEUE_SEITE "0c"      /* Steuerzeichen für Seitenvorschub */
#define NORMAL "12"          /* Steuerzeichen für normale Schrift */
#define MAX_EINGABE 200


/***************************************************************
*  Funktion    : l e f t _ m a r g i n                          *
*---------------------------------------------------------------*
*  Aufgabe     : Gibt Leerzeichen vor einer Zeile aus           *
*  Parameter   : Anzahl der Leerstellen                         *
*  Return-Wert : keiner                                         *
***************************************************************/
void left_margin(int rand)
{
  while(rand > 0)
  {
    fprintf(stdprn,"%c",32);  /* 32 = ASCII-Code für Leerzeichen */
    rand--;
  }
}

/***************************************************************
*  Funktion    : k o p f z e i l e                              *
*---------------------------------------------------------------*
*  Aufgabe     : Gibt die Kopfzeile einer Liste auf den Drucker *
*  Parameter   : Dateiname, der ausgedruckt werden soll         *
*              : Abstand vom linken Rand                        *
*  Return-Wert : keiner                                         *
***************************************************************/
void kopfzeile(char *dateiname,int linker_rand)
{
static int seite=1;
  fprintf(stdprn,"\n");          /* 1 Leerzeile vor Druckbeginn */
  left_margin(linker_rand);
  fprintf(stdprn,"<<< Seite %3i >>>   von %s\n\n",seite,dateiname);
  seite++;
}

/***************************************************************
*  Funktion    : s t e u e r z e i c h e n                      *
*---------------------------------------------------------------*
*  Aufgabe     : Sendet Steuerzeichen an den Drucker            *
*  Parameter   : Escape-Sequenz                                 *
*  Return-Wert : keiner                                         *
***************************************************************/
```

```
void steuerzeichen(char *seq)
{
char wert;
  while(*seq)                    /* Lies die gesamt Steuersequenz */
  {
    sscanf(seq,"%2x",&wert);   /* Hole jeweils 2 Zeichen */
    fprintf(stdprn,"%c",wert);
    seq+=2;
  }
}

/*----- Hauptprogramm ------------------------------*/
main()
{
FILE *stream;
char dateiname[67];   /* Zu druckende Datei */
int zeile=0;           /* aktuelle Druckzeile */
int linker_rand=10;   /* Größe des linken Randes */
char schmal='J';      /* Schmalschrift Ja/Nein - Vorgabe 'J' */
char eingabe[MAX_EINGABE];     /* Allgemeine Eingaben */

  printf("\n\n\n\t\t<<< Formatierter Textausdruck >>>\n\n");
  printf("\n<RETURN> für Dateiname bricht das Programm ab.\n");

/*----- Dateinamen einlesen und öffnen */
  printf("\nWelche Datei drucken?\n>");
  gets(dateiname);
  if(strlen(dateiname) == 0) exit(0);
  while((stream = fopen(dateiname,"r")) == NULL)
  {
    printf("Datei '%s' nicht gefunden!\a\n",dateiname);
    printf("\nWelche Datei drucken?\n>");
    gets(dateiname);
    if(strlen(dateiname) == 0) exit(0);
  }

/*----- Druckparameter einlesen */
  printf("\n<RETURN> übernimmt die Vorgaben.\n");
  printf("\nLinker Rand - Vorgabe %i Stellen.\n>",linker_rand);
  gets(eingabe);
  if(strlen(eingabe) != 0)
  {
    linker_rand = atoi(eingabe);
  }
  printf("\nSchmalschrift (J/N) - Vorgabe %c.\n>",schmal);
  gets(eingabe);
  if(strlen(eingabe) != 0)
  {
    if(eingabe[0] == 'N' || eingabe[0] == 'n')
    {
      schmal = 'N';
    }
  }

/*----- Schriftart einstellen */
  if(schmal == 'J') steuerzeichen(SCHMAL);
  else steuerzeichen(NORMAL);

/*----- Liste drucken */
  kopfzeile(dateiname,linker_rand);
  fgets(eingabe,MAX_EINGABE,stream);
  while( !feof(stream) )
  {
    left_margin(linker_rand);
    fprintf(stdprn,"%s",eingabe);
```

```
      zeile++;
      if(zeile > SEITENLAENGE-10)
      {
        steuerzeichen(NEUE_SEITE);
        kopfzeile(dateiname,linker_rand);
        zeile=0;
      }
      fgets(eingabe,MAX_EINGABE,stream);
    }
    steuerzeichen(NEUE_SEITE);

  /*----- Datei schliessen */
    fclose(stream);

    printf("\nDruck beendet!\a\n");
}
```

Dieses Programm stellt Ihnen neben drei neuen Funktionen auch eine Möglichkeit vor, Programme zu dokumentieren.

Bei größeren Projekten findet man sich nach einiger Zeit in seinem eigenen Quellcode nicht mehr zurecht, wenn die einzelnen Teile nicht entsprechend kommentiert sind. Sie müssen sich bei Ihren eigenen Programmen nicht an dieses Vorbild halten. Eine ähnliche Form ist jedoch zu empfehlen. Selbst wenn das Schreiben der Kommentare am Anfang etwas lästig erscheint, werden Sie nach einiger Zeit nicht mehr darauf verzichten wollen. Um die Beispielprogramme möglichst klein zu halten, hatten wir bisher auf diese Art der Kommentierung verzichtet.

Die Bedienung des Programms ist einfach. Nach dem Start durch c_druck wird der Benutzer nach dem Namen der zu druckenden Datei gefragt. Die Eingabeaufforderung wird so lange wiederholt, bis die Datei gefunden ist. Drücken Sie an dieser Stelle nur die <RETURN>-Taste, so wird das Programm beendet. Bei den nächsten beiden Eingaben kann der Benutzer die Vorgaben des Programms dadurch übernehmen, daß er <RETURN> drückt. Soll der Wert für den linken freien Rand geändert werden bzw. der Druck nicht in Schmalschrift erfolgen, können an dieser Stelle die benötigten Eingaben gemacht werden.

Im Programm wird die Bibliotheksfunktion **fprintf** benutzt, um Daten zum Drucker zu senden. Bisher hatten Sie diese Funktion verwendet, um Daten in eine Datei zu schreiben. Um zu erklären, warum mit **fprintf** auch gedruckt werden kann, müssen wir etwas weiter ausholen.

Viele Funktionen, die Sie in diesem Kapitel kennengelernt haben, sind sogenannte **stream**-Routinen. Ein Stream ist im Grunde nichts anderes als eine Folge von Zeichen. Woher diese Folge von Zeichen kommt bzw. wohin sie geht, wird dadurch festgelegt, daß eine bestimmte Datei geöffnet wird. Die **stream**-Routinen sind allerdings nicht auf Dateien beschränkt, sondern können auch Geräte ansprechen. Ein solches Gerät kann der Bildschirm, der Drucker oder die Tastatur sein. Bei jedem Programmstart öffnet das Betriebssystem automatisch fünf Streams, die Sie unter den folgenden Namen ansprechen können:

- **stdin** → Standard input
- **stdout** → Standard output
- **stderr** → Standard error
- **stdaux (_stdaux)** → Standard auxiliary
- **stdprn (_stdprn)** → Standard printer

Bei allen Funktionen, die einen **stream**-Pointer erwarten, können Sie diese vordefinierten Zeiger verwenden, ohne mit **fopen** zu arbeiten. Für Eingaben über die Tastatur können Sie **stdin** verwenden, zur Ausgabe auf dem Bildschirm **stdout** und zum Drucken eben **stdprn**. So gibt beispielsweise

```
fprintf(stdout,"Die Meldung geht auf 'stdout'");
```

einen Text auf dem Bildschirm aus.

Aufgabe 49

Schreiben Sie ein Programm, das eine beliebige Anzahl von Zeichen von der Tastatur einliest und sie zur Kontrolle auf dem Bildschirm ausdruckt. Das Programm soll durch die Eingabe des Buchstabens "x" beendet werden. Benutzen Sie zum Einlesen der Zeichen die Funktion **fgetc**!

Die Bibliotheksfunktion **fgets** liest eine festgelegte Anzahl von Zeichen ein und speichert sie in einen String. In c_druck findet sich die Anweisung fgets(eingabe,MAX_EINGABE,stream). Dieser Befehl macht im einzelnen folgendes: Er liest aus der durch stream gekennzeichneten Datei so lange Zeichen ein, bis das Ende der Datei erreicht ist, das Zeichen **\n** kommt oder MAX_EINGABE−1 Zeichen gelesen wurden. Diese Zeichen, incl. **\n**, werden in eingabe gespeichert, und an diesen String wird eine binäre Null angehängt.
In der Funktion steuerzeichen wird **sscanf** vorgestellt. **sscanf** verhält sich wie **scanf**, liest also Daten ein; diese Daten werden aber nicht von der Tastatur, sondern aus einer Zeichenkette geholt. Der Formatstring **%2x** nimmt jeweils zwei Zeichen, die er als Hexadezimalwerte interpretiert. Im Programm wird die Hexadezimalzahl der Variablen wert zugewiesen und anschließend an den Drucker geschickt. Die durch **#define** definierten Steuerzeichen müssen Sie eventuell an Ihren Drucker anpassen. Achten Sie darauf, diese Steuerzeichen in hexadezimaler Schreibweise mit jeweils zwei Stellen einzugeben.
Die letzte für Sie neue Anweisung findet sich ebenfalls in der Funktion steuerzeichen. Es ist die Zuweisung **seq+=2**. Dieser Ausdruck ist eine verkürzte Schreibweise für **seq=seq+2**. Die gleiche Art der Verkürzung ist auch bei **−=**, ***=** und **/=** erlaubt.
Ansonsten enthält das Programm nur Funktionen und Anweisungen, die Sie bereits kennen. Es kann Ihnen als Ausgangspunkt für die Entwicklung eines komfortablen Druckprogramms dienen.

11.5 Kommandozeilen-Parameter

Wenn Sie unter MS-DOS ein Programm aufrufen, geschieht das normalerweise in der Kommandozeile. Befinden Sie sich auf Laufwerk A, dann sieht die Meldung des Betriebssystems so aus (Abb. S. 148):

```
A>
```

Hier können die Befehle eingegeben werden. Um beispielsweise Quick-C zu starten, geben Sie "qc" ein, und das Programm wird in den Speicher geladen und ausgeführt. Nun besteht aber die Möglichkeit, hinter dem Namen des Programms weitere Angaben zu machen:

```
A>qc prg10_1.c
```

Mit diesem Befehl haben Sie nicht nur Quick-C gestartet, sondern auch gleichzeitig dafür gesorgt, daß als erstes Programm prg10_1.c vom Compiler geladen wird. Die Angabe hinter dem eigentlichen Programmnamen ist ein sogenannter Kommandozeilen-Parameter.
Übertragen auf die Programmiersprache C heißt das, daß dieser Parameter der Funktion main übergeben wird.
Geben Sie dazu das folgende Programm ein. Wenn Sie sich in einer der Entwicklungsumgebungen befinden, müssen die Kommandozeilen-Parameter unter eigens dafür vorgesehenen Menüpunkten eingegeben werden. Schlagen Sie dazu bitte im Handbuch nach.

```
/* prg11_5.c */
        #include <stdio.h>
/* 3*/
/* 4*/ main(int argc, char *argv[])
/* 5*/ {
/* 6*/ int zaehler;
/* 7*/   if(argc < 2)      /* Ist kein Parameter vorhanden ? */
/* 8*/   {
/* 9*/     printf("\nKein Kommandozeilen-Parameter gefunden!");
/*10*/     exit(1);
/*11*/   }
/*12*/   for(zaehler=1; zaehler<argc; zaehler++)
/*13*/   {
/*14*/     printf("\nParameter %i = %s",zaehler,argv[zaehler]);
/*15*/   }
/*16*/ }
```

Wenn Sie auf Laufwerk C sind, <STARTEN> Sie das Programm folgendermaßen:

```
C>prg11_5 Das ist ein Test
```

Als Ausgabe liefert das Programm diese Zeilen:

```
Parameter 1 = Das
Parameter 2 = ist
Parameter 3 = ein
Parameter 4 = Test
```

Die Angaben in der Kommandozeile sind an das Programm übergeben worden und konnten hier auch verarbeitet werden.

Zeile 4: main erhält vom Betriebssystem zwei Parameter. Die Variable **argc** enthält die Anzahl der übergebenen Parameter und **argv[]** die Parameter selbst. Die Namen der Variablen sind natürlich frei wählbar, es hat sich jedoch eingebürgert, die hier verwendeten Be-

zeichnungen zu benutzen. Sie leiten sich von **arg**ument **c**ount und **arg**ument **v**alues ab.
Bei **argc** ist eine Besonderheit zu beachten. Hat diese Variable zum Beispiel den Wert 1, so bedeutet das, daß kein Kommandozeilen-Parameter eingegeben wurde. Das Betriebssystem übergibt als ersten Parameter nämlich grundsätzlich den Namen des Programms selbst. Also erst wenn **argc** größer ist als 1, wurde wirklich ein Parameter eingegeben.
Die Deklaration **char *argv[]** bedeutet: Zeiger auf Zeiger auf Zeichen. (Sie hätten auch **char **argv** schreiben können.) Mit anderen Worten: **argv** ist ein Zeiger, der auf ein Feld zeigt, das wiederum Zeiger enthält. Diese Pointer zeigen schließlich auf die einzelnen Kommandozeilen-Parameter. Die leeren eckigen Klammern weisen darauf hin, daß es sich um ein Feld unbestimmter Größe handelt. Die einzelnen Argumente können durch Indizierung von argv angesprochen werden. **argv[1]** zeigt also auf das erste Argument ("Das"), **argv[2]** auf "ist" usw. Die folgende Skizze verdeutlicht nochmals diesen Zusammenhang.

argc	5918	5
argv	5920	5924
argv[0]	5924	5944
argv[1]	5926	5952
argv[2]	5928	5956
argv[3]	5930	5960
argv[4]	5932	5964
argv[5]	5934	0

5944	p	r	g	1	1	_	5	\0
5952	D	a	s	\0				
5956	i	s	t	\0				
5960	e	i	n	\0				
5964	T	e	s	t	\0			

Um auf die einzelnen Zeichen der Parameter zugreifen zu können, verwenden Sie zum Beispiel diese Schreibweise: argv[4][0]. Damit wird das erste Zeichen von argv[4] angesprochen. In unserem Beipiel ist das der Buchstabe T des Parameters Test.

11.6 Das Programm c_list

In diesem Abschnitt lernen Sie ein Programm kennen, das eine Datei auf dem Bildschirm anzeigen kann. Gedacht ist es als Ersatz für den DOS-Befehl **type**. Wenn Sie sich mit diesem Befehl den Inhalt einer Textdatei anzeigen lassen, ist es bei der Geschwindigkeit der heutigen Rechner kaum möglich, die Ausgabe an einer bestimmten Stelle anzuhalten, ganz zu schweigen vom Mitlesen.
Das Programm c_list geht nun den umgekehrten Weg. Statt nur auf Tastendruck anzuhalten, wird die Ausgabe nur dann fortgesetzt, wenn eine Taste gedrückt wird.
Außerdem bietet es die Option, an den Anfang der Datei zurückzuspringen.
Bitte beachten Sie, daß ab MS C/C++ 7.0 die Funktion **getch** mit einem Unterstrich beginnt (**_getch**)!

```
/* c_list.c */
#include <stdio.h>
#include <stdlib.h>
#include <conio.h>

#define MAX_STRING 81

main(int argc,char *argv[])
{
FILE *stream;
char puffer[MAX_STRING];
int ch;
  /* Ist kein Kommandozeilen-Parameter vorhanden ? */
  if(argc < 2)
  {
    printf("\nAufruf mit:  c_list <dateiname>\n");
    exit(1);
  }
  /* Ist die Datei nicht vorhanden ? */
  if((stream = fopen(argv[1],"r")) == NULL)
  {
    printf("\nDatei '%s' konnte nicht geöffnet werden !\n",argv[1]);
    exit(1);
  }
  fgets(puffer,MAX_STRING,stream);
  while( !feof(stream) )
  {
    printf("%s",puffer);
    ch=getch();            /* Warte auf Tastendruck */
    switch(ch)
    {
      case 'a':
      case 'A':
        fseek(stream,0L,SEEK_SET);  /* zurück zum Anfang */
        break;
```

```
      case 27:
        goto ende;
    }
    fgets(puffer,MAX_STRING,stream);
  }
  ende:
  fclose(stream);
}
```

Nach dem Starten des Programms wird Ihnen die gewünschte Datei zeilenweise angezeigt. Durch Drücken einer beliebigen Taste erscheint die nächste Zeile. Der Buchstabe A bewirkt einen Rücksprung an den Anfang der Datei. Mit <ESC> wird c_list abgebrochen.
Mit Hilfe der Bibliotheksfunktion **fseek** können Sie sich in einer Datei an eine beliebige Stelle bewegen. Die allgemeine Form der Funktion lautet:

fseek(datei-pointer,offset,ursprung);

Mit offset geben Sie an, um wieviel Bytes der Dateipointer sich vom ursprung entfernen soll. offset ist vom Typ **long int**. Daher wird in unserem Beispiel die Ziffer 0 mit dem Buchstaben **L** als **long** kenntlich gemacht.
Für ursprung stehen drei Alternativen zur Auswahl:
- **SEEK_SET** Anfang der Datei
- **SEEK_CUR** Aktuelle Position
- **SEEK_END** Ende der Datei

Diese Namen sind in **stdio.h** definiert. Beachten Sie bitte, daß diese Funktion bei Textdateien nur eingeschränkt zu verwenden ist. Uneingeschränkt kann sie jedoch bei Binärdateien, die Sie im nächsten Abschnitt kennenlernen, eingesetzt werden.
Bisher hatten wir Ihnen den Befehl **goto** noch vorenthalten. Er steht Ihnen jedoch auch in C zur Verfügung.
Das Hauptproblem bei der Verwendung von **goto** liegt darin, daß Programme unübersichtlich werden, wenn dieser Befehl zu häufig eingesetzt wird. Er ist im Grunde auch nicht nötig, da C alle nötigen Kontrollstrukturen zur Verfügung stellt, um Programme vollständig ohne **goto** zu schreiben. Es gibt aber einige wenige Fälle, wo dieser

Befehl ein Programm einfacher und vielleicht sogar übersichtlicher macht.
Stellen Sie sich vor, Sie haben ein Programm geschrieben, das sehr viele Schleifen ineinander geschachtelt hat. Wenn nun aus der innersten Schleife heraus die gesamte Schleifenstruktur verlassen werden soll, ist es sehr mühsam, das mit normalen Anweisungen zu erreichen. In einem solchen Fall kann **goto** einiges an Programmierarbeit ersparen. Die Verwendung von **goto** unterliegt allerdings einer **Einschränkung: Es kann nur innerhalb einer Funktion gesprungen werden.** Direkte Sprünge von einer Funktion in eine andere sind mit **goto** nicht möglich.
Das Ziel eines Sprungs wird durch ein sogenanntes Label markiert. Dieses Label besteht aus einem gültigen Namen (siehe Variablennamen), gefolgt von einem Doppelpunkt. Ausgeführt wird der Sprung mit **goto <label>;**.

11.7 Binärdateien

Alle Dateioperationen, die Sie bisher durchgeführt haben, bezogen sich auf Textdateien. Es gibt aber auch eine zweite Art von Dateien: Binärdateien. Vereinfacht gesagt, kann man alle Dateien, die keine Texte sind, als Binärdateien bezeichnen. Sie als C-Programmierer interessiert an dieser Stelle jedoch nur der folgende Aspekt.
Wie Sie wissen, benutzt **fopen** die Buchstaben **r**, **w** und **a** zum Öffnen einer Datei. Dadurch, daß Sie zusätzlich den Buchstaben **b** anhängen, wird eine Datei im Binärmodus geöffnet. – Was hat sich dadurch denn geändert?
Im Textmodus wird das Zeichen für **Neue Zeile** (\n) beim Speichern in zwei Zeichen übersetzt: **Carriage Return** (ASCII-Code 13) und **Line Feed** (ASCII-Code 10). Beim Einlesen wird aus diesen beiden Zeichen dann wieder **\n**. Diese Umwandlung darf bei Binärdateien natürlich nicht geschehen. Dafür der Zusatz **b**.
Das auf S. 154 stehende Programm kann beliebige Dateien kopieren. Eingabe- und Ausgabedatei werden daher im Binärmodus geöffnet. Das Programm selbst ist mit Absicht extrem kurz gehalten. Normalerweise müßten einige Kontrollen und Fehlermeldungen eingebaut werden. Es soll an dieser Stelle jedoch nur demonstriert werden, was mit C möglich ist!

```
/* prg11_6.c */
        #include <stdio.h>
/* 3*/
/* 4*/ main(int argc, char *argv[])  /* Kopiere eine Datei */
/* 5*/ {
/* 6*/ FILE *ein,*aus;
/* 7*/ int ch;
/* 8*/
/* 9*/   if(argc != 3) exit(1);    /* Falsche Anzahl Parameter */
/*10*/
/*11*/   if((ein=fopen(argv[1],"rb"))==NULL) exit(1);
/*12*/
/*13*/   if((aus=fopen(argv[2],"wb"))==NULL) exit(1);
/*14*/
/*15*/   ch=fgetc(ein);
/*16*/   while(!feof(ein))
/*17*/   {
/*18*/     fputc(ch,aus);
/*19*/     ch=fgetc(ein);
/*20*/   }
/*21*/
/*22*/   fclose(ein);
/*23*/   fclose(aus);
/*24*/ }
```

Das Programm kann wie der DOS-Befehl **copy** benutzt werden. Sie geben also als erstes den Namen der zu kopierenden Datei an und dann den Namen der Datei, in die kopiert werden soll.

Zeile 18: Als letztes Beispiel für die Vielzahl der Ein- und Ausgabefunktionen sei die Funktion **fputc** genannt. Mit dieser Anweisung wird ein einzelnes Zeichen in eine Datei geschrieben.

11.8 Eine Datei löschen

Zum Schluß des Kapitels über das Arbeiten mit Dateien hier noch der Befehl, mit dem Dateien wieder gelöscht werden können. Er lautet: **remove**(pfadname). Die Funktion liefert den Wert –1, wenn nicht gelöscht werden konnte, sonst den Wert 0.
Beachten Sie in Zeile 6, daß der Backslash (\\) bei der Angabe des kompletten Pfadnamens doppelt eingegeben werden muß, da er sonst als Steuerzeichen interpretiert würde.

```
/* prg11_7.c */
        #include <stdio.h>
/* 3*/
/* 4*/ main()
/* 5*/ {
/* 6*/     if(remove("\\text\\cplus\\test")==-1)
/* 7*/      printf("\nDatei konnte nicht gelöscht werden!");
/* 8*/     else
/* 9*/      printf("Datei gelöscht!");
/*10*/ }
```

11.9 Zusammenfassung

In diesem Kapitel haben Sie u. a. neun Funktionen kennengelernt, die der Bearbeitung von Dateien dienen. Sie stellen nur eine kleine Auswahl aus der Vielzahl der zur Verfügung stehenden Bibliotheksfunktionen dar.

- fopen Datei öffnen
- fclose Datei schliessen
- feof Prüfung auf Dateiende
- fseek Dateipointer positionieren

- fgetc Einzelnes Zeichen lesen
- fgets Zeichenkette einlesen

- fputc Einzelnes Zeichen schreiben
- fprintf Daten formatiert schreiben
- remove Datei löschen

11.10 Übungen

Aufgabe 50

Entwickeln Sie ein Programm, das den Inhalt zweier Dateien vergleichen kann. Das Programm soll folgendes können:

(1) Übernahme der Dateinamen über Kommandozeilen-Parameter.
(2) Mitzählen der eingelesenen Zeichen.
(3) Stellt das Programm an einer Stelle einen Unterschied fest, soll es abbrechen und ausgeben, bei welchem Zeichen der Unterschied aufgetreten ist.

12 INTERRUPTS

Durch einen Interrupt wird der Prozessor aufgefordert, seine momentane Tätigkeit zu unterbrechen und eine andere Aufgabe zu erledigen. In diesem Kapitel lernen Sie, wie Sie diese Interrupts in eigenen Programmen verwenden können.

12.1 Interrupts des PC

Die Interruptroutinen werden über Adressen aufgerufen, die auf den Beginn von Maschinenprogrammen zeigen, die die gewünschte Aufgabe dann erledigen. Dadurch, daß diese Maschinenprogramme nicht direkt, sondern über den Umweg dieser festen Adressen aufgerufen werden, ist es viel leichter, die einzelnen MS-DOS-Rechner untereinander kompatibel zu halten. Die hier vorgestellten Interrupts beziehen sich auf IBM-PC bzw. IBM-PC-kompatible Rechner.
Insgesamt sind 256 Interrupts reserviert. Von diesen ist ein großer Teil jedoch unbenutzt und für eventuelle spätere Verwendung gedacht.
Die Interrupts sind in mehrere Gruppen aufgeteilt, die spezielle Aufgaben haben. Die für Sie wichtigsten Gruppen sind die BIOS- und die DOS-Funktionen. Mit Hilfe dieser Interrupts kann beispielsweise die Tastatur abgefragt, ein Zeichen auf dem Bildschirm ausgegeben oder eine Datei angelegt werden. In diesem Kapitel beschränken wir uns auf die BIOS-Interrupts und zwar den Interrupt 10hex (dezimal 16), der der Bildschirmsteuerung dient. Was Sie in diesem Kapitel lernen, können Sie natürlich auch auf die Benutzung der anderen Interrupts anwenden.

12.2 Die Funktionen des INT 10

Viele der Interrupts haben noch sogenannte Unterfunktionen. So hat auch der INT 10 ein gutes Dutzend davon. Wollen Sie zum Beispiel den Cursor über INT 10 positionieren, ist dafür die Unterfunktion 2 zuständig. Damit die Funktion auch weiß, wohin der Cursor soll, müssen ihr diese Werte auch übergeben werden. Das geschieht dadurch, daß sie in bestimmte Prozessorregister geschrieben werden. Welche Werte in welches Register gehören, können Sie entsprechenden Tabellen entnehmen. Der folgenden (unvollständigen) Liste können Sie einige dieser Angaben entnehmen.

Unterfunktion

00	Videomodus wählen AL: Modus
01	Cursorgröße setzen CH: Startzeile (0–7) CGA, (0–13) MDA, Hercules CL: Endzeile (0–7) CGA, (0–13) MDA, Hercules
02	Cursor positionieren BH: Bildschirmseite DH: Zeilennummer (0–24) DL: Spaltennummer (0–79)
03	Cursorposition ermitteln BH: Bildschirmseite Rückgabewert in: DH: Zeilennummer DL: Spaltennummer CH: Startzeile Cursor CL: Endzeile Cursor
04	Position Lichtgriffel
05	Bildschirmseite wählen
06	Bildschirmfenster nach oben rollen AL: Anzahl der Zeilen, um die nach oben verschoben wird CH: linke obere Zeile (0–24) CL: linke obere Spalte (0–79) DH: rechte untere Zeile (0–24) DL: rechte untere Spalte (0–79) BH: Attribut der Leerzeilen (0–255)

07 Bildschirmfenster nach unten rollen
AL: Anzahl der Zeilen, um die nach unten verschoben wird
CH: linke obere Zeile (0–24)
CL: linke obere Spalte (0–79)
DH: rechte untere Zeile (0–24)
DL: rechte untere Spalte (0–79)
BH: Attribut der Leerzeilen (0–255)

08 Zeichen und Attribut an Cursorposition lesen
BH: Bildschirmseite
Rückgabewert in:
AL: gelesenes Zeichen
AH: Attribut

09 Zeichen und Attribut an Cursorposition schreiben
AL: Zeichencode (0–255)
BH: Bildschirmseite
BL: Attribut (0–255)
CX: Anzahl

0A Zeichen an Cursorposition schreiben
AL: Zeichencode (0–255)
BH: Bildschirmseite
CX: Anzahl

12.3 Cursor positionieren

Im Programm prg12_1.c wird eine Funktion zur Cursorpositionierung vorgestellt, die den INT 10 benutzt. Diese Methode ist schneller als der Weg über die ANSI-Sequenz, die Sie bisher eingesetzt haben. Auf der anderen Seite werden Ihre Programme dadurch allerdings auch hardwareabhängiger. Beachten Sie, daß ab der Version 7.0 des Compilers MS C/C++ die Funktion **int86** mit einem Unterstrich beginnt (**_int86**), ebenso die Union **REGS** (**_REGS**).

```
/* prg12_1.c */
        #include <stdio.h>
        #include <dos.h>
/* 4*/
/* 5*/ union REGS inregs;
/* 6*/
/* 7*/ void mygotoxy(char xk, char yk)
/* 8*/ {
/* 9*/    inregs.h.ah = 0x02;
/*10*/    inregs.h.bh = 0x00;
/*11*/    inregs.h.dh = yk-1;
/*12*/    inregs.h.dl = xk-1;
/*13*/    int86(0x10,&inregs,&inregs);
/*14*/ }
/*15*/
/*16*/ main()
/*17*/ {
/*18*/    printf("\nTestprogramm für INT 10");
/*19*/    mygotoxy(40,5);
/*20*/    printf("Zeile 5 und Spalte 40");
/*21*/ }
```

Das Hauptprogramm dient nur dem Testen, uns interessiert hier die Funktion mygotoxy.

Zeile 5: Die Deklaration der Variablen inregs enthält das neue Schlüsselwort **union**. Neben **union** existiert noch ein weiteres namens **struct**. Diese beiden Schlüsselworte haben ähnliche Aufgaben; sie deklarieren Variablen, deren Typ sich aus mehreren Einzeltypen, wie **char**, **int**, **double** usw., zusammensetzt. Solche Strukturen und Verbunde, wie sie im Deutschen auch heißen, müssen nicht verwendet werden. Sie können durch Benutzen der Grundtypen ersetzt werden. Ihr Einsatz erleichtert jedoch die Lesbarkeit der Programme. Wir wollen uns an dieser Stelle darauf beschränken, Ihnen zu zeigen, wie man Strukturen und Verbunde benutzt. Eine ausführliche Erläuterung zu diesem Thema finden Sie im Kapitel 13. Dort wird Ihnen im einzelnen erklärt, wie man mit diesen Variablen arbeitet und was bei ihrer Verwendung besonders zu beachten ist.
Die Definition der **union** vom Typ **REGS** befindet sich in der **include**-Datei **dos.h**. Sie muß also in Ihr Programm aufgenommen werden, wenn Sie mit Interrupts arbeiten möchten.
Wie Sie zu Beginn des Kapitels erfahren haben, werden die Parameter, die zum Beispiel eine BIOS-Funktion braucht, über die Register des Prozessors übergeben, und auch die Ergebnisse werden auf die-

sem Weg zurückgeliefert. In der union REGS werden diese Werte nun abgelegt.

Zeile 7: Die Funktion mygotoxy liefert keine Werte zurück. Sie erhält als Parameter die Koordinaten, auf die der Cursor positioniert werden soll.

Zeile 9: In dieser und in den folgenden Zeilen finden Sie die Variable inregs aus Zeile 5 wieder. Sie hat jetzt allerdings noch den Zusatz **.h.ah** bekommen. Das wird von dem vordefinierten Typ REGS besorgt.
Nun zur Erklärung: Die Register der 8086-Prozessorfamilie sind 16 Bit groß. Sie können als Ganzes oder zur Hälfte angesprochen werden. Soll nur die Hälfte benutzt werden, erscheint hinter Ihrem Variablennamen und dem ersten Punkt der Buchstabe **h**. Wird das komplette Register benutzt, der Buchstabe **x**. Die Festlegung der Buchstaben ist willkürlich und wurde vom Compiler-Hersteller festgelegt. Der letzte Teil der Variablen gibt nun an, welches der Register benutzt werden soll. In unserem Beispiel wird das Register a benutzt und dort die höhere (h = high) Hälfte.
Fassen wir zusammen: Durch Zuweisung eines Wertes an die Variable **inregs.h.ah** sorgen Sie dafür, daß ein Wert (8 Bit) in der höheren Hälfte des Registers A abgelegt wird.
In AH wird bei fast jedem Interrupt die Nummer der Unterfunktion abgelegt. Da wir die Unterfunktion 2 (Positionieren des Cursors) benutzen wollen, wird der Wert 2 zugewiesen. Beachten Sie bitte die hexadezimale Schreibweise; sie ist nicht nötig, wird aber hier häufig verwendet.

Zeile 10: Wie Sie der Liste der Funktionen des INT 10 entnehmen können, muß jetzt noch die Nummer der Bildschirmseite in BH geschrieben werden. Hier nehmen Sie die Standardbildschirmseite 0.

Zeilen 11 + 12: Zum Schluß muß nur noch in DH die Zeile und in DL die Spalte eingetragen werden. Hierbei ist zu beachten, daß die Zählung bei 0 beginnt. Wenn Sie also den Cursor mit 1,1 in die linke obere Ecke setzen wollen, muß von beiden Werten noch jeweils 1 abgezogen werden. Sollte es Ihnen nichts ausmachen, die Bildschirmkoordinaten bei 0 zu beginnen, könnten Sie diese Subtraktion auch weglassen. Damit sind alle Register mit den benötigten Werten geladen.

Zeile 13: Den Abschluß der Funktion bildet der eigentliche Aufruf des Interrupts. Das besorgt die Bibliotheksfunktion **int86**. Sie benötigt als erstes die Nummer des Interrupts, in unserem Fall 10hex für den Bildschirminterrupt. Dann folgt ein Pointer auf die **union**, die die zu ladenden Registerwerte enthält. Als letzter Parameter folgt ein Zeiger auf eine **union**, die eventuelle Rückgabewerte aufnimmt. Da diese Unterfunktion nichts zurückgibt, benutzen wir auch an dieser Stelle inregs. Wenn die Werte zurückgegeben werden, wird hier normalerweise eine weitere Variable vom Typ REGS eingesetzt.
Wenn Sie das Programm starten, sollte in der 5. Zeile und 40. Spalte der Text "Zeile 5 und Spalte 40" erscheinen.

12.4 Bildschirm löschen

In diesem Abschnitt werden Sie eine Funktion zum Löschen des Bildschirms entwickeln. Als Grundlage nehmen Sie bitte prg12_1.c und geben die zusätzlichen Teile ein.

```
/* prg12_2.c */
        #include <stdio.h>
        #include <dos.h>
/* 4*/
/* 5*/ union REGS inregs;
/* 6*/
/* 7*/ void mygotoxy(char xk, char yk)
/* 8*/ {
/* 9*/    inregs.h.ah = 0x02;
/*10*/    inregs.h.bh = 0x00;
/*11*/    inregs.h.dh = yk-1;
/*12*/    inregs.h.dl = xk-1;
/*13*/    int86(0x10,&inregs,&inregs);
/*14*/ }
/*15*/
/*16*/ void myclrscr(char attrib)
/*17*/ {
/*18*/    inregs.h.ah = 0x06;
/*19*/    inregs.h.al = 0x00;  /* 0 -> Bildschirm löschen */
/*20*/    inregs.h.ch = 0x00;
/*21*/    inregs.h.cl = 0x00;
/*22*/    inregs.h.dh = 0x18;  /* Zeile 24 */
/*23*/    inregs.h.dl = 0x4f;  /* Spalte 79 */
/*24*/    inregs.h.bh = attrib;
/*25*/    int86(0x10,&inregs,&inregs);
/*26*/ }
/*27*/
```

```
/*28*/ main()
/*29*/ {
/*30*/     printf("\nTestprogramm für INT 10");
/*31*/     myclrscr(7);              /* 7 -> Bildschirmattribut normal */
/*32*/     mygotoxy(40,5);
/*33*/     printf("Zeile 5 und Spalte 40");
/*34*/ }
```

Der INT 10 bietet keine eigene Unterfunktion zum Bildschirmlöschen. Sie können jedoch die Funktionen 6 oder 7 dazu verwenden. Sie dienen dazu, ein Bildschirmfenster nach oben oder unten um eine bestimmte Anzahl von Zeilen zu verschieben. Wird als Anzahl der Wert 0 angegeben, wird dieser Bildschirmbereich initialisiert, das heißt gelöscht.

Zeile 24: Laut Tabelle erwartet diese Unterfunktion im Register BH das Bildschirmattribut, mit dem der verschobene Bereich gefüllt werden soll. Um zu verstehen, was es mit diesem Bildschirmattribut auf sich hat, muß man sich den Aufbau des Bildschirmspeichers in einem PC ansehen.

Der normale Bildschirm kann 25 Zeilen mit je 80 Spalten darstellen. Das macht zusammen 2000 Zeichen. Der Bildschirmspeicher für Texte ist jedoch 4000 Byte groß. Die "überzähligen" Speicherplätze werden dazu verwendet, zu jedem Zeichen noch ein sogenanntes Attributbyte zu speichern. Dieses legt fest, ob das Zeichen normal, invers, blinkend usw. dargestellt werden soll. Die Bedeutung dieses Bytes für den Textmodus entnehmen Sie bitte der folgenden Skizze.

7	6	5	4	3	2	1	0	Bit
B	Hintergrund			I	Vordergrund			B = Blinken I = Intensiv

Attributbyte ? = Bitzustand ohne Bedeutung 1 = Bit gesetzt 0 = Bit nicht gesetzt								Anzeige auf dem Bildschirm
0	0	0	0	0	1	1	1	normale Darstellung
0	1	1	1	0	0	0	0	inverse Darstellung
0	0	0	0	0	0	0	1	unterstrichen (monochrom)
0	0	0	0	0	0	0	0	"unsichtbare" Darstellung
1	?	?	?	?	?	?	?	blinkt zusätzlich
?	?	?	?	1	?	?	?	Vordergrundfarbe intensiv

Zeile 31: Der Wert 7, der der Funktion myclrscr übergeben wird, bedeutet demnach, daß der Bildschirm mit dem normalen Bildschirmattribut zu füllen ist.

12.5 Bildschirm rollen

Das folgende Programm demonstriert den Einsatz zweier Funktionen, die den Bildschirminhalt zeilenweise nach oben oder unten verschieben können.

```
/* prg12_3.c */
       #include <conio.h>
       #include <dos.h>
       #include <stdio.h>
/* 5*/
/* 6*/ union REGS inregs;
/* 7*/
/* 8*/ void mygotoxy(char xk, char yk)
/* 9*/ {
/*10*/   inregs.h.ah = 0x02;
/*11*/   inregs.h.bh = 0x00;
/*12*/   inregs.h.dh = yk-1;
/*13*/   inregs.h.dl = xk-1;
/*14*/   int86(0x10,&inregs,&inregs);
/*15*/ }
/*16*/
/*17*/ void myclrscr(char attrib)
/*18*/ {
/*19*/   inregs.h.ah = 0x06;
/*20*/   inregs.h.al = 0x00;  /* 0 -> Bildschirm löschen */
/*21*/   inregs.h.ch = 0x00;
/*22*/   inregs.h.cl = 0x00;
/*23*/   inregs.h.dh = 0x18;  /* Zeile 24 */
/*24*/   inregs.h.dl = 0x4f;  /* Spalte 79 */
/*25*/   inregs.h.bh = attrib;
/*26*/   int86(0x10,&inregs,&inregs);
/*27*/ }
/*28*/
/*29*/ void scrollup(char x1, char y1, char x2, char y2,
/*30*/                 char zeilen, char attrib)
/*31*/ {
/*32*/   inregs.h.ah = 0x06;
/*33*/   inregs.h.al = zeilen;
/*34*/   inregs.h.bh = attrib,
/*35*/   inregs.h.ch = y1-1;
/*36*/   inregs.h.cl = x1-1;
/*37*/   inregs.h.dh = y2-1;
/*38*/   inregs.h.dl = x2-1;
/*39*/   int86(0x10,&inregs,&inregs);
/*40*/ }
/*41*/
/*42*/ void scrolldown(char x1, char y1, char x2, char y2,
/*43*/                 char zeilen, char attrib)
```

```
/*44*/ {
/*45*/   inregs.h.ah = 0x07;
/*46*/   inregs.h.al = zeilen;
/*47*/   inregs.h.bh = attrib,
/*48*/   inregs.h.ch = y1-1;
/*49*/   inregs.h.cl = x1-1;
/*50*/   inregs.h.dh = y2-1;
/*51*/   inregs.h.dl = x2-1;
/*52*/   int86(0x10,&inregs,&inregs);
/*53*/ }
/*54*/
/*55*/ main()
/*56*/ {
/*57*/ int y,ch;
/*58*/   printf("\nTestprogramm für INT 10");
/*59*/   myclrscr(7);
/*60*/   for(y=0; y<25; y++)
/*61*/   {
/*62*/     mygotoxy(1+y,y);
/*63*/     printf(" Diese Zeile wandert über den Bildschirm. ");
/*64*/   }
/*65*/   printf("\n'E' für oben, 'X' für unten oder <ESC>");
/*66*/   while(1)
/*67*/   {
/*68*/     ch=getch();
/*69*/     switch(ch)
/*70*/     {
/*71*/       case 'e':
/*72*/       case 'E':
/*73*/         scrollup(10,5,50,20,1,7);
/*74*/         break;
/*75*/       case 'x':
/*76*/       case 'X':
/*77*/         scrolldown(10,5,50,20,1,7);
/*78*/         break;
/*79*/     }
/*80*/     if(ch == 27) break;
/*81*/   }
/*82*/ }
```

Nach dem Starten des Programms wird der Bildschirm mit Textzeilen vollgeschrieben. Mit den Tasten <E> und <X> können Sie jetzt einen Bildschirmbereich nach oben oder unten rollen. Die Koordinaten sind in den Zeilen 72 und 76 zu sehen.

Die Funktionen scrollup und scrolldown erwarten folgende Angaben als Parameter: Die Koordinaten der linken oberen Ecke, die Koordinaten der unteren rechten Ecke, die Angabe, um wie viele Zeilen dieser Bereich zu verschieben ist, und das Bildschirmattribut für die verschobenen Zeilen. Bitte beachten Sie, daß ab MS C 7.0 **REGS**, **int86** und **getch** mit einem Unterstrich beginnen.

12.6 Zusammenfassung

Die Benutzung der Interrupts erlaubt eine sehr systemnahe Programmierung. Die Entwicklung solcher Funktionen ist zwar recht fehleranfällig, wenn sie aber einmal korrekt funktionieren, können sie Ihren Programmen einen professionellen Charakter verleihen. Dabei darf allerdings nicht unerwähnt bleiben, daß Ihre Programme durch solche Funktionen nicht mehr so leicht auf einen anderen Rechner bzw. auf andere Hardware zu übertragen sind. Ob Ihnen Portabilität oder Geschwindigkeit lieber ist, entscheiden Sie letztendlich selbst.

12.7 Übungen

Aufgabe 51

Schreiben Sie eine Funktion mit dem Namen wiederhole, die ein Zeichen eine bestimmte Anzahl von Malen ausgibt. Benutzen Sie die Unterfunktion 9 des Video-Interrupts. Die Funktion soll drei Parameter erhalten:

(1) Das zu druckende Zeichen
(2) Die Anzahl der Wiederholungen
(3) Das Bildschirmattribut, mit dem das Zeichen gedruckt werden soll.

Aufgabe 52

Schreiben Sie zwei Funktionen, die die x- bzw. die y-Koordinate der Cursorposition ermitteln. Sie können die Funktionen mywherex und mywherey nennen.

13 STRUCT, UNION, TYPEDEF

13.1 Strukturen deklarieren und definieren

Mit Hilfe von Strukturen können Sie aus einfachen Variablentypen (wie zum Beispiel **int**, **double** oder **char**) neue, benutzerdefinierte Typen schaffen. Diese selbstdefinierten Variablentypen bestehen aus einer Aneinanderreihung der vorhandenen Grundtypen. Die Länge einer solchen Struktur ist gleich der Gesamtlänge der einzelnen Bestandteile. Angewendet werden Strukturen häufig dann, wenn verschiedene Variablen logisch zusammengehören (wie zum Beispiel Name, Vorname, Straße etc. bei der Bearbeitung von Adressen). In anderen Programmiersprachen werden Strukturen häufig auch als Records bezeichnet. Die Verwendung einer Struktur ist nicht zwingend nötig, man kann sie auch durch die Benutzung von mehreren einzelnen Variablen ersetzen. Sie bieten bei der Programmierung jedoch einige Vorteile, da sie die Übersichtlichkeit erhöhen und die Bearbeitung vereinfachen.

Strukturen deklarieren
Zur Deklaration einer Struktur benutzt man das Schlüsselwort **struct**. Diesem Schlüsselwort kann wahlweise der Name dieser Struktur (engl.: tag) folgen. In geschweiften Klammern werden dann die einzelnen Variablen aufgeführt, aus denen die Struktur bestehen soll.

Beispiel:

```
struct test
{
  int nr;
  char bezeichnung[14];
  double preis;
};
```

Im obigen Beispiel wird eine Struktur mit Namen test deklariert, die aus einer **int**-Variablen, einem **char**-Array und einer **double**-Variablen zusammengesetzt ist. Die Gesamtlänge einer Variablen der Struktur test beträgt 2 Bytes (int) + 14 Bytes (char-Array) + 8 Bytes (double) = 24 Bytes.

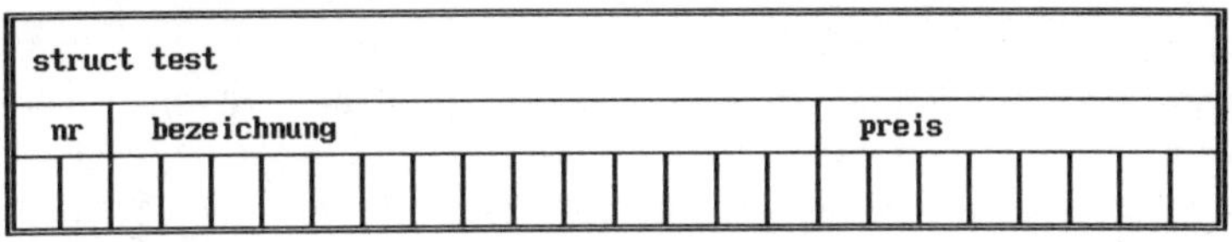

Bitte beachten Sie, daß die Gesamtlänge der Struktur größer sein kann als die Summe ihrer Bestandteile. Dieser Fall tritt dann auf, wenn zum Beispiel das Feld bezeichnung eine ungerade Anzahl Bytes hat (beispielsweise 13). Hier sorgt der Compiler dafür, daß alle Bestandteile der Struktur an den günstigsten Speicherstellen beginnen (im Beispiel sorgt der Compiler dafür, daß die double-Variable preis an einer geraden Speicheradresse beginnt); dadurch kann es für ihn nötig werden, zwischen den einzelnen Komponenten Lücken zu lassen. Sie als Programmierer stört diese Eigenschaft normalerweise nicht. Sollten Sie die genaue Größe der Struktur dennoch benötigen, benutzen Sie den Operator **sizeof** (siehe Kapitel 9.6).

Hinweis:
Vergessen Sie nicht, die Deklaration mit einem Semikolon abzuschließen!

Einschränkungen bei der Deklaration
Jede Variablendeklaration innerhalb der Struktur hat prinzipiell die gleiche Form wie eine normale Deklaration. Die wesentlichen Aus-

nahmen sind, daß keine Speicherklassen (static, register etc.) für die einzelnen Komponenten angegeben werden können, und eine Variable innerhalb der Struktur nicht initialisiert werden kann (int nr=4711 innerhalb der Deklaration ist nicht erlaubt).

Variablen definieren

Die Strukturschablone selbst hat noch keinen Speicherplatz belegt, sie hat lediglich ein Muster festgelegt, mit dem die eigentlichen Variablen definiert werden. Die Definition erfolgt genau wie bei den Standardvariablentypen (int kunr, double summe etc.), indem man den Variablentyp (struct test) gefolgt von einem oder mehreren Variablennamen eingibt.

Beispiel:

struct test var1,var2,artikel;

Dieses Beispiel definiert drei Variablen var1, var2 und artikel, die alle vom Typ **struct test** sind.
Neben dieser hier beschriebenen Methode gibt es noch eine weitere Form der Definition von Strukturvariablen:

```
struct test
{
  int nr;
  char bezeichnung[14];
  double preis;
}var1,var2,artikel;
```

In diesem Fall erfolgt die Definition der Variablen zusammen mit der Deklaration. Dazu müssen nur eine oder mehrere Variablen direkt hinter die Deklaration gesetzt werden.

Struktur-Felder definieren

Eine Struktur wird häufig nicht nur zur Aufnahme eines einzelnen Datensatzes, sondern zur Speicherung vieler gleichartiger Sätze verwendet.

Beispiel:

```
struct test waren[1000];
```

Diese Definition legt fest, daß der Compiler Platz für 1000 Variablen mit Namen **waren** vom Typ **struct test** reserviert. Für dieses Beispiel würden ca. 24KB Speicherplatz benötigt. Beachten Sie, daß derart große Felder entweder als globale (außerhalb einer jeden Funktion) oder static-Variablen (Schlüsselwort static vor der Variablendeklaration) definiert werden müssen, da es sonst zu einem Stapelüberlauf kommt (stack overflow, siehe Kapitel 9.4).

13.2 Auf Strukturen zugreifen

Um Strukturen sinnvoll nutzen zu können, muß man ihren Elementen Werte zuweisen und auf diese Werte auch wieder zugreifen können. Zu diesem Zweck kennt C den Struktur-Operator (.), mit dem jeder Bestandteil einer Struktur direkt angesprochen werden kann. Wenn eine Variable var1 vom Typ struct test definiert wurde,

```
struct test
{
  int menge;
  float preis;
};

struct test var1;
```

kann auf die Komponente preis so zugegriffen werden:

```
var1.preis
```

Die Bezeichnung beginnt mit dem Namen der Variablen (var1), gefolgt von einem Punkt (.) und dem Namen des Strukturmitglieds (preis). Vor und hinter dem Punkt können Leerstellen eingefügt werden. Es hat sich jedoch eingebürgert, alle Bestandteile direkt aneinander zu schreiben.

Das Programm prg13_1.c demonstriert, wie den einzelnen Mitgliedern der Variable **kunde** Werte zugewiesen und wie diese Werte wieder ausgelesen werden können.

```
/* prg13_1.c */
       #include <stdio.h>
       #include <string.h>

struct person                          /* Struktur deklarieren */
{
  char name[31];
  char vname[21];
  char gebdat[9];                      /* Format JJJJMMTT */
  char geschlecht;                     /* W/M */
  unsigned long knr;
};

void main()
{
  struct person kunde;                 /* Variable definieren */

  strcpy(kunde.name,"Maier");          /* Werte zuweisen */
  strcpy(kunde.vname,"Marita");
  strcpy(kunde.gebdat,"19621109");
  kunde.geschlecht='W';
  kunde.knr=4711;

  printf("\n%s",kunde.name);          /* Auf Struktur zugreifen */
  printf("\n%c",kunde.name[0]);        /* 1. Buchstabe des Namens */
  printf("\n%s",kunde.vname);
  printf("\n%s",kunde.gebdat);
  printf("\n%c",kunde.geschlecht);
  printf("\n%li",kunde.knr);
}
```

Handelt es sich um ein Struktur-Array:

struct person kunde[2000];

so wird auf die einzelnen Elemente folgendermaßen zugegriffen:

Kundennummer des dritten Kunden:

kunde[2].knr

Zweiter Buchstabe des Vornamens des 10. Kunden:

kunde[9].vname[1]

Neben der bisher beschriebenen Methode, einer Strukturvariablen Werte zuzuweisen, gibt es noch eine weitere, die im folgenden Programmausschnitt dargestellt ist.

```
struct
{
  char name[30];
  int alter;
}a,b;

strcpy(a.name,"Meier");
a.alter=12;
b=a;
```

Zwei Dinge sind an diesem Programmsegment bemerkenswert: Erstens hat die Struktur keinen Namen. Wie Sie wissen, braucht hinter dem Schlüsselwort struct keine Bezeichnung zu folgen, und da wir nur die Variablen a und b mit dieser Struktur verwenden wollen, kann diese Art der Deklaration gewählt werden. Zweitens kann mit einer einfachen **Zuweisung** (b=a) der Inhalt einer kompletten Struktur verdoppelt werden. Das ist besonders angenehm, da Sie auf diese Weise sogar Felder (name[30]) ohne Zuhilfenahme der Funktion strcpy kopieren können!

Variablen initialisieren

Neben den oben beschriebenen Methoden der Wertezuweisung können einer Struktur bereits beim Definieren Werte zugewiesen werden. Diesen Vorgang nennt man Initialisieren. Zur Initialisierung einer Variablen werden die Werte der einzelnen Komponenten in geschweiften Klammern hinter der Definition angegeben:

```
struct personal
{
  char name[35];
  float gehalt;
};

struct personal mitarbeiter={"Huber",4510.0};
```

Werden weniger Daten in der Liste angegeben, als Komponenten in der Struktur vorhanden sind, werden diese mit Null bzw. Leerstring initialisiert.

Aufgabe 53

Welche Ausgabe liefert das folgende Programm?

```
/* ueb13_1.c */
#include <stdio.h>

struct person
{
  char name[30];
  long knr;
};

main()
{
static struct person kunde[4]=
  {"Schmitz",20123,"Müllermann",82765,"Adams",98761};

  printf("\n%s ",kunde[0].name);
  printf("\n%c ",kunde[2].name[0]);
  printf("\n%i ",strlen(kunde[1].name));
  printf("\n%li",kunde[1].knr);
  printf("\n%li",kunde[3].knr);
}
```

Geschachtelte Strukturen

Bei der Deklaration von Strukturen kann innerhalb einer Struktur eine weitere Struktur eingebettet werden. Dabei kann es sich um eine bereits an anderer Stelle deklarierte Struktur handeln (siehe Programm prg13_2, Zeile 15), oder man verwendet an der entsprechenden Stelle nochmals das Schlüsselwort struct und deklariert eine Struktur innerhalb der anderen.

Programm prg13_2.c zeigt ein Beispiel für eine geschachtelte Struktur und wie man auf die einzelnen Komponenten der Struktur zugreifen kann.

```
/* prg13_2.c */
/* 2*/        #include <stdio.h>
/* 3*/        #include <string.h>
/* 4*/
/* 5*/ struct datum
/* 6*/ {
/* 7*/   int jahr;
/* 8*/   char monat[10];
/* 9*/   int tag;
/*10*/ };
/*11*/
/*12*/ struct wetter
/*13*/ {
```

```
/*14*/   float temp;
/*15*/   struct datum zeitpunkt;
/*16*/ };
/*17*/
/*18*/ struct wetter aktuell[365];
/*19*/
/*20*/ void main()
/*21*/ {
/*22*/   aktuell[0].temp=22.0;
/*23*/   aktuell[0].zeitpunkt.jahr=1993;
/*24*/   strcpy(aktuell[0].zeitpunkt.monat,"Januar");
/*25*/   aktuell[0].zeitpunkt.tag=1;
/*26*/
/*27*/   printf("%.1f ",aktuell[0].temp);
/*28*/   printf("\n%i ",aktuell[0].zeitpunkt.tag);
/*29*/   printf("%s  ",aktuell[0].zeitpunkt.monat);
/*30*/   printf("%i  ",aktuell[0].zeitpunkt.jahr);
/*31*/ }
```

Zeile 22: Der Wert 22.0 wird der Komponente temp. der ersten Variablen (aktuell[0]) zugewiesen.

Zeile 27–30: Um auf die einzelnen Teile der geschachtelten Struktur zugreifen zu können, wird jede Komponente, durch einen Punkt getrennt, aufgezählt. Auf diese Weise wird der komplette Weg, vom Variablennamen bis zur letzten Komponente, beschrieben. Dieses Vorgehen ähnelt der Art und Weise, in der man unter MS-DOS, OS/2 oder UNIX auf Unterverzeichnisse zugreift.

Strukturen als Parameter

Wie bei einfachen Variablentypen kann man auch Strukturmitglieder oder ganze Strukturen an eine Funktion übergeben. Diese Eigenschaft ist erst durch die ANSI-Norm allgemein üblich geworden. Bei älteren Compilern kann es sein, daß Sie keine Strukturen als Argumente an Funktionen übergeben können. Zur Erläuterung dieser Technik wollen wir die folgende Struktur (struct datum) verwenden. Mit der Deklaration wird auch gleichzeitig die Variable test definiert:

```
struct datum
{
  int jahr;
  char monat[10];
  int tag;
} test;
```

Die Funktion drucken soll nun den Monatsnamen der Strukturvariablen test (test.monat) ausgeben. Da es sich bei der Strukturkomponenten monat um eine Zeichenkette handelt, sieht der Prototyp der Funktion drucken folgendermaßen aus:

void drucken(char *);

Beim Aufruf der Funktion wird die entsprechende Strukturvariable übergeben:

```
drucken(test.monat);
```

Die Funktion selbst behandelt den übergebenen Wert wie jede andere Zeichenkette auch.

```
void drucken(char *m)
{
  printf("%s",m);
}
```

Wird hingegen nicht nur eine Komponente, sondern die gesamte Struktur an die Funktion übergeben, steht im Prototyp als Variablentyp **struct datum:**

void drucken(struct datum);

Die Funktion wird mit dem Namen der Strukturvariablen (test) aufgerufen:

```
drucken(test);
```

In der Funktion kann dann auf jedes Mitglied der Struktur separat zugegriffen werden:

```
void drucken(struct datum xyz)
{
  printf("%i",xyz.jahr);
  printf("%s",xyz.monat);
  printf("%i",xyz.tag);
}
```

Zeiger auf Strukturen

Die vorhin beschriebene Methode der Variablenübergabe ist uns von den einfachen Variablentypen her geläufig. Wie Sie wissen, handelt es sich bei dieser Form um die Übergabe **by value** (Kapitel 10.3). Das heißt, alles was die Funktion mit dem Variablenwert macht, hat keinen Einfluß auf den ursprünglichen Variableninhalt, da ja nur eine Kopie des Wertes übergeben wurde. Soll die Variable jedoch direkt geändert werden, müssen wir der Funktion einen Zeiger (Pointer) auf die Struktur übergeben. Da die Übergabe von Zeigern auf Strukturen relativ häufig verwendet wird (ein Zeiger verursacht bei der Übergabe viel weniger Aufwand als eine ganze Struktur), stellt C sogar einen speziellen Operator dafür zur Verfügung: den Struktur-Operator (→). Ein Beispiel für seine Anwendung finden Sie in Programm prg13_3.c. Dieses Programm hat die gleiche Aufgabe wie prg10_4 in Kapitel 10.3, es soll zwei Werte tauschen. Der einzige Unterschied liegt darin, daß prg13_3 mit der Funktion **tauschen** zwei Strukturen tauscht.

```
/* prg13_3.c */
/* 2*/         #include <stdio.h>
/* 3*/
/* 4*/ void tauschen(struct koor *);
/* 5*/
/* 6*/ struct koor
/* 7*/ {
/* 8*/   double xk;
/* 9*/   double yk;
/*10*/ };
/*11*/
/*12*/ struct koor position={12.34,43.21};
/*13*/
/*14*/ void main()
/*15*/ {
/*16*/   printf("\nVorher %lf  %lf",position.xk,position.yk);
/*17*/   tauschen(&position);
/*18*/   printf("\nNachher %lf  %lf",position.xk,position.yk);
/*19*/ }
/*20*/
/*21*/ void tauschen(struct koor *werte)
/*22*/ {
/*23*/ double hilf;
/*24*/   hilf=werte->xk;
/*25*/   werte->xk=werte->yk;
/*26*/   werte->yk=hilf;
/*27*/ }
```

Wenn Sie das Programm 10_4.c nochmals betrachten, sehen Sie, daß in der Funktion tausche der Inhalts- bzw. Sternoperator (*eins) benutzt wurde, um auf den Wert der Pointervariablen zuzugreifen und den Tausch durchführen zu können. Für eine Strukturkomponente (werte.xk) sieht die Schreibweise so aus:

```
(*werte).xk
```

Die Klammern um ***werte** sind notwendig, da der Punktoperator eine höhere Priorität als der Sternoperator hat. Da diese Schreibweise jedoch recht umständlich ist, wird meist vom Struktur-Operator Gebrauch gemacht:

```
werte->xk
```

Diese beiden Schreibweisen sind somit gleichwertig.
Nun zur Beschreibung des Programms im einzelnen:

Zeile 12: Die Variable **position** vom Typ **struct koor** wird definiert und gleichzeitig mit Werten initialisiert.

Zeile 17: Die Funktion tauschen wird mit der Adresse der Variablen **position** aufgerufen.

Zeile 21: In der Funktion wird diese Adresse unter dem Namen **werte** entgegengenommen.

Zeile 24: Die Variable **hilf** speichert den Wert, der unter der Adresse von **werte** im Strukturelement **xk** abgelegt ist. Wie bereits beschrieben, kann man hier statt werte→xk auch (*werte).xk schreiben.
Der restlichen beiden Zeilen der Funktion vollenden dann den Tausch.

Die in diesem Kapitel beschriebenen Eigenschaften der Programmiersprache C werden uns im Kapitel über C++ wiederbegegnen. Denn eine der wesentlichsten Eigenschaften von C++ basiert auf Strukturen, die, um zusätzliche Eigenschaften erweitert, die sogenannten Klassen bilden.

13.3 Variablen vom Typ Union

Unions (auch als Verbund oder Variante bezeichnet) ähneln in vieler Hinsicht den Strukturen, nur daß die Komponenten einer Union sozusagen "übereinander" liegen. Das bedeutet nichts anderes, als daß der Speicherplatz für jede Komponente der Union an der gleichen Stelle anfängt und daß jeweils nur eine der Komponenten in einer Union gespeichert sein kann, da eine Komponente die vorhergehende überschreibt.

Unions deklarieren
Zur Deklaration einer Union wird das Schlüsselwort **union** benutzt. Diesem Schlüsselwort kann wahlweise der Name der Union folgen. In geschweiften Klammern werden dann die einzelnen Variablen aufgeführt, aus denen die Union besteht:

```
union doppelt
{
  double zahl;
  char zeichen[8];
};
```

Diese Beispieldeklaration legt ein Muster für Variablen fest, deren Größe 8 Bytes beträgt. Die Größe einer Union ist gleich der Anzahl Bytes der längsten Komponente. Da in unserem Beispiel beide Variablen 8 Bytes lang sind, ist auch die Gesamtlänge der Union 8 Bytes.
Gründe für das Benutzen von Unions fallen nicht so stark ins Auge wie bei Strukturen. Im wesentlichen sind es zwei Anwendungsfälle, in denen man sie einsetzt:

(1) Wenn man auf einen Speicherbereich auf unterschiedliche Weise zugreifen möchte. Dies könnte bei der Union **doppelt** der Fall sein. Hier kann man mit Hilfe der Komponente **zeichen** auf die einzelnen Bytes der Komponente **zahl** zugreifen. Diese Anwendung kann zum Beispiel bei Typumwandlungen eingesetzt werden.

(2) Wenn man in einer Struktur einen Bereich hat, der für verschiedene Aufgaben dienen soll. Sollen beispielsweise in einer Struktur Mitarbeiterdaten gespeichert werden, so kann es sein, daß für den einen Angaben zum Stundenlohn in der Struktur vorhanden sein

sollen, während der andere Speicherplatz für ein Monatsgehalt und der dritte noch zusätzlich Angaben über Provisionen benötigt. Damit man nun nicht alle Varianten in die Struktur einbauen muß, wobei jeweils zwei unbenutzt blieben, definiert man einen Speicherbereich, in dem die jeweils benötigten Informationen abgelegt werden.

Ein Beispiel für die Anwendung von Unions und Strukturen zeigen die folgenden Deklarationen, bei denen die Union REGS aus den Strukturen WORDREGS und BYTEREGS besteht:

```
struct WORDREGS
{
  unsigned int ax, bx, cx, dx, si, di, cflag, flags;
};

struct BYTEREGS
{
  unsigned char al, ah, bl, bh, cl, ch, dl, dh;
};

union REGS
{
  struct  WORDREGS x;
  struct  BYTEREGS h;
};
```

Diese Deklarationen sind der include-Datei **dos.h** entnommen. Die Verwendung der Union REGS haben Sie in Kapitel 12 kennengelernt.

13.4 Typedef verwenden

Das Schlüsselwort **typedef** definiert neue Namen für bestehende Datentypen. Typdef erlaubt eine kürzere Schreibweise bei aufwendigen Deklarationen und kann den Datentypen auf Wunsch aussagekräftigere Namen geben. Die Syntax für die Definition eines neuen Datentyp-Spezifizierers sieht wie folgt aus:

typedef unsigned short KURZ;

In diesem Beispiel wird der Name KURZ für den Standardtyp **unsigned short** festgelegt. Ist der Typ KURZ einmal definiert, kann er zur Definition von Variablen eingesetzt werden, wie im folgenden Programmsegment dargestellt:

```
main()
{
KURZ var1=135;

  printf("%u",var1);
}
```

Die folgende Typdefinition ist der include-Datei **stdio.h** des Borland C/C++-Compilers entnommen. Sie deklariert gleichzeitig die Struktur des Variablentyps FILE.

```
typedef struct
{
  int             level;         /* fill/empty level of buffer */
  unsigned        flags;         /* File status flags          */
  char            fd;            /* File descriptor            */
  unsigned char   hold;          /* Ungetc char if no buffer   */
  int             bsize;         /* Buffer size                */
  unsigned char   _FAR *buffer;  /* Data transfer buffer       */
  unsigned char   _FAR *curp;    /* Current active pointer     */
  unsigned        istemp;        /* Temporary file indicator   */
  short           token;         /* Used for validity checking */
} FILE;                          /* This is the FILE object    */
```

Zur Verwendung des Typs **FILE** schlagen Sie bitte in Kapitel 11 nach.

13.5 Zusammenfassung

- Strukturen vereinfachen das Programmieren dadurch, daß sie zusammengehörende Daten unter einem Variablennamen zusammenfassen.
- Strukturmitglieder können nicht die Speicherklassen register, static oder void haben.
- Durch Zuweisung einer Struktur zu einer anderen können Arrays verdoppelt werden, was sonst nur mit der Funktion strcpy möglich ist.

- Strukturen können geschachtelt werden. Das heißt, in einer Struktur können wiederum andere Strukturen oder Unions erscheinen.
- Die Gesamtlänge einer Union ist gleich der Länge des größten Mitglieds dieser Union.
- Unions werden häufig eingesetzt, wenn innerhalb einer Struktur ein bestimmter Speicherbereich unterschiedliche Daten aufnehmen soll; diese Technik spart wertvollen Speicherplatz.

13.6 Übung

Aufgabe 54

Schreiben Sie ein Programm, das die Bücher einer Buchhandlung verwalten kann. Dazu benötigen Sie eine Struktur, die Inventarnummer, Titel, Preis, Mwst und Stückzahl für bis zu 100 Bücher speichern kann. Das Programm liest als erstes die Mehrwertsteuer ein und dann in einer Schleife die restlichen Daten aller Bücher.

14 FORTGESCHRITTENE TECHNIKEN

14.1 Dynamische Speicherverwaltung

Bevor wir uns die Möglichkeiten der dynamischen Speicherverwaltung in C ansehen, müssen zuerst einige Begriffe und Besonderheiten der Speicherverwaltung eines PC mit Intel-80x86-Prozessoren betrachtet werden. Die Prozessoren dieser Baureihe teilen sich den Arbeitsspeicher in feste Blöcke (sogenannte Segmente) ein. Die Größe eines Segmentes beträgt dabei 64 KB. Der Vorteil einer solchen Aufteilung ist, daß man jede Speicherstelle innerhalb eines Segments mit einer 16-Bit-Adresse (16 Bit ergeben 65536 mögliche Adressen) erreichen kann. Ein Nachteil tritt dann zutage, wenn man größere Speicherbereiche ansprechen will. In diesem Fall ist die Adressierung relativ umständlich und somit auch langsamer. Daher versucht der Compiler, die Programmaktivitäten möglichst in einem Segment zu halten. Sie als Programmierer können die grundlegende Aufteilung des Speichers durch Angabe eines bestimmen **Speichermodells** beeinflussen. Das Speichermodell legt fest, wie viele Segmente für Programmcode und wie viele für Daten benutzt werden sollen.
Die folgenden Speichermodelle werden von fast allen Compilern unterstützt:

Modell	**Code**	**Daten**	**Felder**
Tiny	<64K	<64K	<64K
Small	64K	64K	64K
Medium	beliebig	64K	64K
Compact	64K	beliebig	64K
Large	beliebig	beliebig	64K
Huge	beliebig	beliebig	beliebig

"Beliebig" bedeutet in der obigen Tabelle natürlich: innerhalb der Grenzen des Hauptspeichers.
Bei allen Speichermodellen (mit Ausnahme des Tiny-Modells) werden Programmcode und Daten in jeweils eigenen Segmenten abgelegt. So werden für das **Small**-Speichermodell 64 KB für den Programmcode und 64 KB für die Daten bereitgestellt, während im **Tiny**-Modell Code und Daten zusammen nur 64 KB belegen können. Welches der Modelle Sie wählen, hängt ganz von der Anwendung ab, die Sie realisieren wollen. Beachten Sie dabei, daß kleinere Speichermodelle in der Regel auch schnellere Programme ergeben. Zusätzliche Informationen zu diesem Thema finden Sie in Kapitel 17.2 (Installation und Bedienung).

Speicher anfordern

Es gibt viele Fälle, in denen ein Programm größere Felder benötigt. Sei es, daß ein Programm möglichst viele Adreßinformationen einer Kundendatei im Hauptspeicher halten soll oder ein Texteditor so viele Textzeilen wie möglich bearbeiten kann, ohne auf Platte/Diskette zugreifen zu müssen. Für all diese Aufgabenstellungen wäre es sehr ungünstig, mit einem statischen Feld zu arbeiten. (Unter einem statischen Feld verstehen wir hier ein Feld, dessen Größe bereits bei der Programmerstellung festgelegt wird.) Die Methode hat den Nachteil, daß man nie weiß, auf welchem System das Programm laufen soll, bzw. wieviel Speicher wirklich zur Verfügung steht. Wählt man das Feld zu groß, kann das Programm nicht starten. Wählt man es zu klein, verschwendet man Platz. Das gleiche Problem tritt auf, wenn in einem Programm zu unterschiedlichen Zeiten unterschiedliche Felder benötigt werden, die zwar einzeln in den Speicher passen würden, die zusammen jedoch zu groß sind. Für diese Problemstellung bietet C mehrere Funktionen.
Dazu zählen:

malloc	Reserviert Speicher einer bestimmten Größe
calloc	Reserviert Speicher für ein Feld und initialisiert diesen Bereich
realloc	Erweitert einen reservierten Speicherbereich
free	Gibt den Speicherbereich frei, der mit einer der obigen Funktionen reserviert wurde

Die Funktionen **malloc**, **calloc** und **realloc** versuchen, den angeforderten Speicher bereitzustellen und liefern einen Pointer auf diesen Bereich zurück. Konnte die Speicheranforderung nicht erfüllt werden, wird ein NULL-Pointer zurückgeliefert. Die Funktion **free** erhält als Argument einen so definierten Pointer und gibt den zugehörigen Speicherbereich wieder frei.
Das folgende Programm demonstriert die Reservierung von Speicher durch die Funktion **malloc** und die Freigabe dieses Speichers durch **free**.

```
/* prg14_1.c */
        #include <stdlib.h>
        #include <stdio.h>
/* 4*/
        #define MAX_ZAHL 100
/* 6*/
/* 7*/ void main()
/* 8*/ {
/* 9*/ double *zahl,*hilf;
/*10*/ int x;
/*11*/
/*12*/   zahl=(double *) malloc(MAX_ZAHL * sizeof(double));
/*13*/   hilf=zahl;
/*14*/   if(zahl==NULL)
/*15*/   {
/*16*/     printf("\nNicht genügend Speicher!");
/*17*/     exit(1);
/*18*/   }
/*19*/   else
/*20*/   {
/*21*/     printf("\nSpeicherplatz für %i double-Variablen
                   reserviert!\n",MAX_ZAHL);
/*22*/
/*23*/     for(x=0; x<MAX_ZAHL; x++)      /* Speicherbereich füllen */
/*24*/     {
/*25*/       *hilf++=4711.0+x;
/*26*/     }
/*27*/
/*28*/     for(x=0; x<MAX_ZAHL; x++)      /* Speicherbereich wieder
                                             auslesen */
/*29*/     {
/*30*/       printf("%lf ",zahl[x]);
/*31*/     }
/*32*/
/*33*/     free(zahl);
/*34*/     printf("\nSpeicherplatz wieder freigegeben!\n");
/*35*/   }
/*36*/ }
```

Zeile 12: In dieser Zeile erfolgt die eigentliche Speicherreservierung. Die Funktion **malloc** erhält als Parameter die gewünschte Anzahl von Bytes, die reserviert werden soll. Die Verwendung von **sizeof** bei der Ermittlung der Anzahl Bytes ist sehr zu empfehlen, da so sicherge-

stellt ist, daß kein maschinenabhängiger Code erzeugt wird (Sie erinnern sich, daß beispielsweise int auf verschiedenen Maschinen unterschiedlich groß sein kann). Das Besondere an malloc ist, daß diese Funktion einen Pointer vom Typ **void** zurückliefert. Bei älteren Compilern wird ein Pointer vom Typ **char** geliefert, was jedoch für die folgenden Erklärungen keine Auswirkung hat. Das heißt nichts anderes, als daß der Pointertyp noch nicht festgelegt ist. Mit Hilfe eines casts (im Beispiel **double***), kann der Pointer dann in den benötigten Typ umgewandelt werden. Nach erfolgreicher Reservierung zeigt der Pointer **zahl** auf den Anfang des reservierten Speicherbereichs.
Der Speicherbereich ist jetzt reserviert, doch wie bekomme ich das Feld dort "hinein"? Sehen Sie sich dazu

Zeile 23–26 an: Diese Schleife weist dem reservierten Speicherbereich die hundert Werte zu. Dabei machen wir uns zunutze, daß man mit Pointern (hilf) rechnen kann. Obwohl immer nur der Wert Eins addiert wird, zeigt der Pointer nach jeder Addition acht Speicherstellen weiter, da er als double-Pointer deklariert wurde und double eben 8 Bytes belegt. Hätten wir eine int Variable verwendet, wären bei jeder Addition zwei hinzugekommen. Die Definition der Hilfsvariablen hilf in Zeile 13 ist nötig, weil wir den ursprünglichen Pointer nicht verändern dürfen, da er sonst an die völlig falsche Stelle zeigt. Das hätte zum Beispiel bei der Ausgabe der Daten in Zeile 30 unerwünschte Folgen.

Zeile 25: Die Schreibweise ***hilf++** bedeutet, daß der Speicherstelle, auf die der Pointer **hilf** zeigt, ein Wert zugewiesen werden soll. Anschließend wird der Pointer erhöht, damit er auf den nächsten Platz zeigt. Da es sich um einen Pointer auf eine double-Variable handelt, wird der Zeiger um acht erhöht und zeigt somit auf den nächsten freien Platz.

Zeile 30: In dieser Zeile werden die einzelnen Werte des reservierten Speicherbereichs wieder ausgelesen. Dieses Beispiel verdeutlicht nochmals (siehe auch Kapitel 10.5), daß man auf ein Feld wahlweise mit einem Pointer oder mit einem Index zugreifen kann.

Zeile 33: Die Funktion **free** gibt Speicherbereich wieder frei, der zuvor mit malloc, calloc oder realloc reserviert wurde. Verwenden Sie

free mit Vorsicht! Wenn Sie diese Funktion mit einem falschen Pointer aufrufen, kann das Fehler in der Speicherverwaltung hervorrufen.

Als Alternative zur Funktion **malloc** kann die Funktion **calloc** verwendet werden. Sie wird etwas anders aufgerufen, hat ansonsten jedoch die gleiche Wirkung. Die Zeile 12 des Programms prg14_1.c kann auch wie folgt geschrieben werden:

zahl=(double *) calloc(100,sizeof(double));

Beim Aufruf erhält calloc als ersten Parameter die Anzahl der Felder und als zweiten die Größe eines jeden Elements mitgegeben. Bei erfolgreicher Ausführung wird ein Pointer auf das erste Element des Arrays zurückgegeben; außerdem ist dieses Feld bereits mit 0 initialisiert.

Mehr Speicher anfordern

Wird während der Programmausführung festgestellt, daß das verwendete Feld nicht groß genug ist, kann es mit der Funktion **realloc** vergrößert werden. Mit realloc kann der Speicherplatz natürlich auch verkleinert werden. Allerdings gehen dabei die Daten verloren, die im oberen, nun nicht mehr zur Verfügung stehenden Bereich liegen.

```
/* prg14_2.c */
        #include <stdlib.h>
        #include <stdio.h>
/* 4*/
/* 5*/ void main()
/* 6*/ {
/* 7*/ double *zahl;
/* 8*/ int x;
/* 9*/
/*10*/   zahl=(double *) calloc(100 , sizeof(double));
/*11*/
/*12*/   if(zahl==NULL)
/*13*/
/*14*/   {
/*15*/     printf("\nNicht genügend Speicher!");
/*16*/     exit(1);
/*17*/   }
/*18*/   else
/*19*/   {
/*20*/     printf("\nSpeicherplatz für 100 double-Variablen
                reserviert!\n");
/*21*/
/*22*/     zahl=(double *) realloc(zahl ,125);
/*23*/
/*24*/     if(zahl==NULL)
/*25*/     {
/*26*/       printf("\nNicht genügend Speicher!");
/*27*/       exit(1);
/*28*/     }
```

```
/*29*/        else
/*30*/        {
/*31*/          printf("\nSpeicherplatz auf 125 Variable vergrößert!\n");
/*32*/        }
/*33*/
/*34*/        free(zahl);
/*35*/        printf("\nSpeicherplatz wieder freigegeben!\n");
/*36*/     }
/*37*/ }
```

Das obige Programm demonstriert den Einsatz der Funktionen **calloc** und **realloc**.
Bei realloc ist folgendes zu beachten: Die Funktion versucht, bei Vergrößerung des Feldes den zusätzlichen Speicherbereich direkt hinter dem bestehenden Bereich zu reservieren. Gelingt dies nicht, sucht realloc an irgendeiner Stelle im Speicher einen Bereich, der groß genug ist. Wird etwas Passendes gefunden, wird dieser Bereich reserviert, und die Daten aus dem ursprünglichen Bereich werden hineinkopiert. Der ursprüngliche Bereich wird anschließend freigegeben. Als Rückgabewert wird in diesem Fall der neue Pointer geliefert. War keine Verschiebung nötig, kommt der alte Pointer zurück.
Was geschieht, wenn nicht genügend Platz vorhanden ist? In diesem Fall wird ein NULL-Pointer zurückgeliefert, und das heißt nichts anderes, als daß die Werte des alten Arrays verloren sind! Verwenden Sie diese Funktion also mit Vorsicht.

14.2 Programme starten

Häufig ergibt sich in einem Programm die Notwendigkeit, ein weiteres Programm zu starten oder Befehle des Betriebssystems aufzurufen. So bieten beispielsweise die Editoren, mit denen Sie Ihre Programme entwickeln, fast alle den Befehl "DOS Shell" oder ähnlich lautende Kommandos, um auf Betriebssystemebene zurückzukehren.

Betriebssystembefehle aufrufen
Um Befehle des Betriebssystems aufrufen zu können, benutzt C die Funktion **system**. Diese Funktion kann nicht nur auf DOS-Rechnern, sondern auch unter UNIX benutzt werden. Mit **system** kann man jeden Befehl an das Betriebssystem weiterleiten, den man auch auf der

Kommandozeilenebene eingeben kann. Die Verwendung der Funktion finden Sie im Programm prg14_3.c an einem Beispiel verdeutlicht.

```
/* prg14_3.c */
        #include <stdlib.h>
        #include <stdio.h>
        #include <errno.h>
/* 5*/
/* 6*/ void main()
/* 7*/ {
/* 8*/ int resultat;
/* 9*/
/*10*/   resultat = system("dir \\ > dirlist.txt");
/*11*/
/*12*/   if (resultat == -1)
/*13*/   {
/*14*/     switch (errno)
/*15*/     {
/*16*/       case E2BIG:
/*17*/         printf("\nArgumentliste zu lang!");
/*18*/         break;
/*19*/       case ENOENT:
/*20*/         printf("\ncommand.com nicht gefunden!");
/*21*/         break;
/*22*/       case ENOEXEC:
/*23*/         printf("\ncommand.com ungültig. Kann nicht ausgeführt
                       werden!");
/*24*/         break;
/*25*/       case ENOMEM:
/*26*/         printf("\nNicht genügend Speicher!");
/*27*/         break;
/*28*/       default:
/*29*/         printf("\nFehler beim Aufruf von \"system\"!");
/*30*/     }
/*31*/     exit(1);
/*32*/   }
/*33*/ }
/*34*/
```

Sollten Sie das obige Programm aus Ihrer Entwicklungsumgebung wegen Speichermangels nicht gestartet bekommen, so beenden Sie den Editor und starten es von der DOS-Ebene.

Zeile 10: Der auszuführende Befehl wird in Anführungszeichen gesetzt. Wenn der Befehl erfolgreich abgesetzt wurde, liefert **system** 0 als Rückgabewert. Ein Rückgabewert von −1 zeigt einen Fehler an. In unserem Beispiel wird das Inhaltsverzeichnis des Stammverzeichnisses abgerufen und in eine Datei namens dirlist.txt umgelenkt. Bitte beachten Sie, daß der Backslash (\) doppelt eingegeben werden muß (\\), da er sonst als Beginn einer Escapesequenz interpretiert würde!

Zeile 14: Bei dem Ausdruck **errno** in der switch-Anweisung handelt es sich um eine Variable, die anscheinend nicht deklariert wurde. Die Deklaration erfolgt jedoch in der Header-Datei **stdlib.h**. Tritt bei Ausführung der Funktion **system** ein Fehler auf, so wird diese Variable auf einen numerischen Fehlerwert (7,19,22 etc.) gesetzt.

Zeile 15–30: Jeder dieser numerischen Werte der Variablen **errno** steht für einen bestimmten Fehlerfall. Das kann zum Beispiel nicht genügend Speicherplatz oder eine fehlerhafte Argumentliste sein. Damit man nun bei der Fehlerbehandlung nicht diese nichtssagenden Zahlen verwenden muß, sind in der Header-Datei **errno.h** Konstante für diese Zahlenwerte definiert. Die Konstanten (E2BIG, ENOMEM etc.) werden mit Hilfe des Preprozessorbefehls **#define** festgelegt. Ihre Verwendung hat nicht nur den Vorteil, daß sie leichter zu merken sind als bloße Zahlen. Ein weiterer Vorteil liegt darin, daß die Zahlenwerte von Compiler zu Compiler unterschiedlich sein können; da jedoch symbolische Konstanten im Programm benutzt werden, kann das Programm mit jedem Compiler korrekt laufen.
Statt der hier vorgestellten Methode, die Fehlermeldungen auszugeben, kann u. a. auch die Funktion **perror** eingesetzt werden. Wird sie benutzt, werden dann allerdings nur die englischen Fehlermeldungen angezeigt.

Andere Programme starten

Um Programme starten zu können gibt es auf MS-DOS-Rechnern noch zwei weitere Befehlsgruppen neben der Funktion **system**. Es sind dies die **spawn...**- und **exec...** -Familien. Sie ermöglichen eine größere Kontrolle über die Art und Weise der Programmausführung. Die Funktionen spawn... und exec... unterscheiden sich nur dadurch, daß bei spawn das aufrufende Programm im Speicher bleibt und nach Ende des aufgerufenen Programms wieder die Kontrolle übernimmt, während bei exec das neue Programm das aufrufende überlagert und nach Beendung auf Betriebssystemebene zurückkehrt. Da die spawn-Funktion durch einen Parameter dazu gebracht werden kann, sich wie exec zu verhalten, werden wir an dieser Stelle nur spawn besprechen.
Bei fehlerfreier Ausführung liefert spawn... den Rückgabewert des aufgerufenen Programms. Konnte der **Child**-Prozeß aus irgendeinem Grund nicht gestartet werden, gibt spawn −1 zurück.
Die folgende Liste enthält alle Varianten der spawn-Funktion. Bitte

beachten Sie, daß diese Funktionen bei Microsoft C/C++ (ab Version 7.0) mit einem Unterstrich (_) beginnen (_spawnl, _execvpe etc.)! Die ersten vier Formen verwenden Sie, wenn die Anzahl der Kommandozeilenparameter im voraus bekannt ist:

```
int spawnl(int mode, char *path, char *arg0, ..., NULL);
int spawnlp(int mode, char *path, char *arg0, ..., NULL);
int spawnle(int mode, char *path, char *arg0, ..., NULL,
   char *envp[]);
int spawnlpe(int mode, char *path, char *arg0, ..., NULL,
   char *envp[]);
```

Die folgenden Funktionen benutzen Sie, wenn Sie die Anzahl der Kommandozeilen-Parameter im voraus nicht kennen:

```
int spawnv(int mode, char *path, char *argv[]);
int spawnvp(int mode, char *path, char *argv[]);
int spawnve(int mode, char *path, char *argv[], char *envp[]);
int spawnvpe(int mode, char *path, char *argv[], char *envp[]);
```

Die Buchstaben am Ende des Namens **spawn** unterscheiden die Varianten:

Zeichen	Bedeutung
p	sucht laut der PATH-Angabe nach dem Child-Prozeß
l	spawn übergibt eine feste Liste mit Argumenten
v	spawn übergibt eine variable Liste mit Argumenten
e	spawn übergibt einen Zeiger auf envp. Hierdurch kann das Environment des Child-Prozesses geändert werden.

Für den **mode** kann entweder die Konstante P_OVERLAY oder P_WAIT angegeben werden. P_WAIT sorgt dafür, daß das aufrufende Programm im Speicher bleibt, während P_OVERLAY das aufrufende Programm zerstört und somit die gleiche Wirkung wie **exec** hat. Bitte beachten Sie, daß in Microsoft C/C++ die Konstanten mit einem Unterstrich (_) beginnen (_P_WAIT, _P_OVERLAY)!
Das Programm prg14_4.c verdeutlicht die prinzipielle Arbeitsweise der Funktion **spawn**. Neben der Funktion spawn wird auch ein Beispiel für die Anwendung der Preprozessor-Direktiven **#define**, **#if**, **#else** und **#endif** gegeben.

```
/* prg14_4.c */
        #include <stdlib.h>
        #include <stdio.h>
        #include <process.h>
/* 5*/
        #define MSC 0
/* 7*/
/* 8*/ int main()
/* 9*/ {
/*10*/ int res;
/*11*/
/*12*/           #if MSC
/*13*/     res = _spawnl(_P_WAIT,"\\dos\\edlin.exe","\\dos\\edlin.exe",
/*14*/                    "\\autoexec.bat", NULL );
/*15*/           #else
/*16*/     res = spawnl(P_WAIT,"\\dos\\edlin.exe","\\dos\\edlin.exe",
/*17*/                    "\\autoexec.bat", NULL );
/*18*/           #endif
/*18*/
/*19*/     if(res == -1)
/*20*/     {
/*21*/       printf( "Prozeß konnte nicht gestartet werden!" );
/*22*/     }
/*23*/     else
/*24*/     {
/*25*/       printf( "\nspawnl beendet!" );
/*26*/     }
/*27*/     exit(res);
/*28*/ }
```

Dieses Programm zeigt Ihnen u. a., wie man auf Unterschiede bei den Compilern oder in den Programmumgebungen reagieren kann.

Zeile 6: In dieser Zeile wird eine Konstante mit dem willkürlichen Namen "MSC" definiert. Diese Konstante wird weiter hinten im Programm als Schalter benutzt, damit der Compiler verschiedene Programmsequenzen – je nach eingesetztem Compiler – übersetzt. Da in C bei einem Vergleich der Wert Null als **falsch** und alle anderen Werte (und somit natürlich auch die Eins) als **wahr** interpretiert werden, können wir an dieser Stelle "MSC" mit dem Wahrheitswert 0 oder 1 vorbelegen.

Zeile 12: Diese Anweisung an den Preprozessor besagt, daß er den folgenden Block von Anweisungen bearbeiten soll, wenn der Wert von "MSC" wahr ist – das heißt, wenn "MSC" einen Wert ungleich Null hat. Da wir in Zeile 6 "MSC" mit 1 belegt haben, wird bei der Compilierung nur der Codeblock zwischen #if und #else berücksichtigt. Soll der Block zwischen #else und #endif compiliert werden,

setzt man "MSC" auf Null. Auf diese Weise kann man ein Programm schreiben, das auch auf Besonderheiten der unterschiedlichen Compiler Rücksicht nimmt, ohne daß man das ganze Programm neu schreiben muß.
Diese Art der bedingten Übersetzung von Quelltext kann auch für andere Fälle genutzt werden. So läßt sich durch diese Methode auch einfach eine Demoversion eines Programms herstellen, bei der zum Beispiel einige Programmroutinen gar nicht übersetzt würden (siehe auch Kapitel 17.3).

Zeile 13 + 16: Beim Aufruf von spawnl wird der **mode** P_WAIT übergeben. Das heißt, daß dieses Programm (prg14_4) im Speicher bleibt, während das Child-Programm (edlin.exe) geladen und gestartet wird. Edlin wiederum erhält **autoexec.bat** als Parameter und lädt seinerseits diese Datei zum Bearbeiten. Die Angabe "\\dos\\edlin.exe" wird wiederholt, da unter MS-DOS der erste Programmparameter (char *arg0) standardmäßig der Name des Programms ist (siehe auch Kapitel 11.5). Geben Sie als erstes Argument einen anderen Wert ein, erzeugt das allerdings auch keinen Fehler. Abgeschlossen wird die Liste der Parameter mit **NULL**.
Das folgende Programm (prg14_5.c) demonstriert die Übergabe eines eigenen Environments für den Child-Prozeß.

```
/* prg14_5.c */
      #include <stdlib.h>
      #include <stdio.h>
      #include <process.h>
/* 5*/
      #define MSC 0
/* 7*/
/* 8*/ char *environment[]=
/* 9*/ {
/*10*/   "TEMP=D:",
/*11*/   "PATH=C:\\WIN31;C:\\APPS\\UTIL",
/*12*/   "CHILD=WAHR",
/*13*/   NULL
/*14*/ };
/*15*/
/*16*/ int main()
/*17*/ {
/*18*/ int res;
/*19*/
/*20*/     printf("\nEXIT für Rückkehr in das aufrufende Programm!");
/*21*/
/*22*/        #if MSC
/*23*/   res = _spawnle(_P_WAIT,"\\command.com","\\command.com",
/*24*/                  NULL, environment );
```

```
/*25*/      #else
/*26*/   res = spawnle(P_WAIT,"\\command.com","\\command.com",
/*27*/                   NULL, environment );
/*28*/      #endif
/*29*/
/*30*/   if(res == -1)
/*31*/   {
/*32*/     printf( "Prozeß konnte nicht gestartet werden!" );
/*33*/   }
/*34*/   else
/*35*/   {
/*36*/     printf( "\nspawnle beendet!" );
/*37*/   }
/*38*/   exit(res);
/*39*/ }
```

Die Arbeitsweise von spawnle entspricht der von spawnl, mit der Ausnahme, daß hinter der Argumentliste noch ein Zeiger auf ein neues Environment für den Child-Prozeß folgt.

Zeile 8–14: Beachten Sie, daß auch bei der Environmentangabe der Backslash (\) doppelt (\\) eingegeben werden muß. Das Ende der Liste wird durch NULL (ohne Anführungszeichen) markiert.

14.3 Compilieren und Linken

Wie Sie bereits in der Einführung zu diesem Buch erfahren haben, erfolgt die Erstellung eines ausführbaren Programms in zwei Schritten, dem Compilieren und dem Linken. Der eigentliche Compiler erzeugt eine Objektdatei mit den Funktionsaufrufen. Der Linker liest dieses Objektdatei und bindet alle benötigten Funktionen aus den Bibliotheken dazu. Dieser Vorgang wird auch "Auflösen externer Referenzen" genannt. Aus welchen Libraries er die Funktionen nehmen soll, erfährt der Linker dadurch, daß der Compiler den Namen der Bibliothek in das Objekt-File geschrieben hat. Soll er dennoch andere Bibliotheken zuerst nach den erforderlichen Funktionen durchsuchen, so kann man ihm dies beim Aufruf durch entsprechende Angaben mitteilen.

Das Dazubinden von **Funktionen** ist jedoch nur eine der beiden Aufgaben des Linkers. Seine zweite Aufgabe besteht darin, bei Bedarf ein Programm aus mehreren einzelnen **Objektdateien** zusammenzusetzen. Von dieser Möglichkeit haben wir bisher bei unseren Beispielprogrammen keinen Gebrauch gemacht, da sie zu klein waren, als daß

sich der Aufwand gelohnt hätte. Bei größeren Projekten ist es jedoch allein aus Zeitgründen von Vorteil, wenn man nur jeweils einen kleinen Teil des Programms neu compilieren muß.
An dieser Stelle sei darauf hingewiesen, daß man Funktionen nicht nur in separaten Objektdateien ablegen kann. Es ist auch möglich, bestehende Bibliotheken zu verändern bzw. eigene Bibliotheken aufzubauen. Das Hilfsprogramm, mit dem man die Libraries verwalten kann, ist ein sogenannter Library-Manager. Bei Borland heißt er beispielsweise TLIB, bei Microsoft LIB. Zur Bedienung der Library-Manager lesen Sie bitte in den Handbüchern oder der Online-Hilfe nach.
Die beiden folgenden Beispiele zeigen, wie Programme aufgebaut werden, wenn sie aus mehreren Einzelteilen bestehen. Als erstes fällt auf, daß prg14_6b.c keine main-Funktion hat. Das ist allerdings verständlich, wenn man weiß, daß in einem ausführbaren Programm **main** nur einmal vorkommen darf. Die zweite Besonderheit in diesem Programm ist die Verwendung des Schlüsselwortes **extern** bei der Deklaration der Variablen wert (siehe auch Kapitel 9.4). In einem Programm kann eine globale Variable nur einmal deklariert werden. Da der Compiler jedoch in jedem Programm, in dem die Variable verwendet wird, diese auch kennen muß, teilt man ihm mit dem Schlüsselwort **extern** mit, daß die Deklaration in einem anderen Modul stattgefunden hat.

```
/* prg14_6a.c */
        #include <stdio.h>
/* 3*/
/* 4*/ void anzeigen();
/* 5*/
/* 6*/ int wert;
/* 7*/
/* 8*/ main()
/* 9*/ {
/*10*/   wert=4711;
/*11*/   anzeigen();
/*12*/ }
```

```
/* prg14_6b.c */
        #include <stdio.h>
/* 3*/
/* 4*/ extern wert;
/* 5*/
/* 6*/ void anzeigen()
/* 7*/ {
/* 8*/   printf("%i",wert);
/* 9*/ }
```

Zur Erzeugung eines lauffähigen Programms geht man nun folgendermaßen vor:

1. Separates Compilieren jedes einzelnen Moduls.
2. Linken aller zugehörigen Objektdateien:

   link prg14_6a+prg14_6b;

Dem Linker wird hier mitgeteilt (am Beispiel des MS-Linkers), aus welchen Modulen das Programm besteht (prg14_6a.obj und prg14_6b.obj). Die Endung **obj** braucht nicht angegeben zu werden, da der Linker von sich aus diese Endung annimmt. Das Semikolon (;) am Ende der Zeile bewirkt, daß der Linker sofort und ohne weitere Nachfragen mit dem Zusammenbinden der Dateien beginnt. Das ausführbare Programm hat anschließend den Namen prg14_6a.exe bzw. prg14_6a.com, da standardmäßig der Name des ersten Objekt-Files als Name des ausführbaren Programms genommen wird. (Zum Aufruf des Compilers siehe auch Kapitel 15.6).

15 MS-WINDOWS UND C

Die Programmiersprache C hat ihre steigende Popularität unter anderem auch WINDOWS zu verdanken. Große Teile dieser grafischen Benutzeroberfläche sind vollständig in C geschrieben. Aber auch viele Anwendungsprogramme für WINDOWS sind in C formuliert worden. Wir beschreiben in diesem Kapitel, wie sich ein C-Programm für WINDOWS von einem für das Betriebssystem DOS unterscheidet. Die Details der C-Programmierung unter WINDOWS werden von uns in einem separaten Band dieser Reihe beschrieben. Das verwendete Beispiel können Sie nur dann ausprobieren, wenn Sie über die WINDOWS-Bibliotheken verfügen, die zum Beispiel mit C/C++ 7.0 oder Quick-C für WINDOWS geliefert werden. Diese Bibliotheken enthalten sowohl neue Funktionen für die Programmierung unter WINDOWS als auch Funktionen, die diejenigen der Standard-C-Bibliotheken ersetzen. Dies ist notwendig, damit Anwendungsprogramme die Arbeitsweise von WINDOWS übernehmen.

15.1 Was ist ein WINDOWS-Programm?

Was macht nun den wesentlichen Unterschied zwischen einem WINDOWS- und einem DOS-Programm aus? Nun, einfach ausgedrückt, sind WINDOWS-Programme nur Teile eines vollständigen C-Programms. Nur zusammen mit WINDOWS kann das Betriebssystem sie genauso wie ein "normales" C-Programm verarbeiten.
Im Kapitel 14.3 haben Sie kennengelernt, daß man ein Programm auch aus mehreren C-Dateien zusammensetzen kann, wobei die Funktion **main** natürlich nur in einer einzigen vorkommt. Während wir jedoch beide Dateien mit dem Linker fest miteinander verbunden haben, sind bei WINDOWS die Komponenten getrennt. Die Funk-

tion **main** befindet sich in WINDOWS. Zusätzlich enthält WINDOWS alle Funktionen für die Ein- und Ausgabe sowie das Speichermanagement. Die WINDOWS-Anwendungen enthalten nur die Funktionen, die die speziellen Aufgaben des Programms übernehmen. Da solche Programme gegenüber dem Betriebssystem eine einzige Einheit bilden, können sie natürlich besonders gut zusammenarbeiten. Dies drückt sich unter anderem im Datenaustausch über die Zwischenablage und Drucken über den Druckmanager aus.

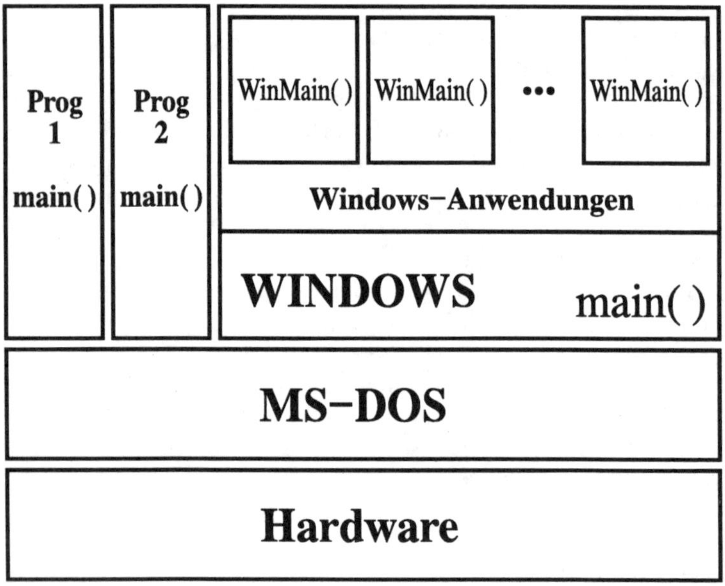

Das obige Bild verdeutlicht noch einmal den Vergleich zwischen DOS- und WINDOWS-Programmen.

15.2 Die Funktion WinMain

Jedes WINDOWS-Programm muß bestimmte Regeln einhalten, damit WINDOWS dieses korrekt aufrufen kann. Daher wird ein Ersatz für die Funktion **main** benötigt, die ja den Startpunkt eines Programms bestimmt. Die Startfunktion für WINDOWS-Programme lautet **WinMain**.

Sie ist folgendermaßen definiert:

int PASCAL WinMain(HANDLE hInstance, HANDLE hPrevInstance, LPSTR lpCmdLine, int nCmdShow)

Ähnlich wie ihre DOS-Schwester übernimmt sie Parameter mit festgelegten Datentypen von WINDOWS. Dies sind:

HANDLE hInstance (bedeutet: unsigned int hInstance)
HANDLE hPrevInstance (bedeutet: unsigned int hPrevInstance)

Durch diese vorzeichenlosen 16-Bit-Zahlen werden die vorherige und aktuelle Programmkopie im Arbeitsspeicher identifiziert, denn unter WINDOWS können bekanntlich mehrere Programme gleichzeitig arbeiten. Dabei kann es sich auch mehrmals um das gleiche Programm handeln. Eine Programmkopie wird auch als Instanz des Programms bezeichnet.

LPSTR lpCmdLine (bedeutet: char far lpCmdLine)

Diese Zeichenkette entspricht der Kommandozeile des Programmaufrufs. Im Gegensatz zur main-Funktion werden hier also nicht die einzelnen Kommandoparameter, sondern die komplette Zeile übergeben.

int nCmdShow

Diese vorzeichenbehaftete 16-Bit-Zahl legt fest, ob das Programm beispielsweise als Fenster, als Icon oder versteckt angezeigt werden soll.
Die Funktion WinMain muß mindestens folgende drei Aufgaben durchführen:

- Initialisierung des Programms (einmal beim ersten Programmstart)
- Initialisierung einer Instanz (einmal bei jedem Programmstart)
- Kommunikation mit WINDOWS (solange das Programm läuft)

15.3 WINDOWS-Meldungen

Die Kommunikation zwischen WINDOWS und seinen Anwendungen geschieht über sogenannte Meldungen, im englischen als **messages** bezeichnet. Dabei handelt es sich um Datenstrukturen mit

Informationen über das aktuelle Geschehen, wie Mausbewegungen, Tastaturanschlägen, Fensteraufrufen usw. Diese Strukturen werden durch die Funktion GetMessage abgerufen, können dann kontrolliert oder verarbeitet werden und werden anschließend durch DispatchMessage zurück an WINDOWS gegeben. Dieser Vorgang wird ständig wiederholt, bis das Programm beendet ist:

```
while (GetMessage(&msg,NULL,NULL,NULL))
        DispatchMessage(&msg);
```

Das folgende Bild zeigt den Ablauf der Meldungsübergabe:

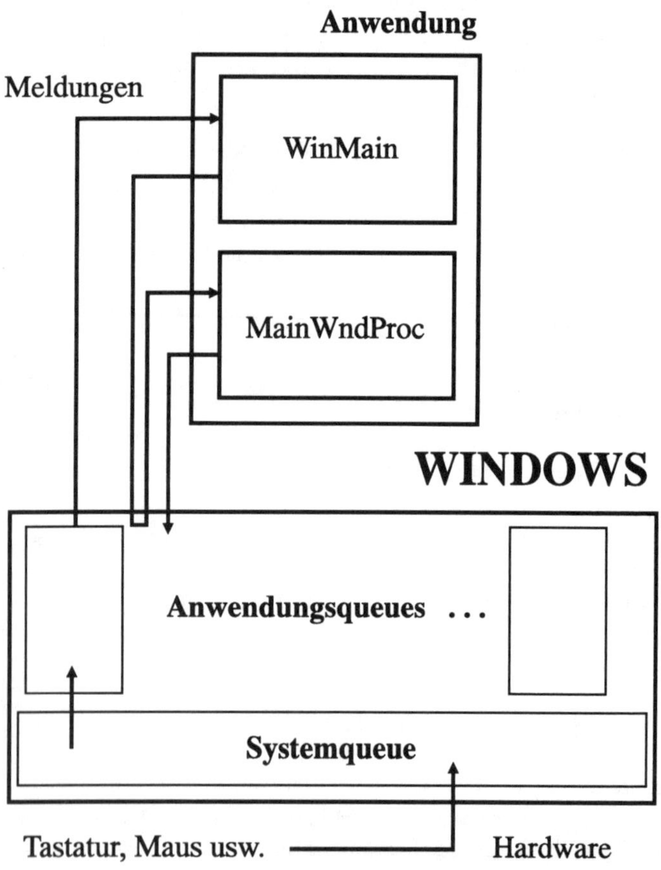

Tastaturanschläge, Mausbewegungen u.a. werden von WINDOWS in eine Warteschlange gesetzt, um nacheinander als Meldung verarbeitet zu werden. Jede Meldung wird in eine Warteschlange, auch **Queue** genannt, für das zugehörige Programm gestellt. Von hier werden sie von GetMessage abgeholt und anschließend von DispatchMessage zurückgegeben. WINDOWS leitet sie dann direkt an eine Funktion weiter, die für die Verarbeitung des entsprechenden Fensters zuständig ist.

15.4 Fensterfunktionen

WINDOWS-Programme basieren auf dem Fensterkonzept. Jede Anwendung besteht aus einem Anwendungsfenster, eventuell zusätzlichen Dokumentfenstern, Dialogboxen usw. Für jedes Fenster ist genau eine Funktion zuständig, die direkt von WINDOWS aufgerufen wird und Teile der Meldungsstruktur übergeben bekommt. Diese Funktion testet also die Meldung auf ihren Wert und muß dann

- auf die Meldung hin eine Verarbeitung durchführen oder
- die Meldung weitergeben an die Funktion DefWindowProc.

Damit die Fensterfunktion für das Anwendungsfenster korrekt arbeiten kann, muß eine sogenannte Fensterklasse definiert werden, für die sie zuständig ist. Jede Instanz hat ja ein solches Fenster, weshalb man also von einer **Klasse** spricht. Definiert wird eine Fensterklasse durch die Funktion RegisterClass. Dies braucht nur ein einziges Mal zu geschehen, also bei der Initialisierung der Anwendung bzw. der ersten Instanz. Die Funktion RegisterClass ist folgendermaßen definiert:

```
BOOL RegisterClass(lpWndClass)
```

Der Parameter ist ein long-Pointer auf eine Datenstruktur mit allen notwendigen Angaben.
Zusätzlich muß das Fenster erzeugt werden. Dies geschieht einmal für jeden Programmstart, also bei der Initialisierung einer jeden Instanz durch die Funktion CreateWindow.
Sie ist definiert als:

```
HWND CreateWindow (lpClass,lpTitle,dwStyle,X,Y,
nWidth,nHeight,hWndParent,hMenu,hInstance,lpParam)
```

Die Parameter haben folgende Bedeutung:

■ lpClass	Klassenbezeichnung aus RegisterClass()
■ lpTitle	Titeltext
■ dwStyle	Typ des Fensters
■ X,Y,nWidth,nHeigh	Lage und Maße des Fensters
■ hWndParent	NULL bei Anwendungsfenstern
■ hMenu	Name des Menus
■ hInstance	Nr. der zugehörigen Instanz
■ lpParam	wird bei Dokumentfenstern benutzt

Nachdem eine Fensterklasse definiert und das Fenster erzeugt wurde, muß es noch angezeigt werden. Dies übernimmt die Funktion ShowWindow. Sie erhält als Parameter die Angaben darüber, welches Fenster angezeigt werden soll, und die Anzeigeart.

BOOL ShowWindow(hWnd, nCmdShow)

15.5 Ein Minimalprogramm für WINDOWS

Das folgende Programm PRG15_1.C besteht aus den unbedingt notwendigen Anweisungen eines WINDOWS-Programms, die in den vorherigen Abschnitten erläutert worden sind.

Zeile 4: Jedes WINDOWS-Programm benutzt die Include-Datei **windows.h**, die u. a. die Definitionen der speziellen WINDOWS-Datentypen MSG, HWND, HANDLE usw. und die der Konstanten wie beispielsweise WM_DESTROY enthält.

Zeile 6+7: Hier sind die Prototypen der beiden Funktionen definiert.

Zeile 9: Hier startet das Programm mit der Funktion WinMain.

Zeile 11–13: Die lokalen Datenstrukturen msg und wc sowie der Handle hWnd für das Fenster werden definiert.

Zeile 14: Mit hPrevInstance wird geprüft, ob bereits eine Instanz läuft. Ist das nicht der Fall, so enthält hPrevInstance NULL, und die Anwendung muß initialisiert werden. Das heißt, alle Aufgaben, die nur ein einziges Mal ablaufen müssen, werden nun durchgeführt.

Zeile 16–25: Hier wird die Datenstruktur für den Aufruf der Funktion RegisterClass gefüllt, damit eine Fensterklasse definiert werden kann.

```
/*******************************************************************
    PROGRAMM PRG15_1.C
*******************************************************************/
#include "windows.h"
/* 5 */
/* 6 */int PASCAL WinMain(HANDLE, HANDLE, LPSTR, int);
/* 7 */long FAR PASCAL MainWndProc(HWND, unsigned, WORD, LONG);
/* 8 *//*==============WinMain===================================*/
/* 9 */int PASCAL WinMain (HANDLE hInstance, HANDLE hPrevInstance,
                          LPSTR lpCmdLine, int nCmdShow)
/*10 */{
/*11 */MSG   msg;
/*12 */HWND  hWnd;
/*13 */WNDCLASS  wc;
/*14 */  if (!hPrevInstance)
/*15 */  {
/*16 */    wc.style = NULL;
/*17 */    wc.lpfnWndProc = MainWndProc;
/*18 */    wc.cbClsExtra = 0;
/*19 */    wc.cbWndExtra = 0;
/*20 */    wc.hInstance = hInstance;
/*21 */    wc.hIcon = LoadIcon(NULL,IDI_APPLICATION);
/*22 */    wc.hCursor = LoadCursor(NULL, IDC_ARROW);
/*23 */    wc.hbrBackground = GetStockObject(WHITE_BRUSH);
/*24 */    wc.lpszMenuName =  NULL;
/*25 */    wc.lpszClassName = "Klasse1";
/*26 */    if (!RegisterClass(&wc)) return (FALSE);
/*27 */  }
/*28 */  hWnd = CreateWindow("Klasse1","Prg15_1",WS_OVERLAPPEDWINDOW,
/*29 */         CW_USEDEFAULT,CW_USEDEFAULT,CW_USEDEFAULT,
/*30 */         CW_USEDEFAULT,NULL,NULL,hInstance,NULL);
/*31 */  if (!hWnd) return (FALSE);
/*32 */  ShowWindow(hWnd, nCmdShow);
/*33 */  while (GetMessage(&msg,NULL,NULL,NULL)) DispatchMessage(&msg);
/*34 */  return (msg.wParam);
/*35 */}
/*36 *//*===============Ende WinMain==============================*/
/*37 *//*=============Fenster-Funktion===========================*/
/*38 */long FAR PASCAL MainWndProc(HWND hWnd, unsigned message, WORD
                                  wParam, LONG lParam)
/*39 */{
/*40 */  switch (message)
/*41 */  {
/*42 */    case WM_DESTROY:
/*43 */      PostQuitMessage(0);
/*44 */      break;
/*45 */    default:
/*46 */      return (DefWindowProc(hWnd, message, wParam, lParam));
/*47 */  }
/*48 */  return (NULL);
/*49 */}
```

Zeile 17: Hier wird die Fensterfunktion festgelegt!

Zeile 21–23: Hier werden Icon-, Cursorform und Fensterhintergrundfarbe festgelegt. Die Funktionen LoadIcon, LoadCursor und GetStockObject benutzen vordefinierte WINDOWS-Elemente.

Zeile 25: Hier steht der später zu verwendende Klassenname!

Zeile 26: Aufruf der Funktion RegisterClass und Abbruch, falls sie fehlschlägt.

Zeile 28–30: Das Fenster wird bei jeder Instanz erzeugt. Hier wird der Klassenname aus Zeile 25 verwendet!

Zeile 31: Falls sich das Fenster nicht erzeugen läßt, wird abgebrochen.

Zeile 32: Mit der Funktion ShowWindow wird das durch hWnd spezifizierte Fenster so angezeigt, wie der Parameter nCmdShow festlegt.

Zeile 33: In der Schleife werden die Meldungen abgerufen und zurückgegeben.

Zeile 34: Sorgt dafür, daß bei Programmende WINDOWS den Returncode von PostQuitMessage erhält, in unserem Fall 0.

Zeile 38: Hier beginnt die Fensterfunktion!

Zeile 40: Die case-Struktur zur Prüfung der Meldungen.

Zeile 42+43: Auf die Meldung WM_DESTROY wird mit PostQuitMessage das Programm beendet.

Zeile 45+46: Alle anderen Meldungen werden an eine WINDOWS-Standardroutine zur Verarbeitung gegeben.

15.6 Compilieren und Linken für WINDOWS

WINDOWS-Programme werden mit speziellen Compileroptionen umgewandelt. Für MS-C (cl.exe) sieht der Compilierbefehl folgendermaßen aus:

```
cl -c -AS -Gsw -Os -Zdp PRG15_1.C
```

Für andere Compiler sind ggf. entsprechende Schalter einzusetzen. Sie haben im einzelnen folgende Bedeutung:

–c nur **c**ompilieren, nicht linken
–AS Speichermodell **S**mall benutzen
–Gsw **S**tack-Tests entfernen, **W**indows-Prolog/-Epilog zufügen
–Os hinsichtlich Codegröße (**s**ize) optimieren
–Zdp **D**ebug-Informationen zufügen, Strukturen **p**acken

Für den Link-Vorgang wird eine zusätzliche Beschreibungsdatei benötigt, die den Programmnamen mit der Erweiterung DEF trägt. Die Beschreibungsdatei PRG15_1.DEF sieht folgendermaßen aus:

```
NAME    PRG15_1
EXETYPE WINDOWS
CODE PRELOAD MOVEABLE
DATA MOVEABLE MULTIPLE
HEAPSIZE 1024
STACKSIZE 5120
EXPORTS
        MainWndProc @1
```

Für andere Programme müssen lediglich der NAME und eventuell die Zeile unterhalb EXPORTS geändert bzw. ergänzt werden. EXPORTS listet alle Funktionen auf, die WINDOWS direkt aufrufen muß. Dies sind insbesondere alle Fensterfunktionen.
Der Linker wird folgendermaßen aufgerufen:

```
link /NOD PRG15_1,,,SLIBCEW LIBW,PRG15_1.def
```

Die Parameter stehen für:

`/NOD`
Nicht die Standardbibliotheken durchsuchen

`PRG15_1`
Objektdatei(en), die gelinkt werden sollen

...

2 Parameter (EXE- und MAP-Dateiname) nicht angegeben

`SLIBCEW LIBW`

zu durchsuchende Bibliotheken

`PRG15_1.DEF`

Beschreibungsdatei

Mit diesen Angaben wird dann ein Programm erzeugt, das vom WINDOWS-Programm-Manager über den Befehl Datei Ausführen gestartet werden kann. Das Aussehen dieses Programms zeigt die folgende Abbildung:

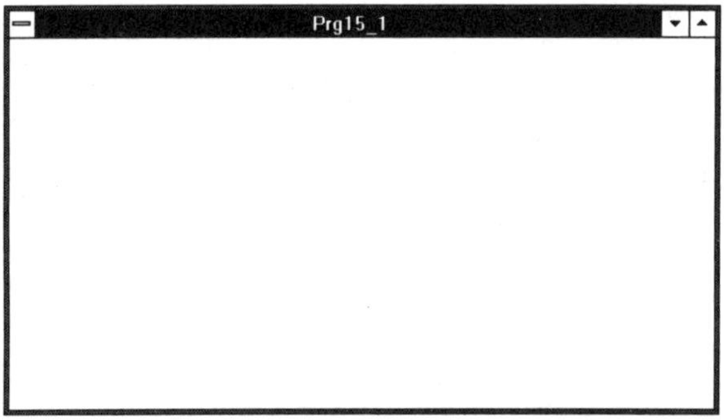

Wie es sich für ein Minimalprogramm gehört, kann man mit ihm nur die grundlegenden Aktionen wie Vergrößern, Verkleinern und Schließen durchführen. Wenn Sie das Programm starten, können Sie im übrigen die Meldung, daß das Programm für eine ältere WINDOWS-Version entwickelt sei, ignorieren.

15.7 Zusammenfassung

- Ein C-Programm für WINDOWS enthält statt der Funktion main die Funktion **WinMain**.
- Diese Funktion übernimmt die Definition der Fensterklassen, erzeugt Fenster und ruft in einer Schleife die WINDOWS-Meldungen ab.
- Für jede Fensterklasse werden Fensterfunktionen definiert, die die Meldungen entgegennehmen und verarbeiten. Die Meldung WM_DESTROY wird mit der Funktion PostQuitMessage(0) beantwortet. Sie beendet die Schleife in WinMain.
- Einige Standard-C-Funktionen, wie beispielsweise getc oder printf, dürfen nicht benutzt werden; Eingaben und Speicherverwaltung übernimmt WINDOWS.

16 C++ – EIN ÜBERBLICK

C++ ist eine Erweiterung der Sprache C. Daher können alle C-Programme (mit einigen unwesentlichen Ausnahmen) auch als C++-Programm laufen. C++ ist mit der Absicht entwickelt worden, die Ideen der objektorientierten Programmierung in C aufzunehmen. Das bedeutet damit auch, daß das meiste, was Sie bisher über C gelernt haben, auch für C++ gültig ist.
Möchte man den Unterschied zwischen C und C++ erläutern, muß man den Begriff **objektorientierte Programmierung** (OOP) näher betrachten. Die meisten herkömmlichen Programmiersprachen (C, FORTRAN, Pascal etc.) sind sogenannte **prozedurale** Sprachen. Bei ihnen unterscheidet man zwischen **Daten** und **Algorithmen**, wobei Algorithmen die Vorschriften sind, nach denen die Daten bearbeitet werden sollen (der Schwerpunkt liegt bei prozeduralen Sprachen auf den Algorithmen). Bei der objektorientierten Programmierung wird diese Trennung aufgehoben, der Schwerpunkt liegt hier sogar eher bei den Daten. Man versucht nicht mehr, ein Problem an die Sprache anzupassen, sondern man paßt die Sprache an das Problem an. Das Ziel dieser neuen Philosophie ist es, Programme zu erzeugen, deren Code wiederverwendbar, möglichst fehlerfrei und leicht zu warten ist.
Dieses Kapitel soll Ihnen einen Einstieg in C++ geben. Es kann keine umfassende Darstellung aller Eigenschaften und Besonderheiten dieser Sprache sein. Es sollte jedoch ausreichen, die grundlegenden Konzepte und Möglichkeiten der Sprache kennenzulernen. Sie können im übrigen davon ausgehen, daß das Erlernen von C++ genausoviel Anstrengung verlangt wie das Erlernen von C. Mit C++ müssen auch einige neue Begriffe wie zum Beispiel **Klasse** oder **Überladen** gelernt werden. Wir werden sie in den folgenden Abschnitten erläutern.

Änderungen C++ gegenüber C

Zu den oben angesprochenen kleinen Unterschieden zwischen C und C++, abgesehen von den neuen Eigenschaften wie z. B. Klassen Funktionsüberladung etc., gehören unter anderem die folgenden Punkte:

- Variablen können in C++ an beliebiger Stelle und nicht nur zu Beginn eines Blocks deklariert werden
- Variablennamen können in C++ beliebig lang sein und nicht nur 31 Zeichen wie in ANSI-C
- Zeichenkonstanten (z. B. 'A') sind vom Typ char und nicht vom Typ int wie in C

Wenn Sie auf diese Besonderheiten Rücksicht nehmen, werden Ihre C-Programme fast ausnahmslos auch als C++-Programme korrekt arbeiten.

Hinweis:
Die Beispiele in diesem Kapitel können Sie nur dann nachvollziehen, wenn Sie einen C++-Compiler besitzen, zum Beispiel Turbo C++, Borland C++ oder Microsoft C/C++).

16.1 Ein- und Ausgabe

Eine der augenfälligsten Erweiterungen der Sprache C++ ist die verbesserte Möglichkeit, Daten ein- und auszugeben. Das Programm prg16_1.cpp demonstriert einige der neuen Fähigkeiten. Dabei erledigt es die gleiche Aufgabe wie Programm prg1_1.c im ersten Kapitel. Bitte beachten Sie, daß C++-Programme normalerweise die Dateiendung **cpp** haben. Diese Endung ist nicht zwingend vorgeschrieben, sie erleichtert jedoch die Arbeit, da die meisten Compiler diese Extension erwarten.

```
// prg16_1.cpp
        #include <iostream.h>
/* 3*/
/* 4*/ int main(void)
/* 5*/ {
/* 6*/    cout << "\nDies ist ein erstes C++-Programm.\n\n";
/* 7*/    cout << "Wie Sie sehen, kann 'cout' ";
/* 8*/    cout << "nicht nur Texte drucken,\n";
/* 9*/    cout << "sondern auch rechnen.\n\n";
/*10*/    cout << "13 * 7 = " << 13 * 7 << "\n";
/*11*/ }
```

Zeile 1: Die erste Zeile enthält bereits eine Neuerung von C++, die neue Art, **Kommentare** einzugeben. Dazu dienen zwei Schrägstriche (//), die den Kommentar einleiten. Eine Endemarkierung wie bei "/*... */" ist nicht nötig, da der Kommentar nur bis zum Zeilenende geht. Der einzige Vorteil dieser Schreibweise ist die geringere Schreibarbeit.

Zeile 2: Die Datei **iostream.h** ist eine der neu hinzugekommenen Header-Dateien von C++. Sie enthält Definitionen, die benötigt werden, um z. B. **cout** verwenden zu können.

Zeile 6–10: Statt des bekannten **printf** (das in C++ auch funktioniert) wird hier das Objekt **cout** verwendet, um Daten auf dem Bildschirm auszugeben. Die Benutzung von cout ist einfach. Mit dem Einfügeoperator (<<) werden Zeichenketten, Zahlen oder Variablen nach cout geschickt, das seinerseits die Ausgabe auf dem Bildschirm besorgt. Wie Sie in Zeile 10 sehen, ist es sogar möglich, mehrere Einfügeoperatoren hintereinander zu setzen, um verschiedene Datentypen mit einem einzigen cout ausgeben zu lassen. Der Vorteil von cout gegenüber printf ist die weitaus größere Flexibilität von cout. Cout erkennt selbständig, um welchen Datentyp (Zeichenkette, String) es sich handelt. Die Formatanweisungen, die printf noch benötigte, sind somit überflüssig.

Wie Ihnen wahrscheinlich aufgefallen ist, hat der Einfügeoperator (<<) normalerweise die Bedeutung **Links-Shift-Operator.** Daß er dennoch beide Bedeutung haben kann, ist eine weitere Eigenschaft von C++. Es handelt sich hierbei um die sogenannte **Operatorüberladung**, die es ermöglicht, bestehenden Operatoren zusätzliche

Bedcutungen zuzuweisen. Welche der möglichen Bedeutungen jeweils gültig ist, wird aus dem Zusammenhang deutlich, in dem der Operator benutzt wird.

Eingabe von Daten

Genau wie mit printf kann auch mit cout dafür gesorgt werden, daß die Datenausgabe in einem bestimmten Format erfolgt. Wie C++ das im einzelnen macht, soll uns nicht interessieren, wir wollen die Formate nur benutzen. Außerdem lernen wir, wie in C++ Daten eingegeben werden können. Das Programm prg16_2.cpp erfüllt im übrigen die gleiche Aufgabe wie prg2_3.c im zweiten Kapitel.

```
// prg16_2.cpp
     #include <iostream.h>
/* 3*/
/* 4*/ int main(void)
/* 5*/ {
/* 6*/ float u_faktor,betrag;
/* 7*/   cout << "\n\t\tW ä h r u n g s r e c h n e n\n\n";
/* 8*/   cout << "\nBitte Umrechnungsfaktor eingeben :";
/* 9*/   cin >> u_faktor;
/*10*/   cout << "\nBitte DM-Betrag eingeben :";
/*11*/   cin >> betrag;
/*12*/   cout << "\n" << betrag << " DM entspricht "
/*13*/        << betrag*u_faktor << " in der Fremdwährung.";
/*14*/ }
```

Zeile 9: cin dient der Eingabe von Daten und erfüllt die gleiche Aufgabe wie **scanf**. Auch hier ist die Benutzung sehr einfach. Nach dem Schlüsselwort cin folgt der **Rechts-Shift-Operator (>>)**, der die Eingabe in die folgende Variable lenkt. Dabei erkennt cin selbständig, um welchen Variablentyp es sich handelt, und wandelt die Eingabe in das entsprechende Format um.

Zeile 12+13: Dieses Beispiel verdeutlicht, daß auf ein cout mehrere Ausgaben – sogar in mehreren Zeilen – folgen können.

16.2 Funktionsüberladung

Eine weitere sehr nützliche Eigenschaft von C++ ist die Möglichkeit der sogenannten **Funktionsüberladung**. Dieser Begriff besagt, daß es in einem Programm mehrere Funktionen mit gleichem Namen geben kann (ein ebenfalls gebräuchlicher Ausdruck für Funktionsüberladung ist Polymorphie). Wie Sie bisher gelernt haben, würde in C das Vorkommen von zwei oder mehr Funktionen mit gleichem Namen einen Fehler hervorrufen, da C nicht entscheiden kann, welche Funktion es nehmen soll. C++ ist an dieser Stelle intelligenter. Es untersucht nicht nur den Funktionsnamen, sondern auch die Argumentliste und kann so entscheiden, welche Funktion gemeint ist. Bei der Festlegung, welche Funktion genommen werden soll, ist die Art und Reihenfolge der Argumente entscheidend, nicht der Rückgabetyp der Funktion. Eine Anwendung dieser Eigenschaft finden Sie im Programm prg16_3.cpp.

```
// prg16_3.cpp
      #include <iostream.h>
/* 3*/
/* 4*/ int max(int, int);
/* 5*/ double max(double, double);
/* 6*/
/* 7*/ int max(int a, int b)
/* 8*/ {
/* 9*/   cout << "int max = ";
/*10*/   return  ((a > b) ? a : b);
/*11*/ }
/*12*/
/*13*/ double max(double a, double b)
/*14*/ {
/*15*/   cout << "double max = ";
/*16*/   return  (a > b) ? a : b;
/*17*/ }
/*18*/
/*19*/ int main(void)
/*20*/ {
/*21*/   cout << "\n";
/*22*/   cout << max(2,7) << "\n";
/*23*/   cout << max(3.7,5.7) << "\n";
/*24*/ }
```

Zeile 16: Diese Zeile zeigt Ihnen den Einsatz des sogenannten Bedingungsoperators (?...:). Dieser Operator dient dazu, eine if-Abfrage kürzer darzustellen. Vor das Fragezeichen (?) wird ein Ausdruck gesetzt und bewertet. Ist der Ausdruck wahr (im Beispiel also a größer b), ist der Wert des gesamten Ausdrucks gleich a. Ist er nicht wahr, wird der Ausdruck hinter dem Doppelpunkt (:) als Gesamtergebnis zurückgeliefert. Mit einer if-Abfrage würde die Zeile so aussehen:

```
if (a > b) return a;
else return b;
```

Das Programm prg16_3.cpp enthält zwei Funktionen mit dem Namen max. Die eine liefert den größten von zwei int-Werten zurück, die andere den größten von zwei double-Werten. Bei den Funktionsaufrufen in Zeile 22 und 23 sucht der Compiler, welche Funktion mit der vorgegebenen Argumentliste übereinstimmt. Für max(2,7) wird die Funktion int max(int,int) und für max(3.7,5.7) wird double max(double,double) benutzt.
So hilfreich die Möglichkeit der Funktionsüberladung sein kann, man sollte sie nicht zu häufig benutzen, da sie nicht unbedingt der Übersichtlichkeit dient.

16.3 Klassen

Ein zentraler Begriff bei der objektorientierten Programmierung ist die **Klasse**. Eine Klasse ist, vereinfacht gesprochen, eine Struktur (struct), in der nicht nur Daten abgelegt werden, sondern gleichzeitig auch die Funktionen, die auf diese Daten zugreifen. Die Definition entspricht daher ungefähr dem, was wir in Kapitel 13 über die Strukturen gelernt haben. Die Definition beginnt mit dem Schlüsselwort **class**, dem ein beliebiger Name für diese Klasse folgt. In den geschweiften Klammern werden die einzelnen Variablen aufgeführt, aus denen die Klasse bestehen soll. Als neues, zusätzliches Element folgen dann noch die Prototypen von Funktionen. Diese Funktionen haben die Aufgabe, alle Manipulationen an den Daten dieser Klasse vorzunehmen. Das heißt nichts anderes, als daß man auf diese Weise sehr genau kontrollieren kann, was mit den Daten überhaupt gemacht werden kann. Außerdem verbirgt man auf diese Art die Daten vor dem Rest des Programms, womit eine der Forderungen der objektorientierten Programmierung erfüllt ist.

Beispiel:

```
class test
{
  private:
    int nr;
    char bezeichnung[14];
    double preis;
  public:
    void eingeben();
    void anzeigen();
};
```

Im Beispiel finden sich im wesentlichen drei neue Dinge:

Als erstes das Schlüsselwort **class**, das die Definition einer Klasse einleitet.
Als zweites die beiden Schlüsselworte **private** und **public**. Sie legen fest, ob eine Komponente der Klasse von überall her (public) oder nur von innerhalb der Klasse (private) angesprochen werden kann. Der Wirkungsbereich von public und private beginnt bei dem Schlüsselwort und endet beim nächsten Schlüsselwort oder dem Ende der Klassendefinition. Obwohl alle Komponenten innerhalb einer Klasse standardmäßig private sind, benutzt man das Schlüsselwort, um die Einteilung deutlicher zu machen. Public und private können beliebig oft in einer Klasse erscheinen. Es hat sich jedoch eingebürgert, die im Beispiel gezeigte Aufteilung zu verwenden. Eine weitere sehr sinnvolle Aufteilung ist, daß die Daten normalerweise im private-Bereich liegen und die Funktionen im public-Bereich.
Als dritte Besonderheit kann eine Klasse **Funktionen** enthalten (void eingeben(), void anzeigen()). In unserem Beispiel sind in der Klasse nur die Prototypen der Funktionen enthalten, die eigentlichen Funktionen werden außerhalb der Klasse definiert. Es besteht allerdings auch die Möglichkeit, die Funktionsdefinitionen direkt in die Klasse mit aufzunehmen. Von dieser Möglichkeit macht man allerdings nur bei sehr kurzen Funktionen Gebrauch. (Als Bezeichnungen für diese Klassenfunktionen sind auch **Elementfunktion** und **Methode** gebräuchlich).
Um es nochmals zusammenzufassen: Elementfunktionen haben die Aufgabe, den Zugriff auf die Daten zu kontrollieren. Sie verbergen

damit die Form der Daten vor dem Rest des Programms. Das bedeutet wiederum, daß man die Darstellung der Daten bei Bedarf ändern kann, ohne daß das restliche Programm etwas davon merkt. Man muß nur die Elementfunktion anpassen, und schon verhält sich die Klasse nach außen hin wie gehabt. Jetzt wird auch einsichtig, warum der Zugriff auf die Daten immer über die entsprechenden Elementfunktionen erfolgen sollte.

Programm prg16_4.cpp demonstriert an einem etwas umfangreicheren Beispiel die Definition und die Benutzung einer Klasse. Im Mittelpunkt des Programms steht die Klasse **schueler**, die Namen und Noten von Schülern speichern soll. Als Funktionen werden die public-Funktionen eingeben() und anzeigen() benutzt, über die man Zugriff auf die Daten hat. Zusätzlich gibt es noch eine private-Funktion (ermittle_note()), die nur von innerhalb der Klasse aufgerufen wird und daher keine Verbindung nach außen haben soll.

```
// prg16_4.cpp
    #include <iostream.h>

class schueler
{
  private:
    char vname[20];
    char nname[20];
    int punkte;
    int klausuren;
    double note;
    double ermittle_note();        // private Elementfunktion
  public:
    void eingeben();               // public Elementfunktion
    void anzeigen();               // public Elementfunktion
};

double schueler::ermittle_note()   // Note berechnen
{
  return float (punkte) / klausuren;
}

void schueler::eingeben()          // Daten eingeben
{
  cout << "Vorname :";
  cin >> vname;
  cout << "Nachname :";
  cin >> nname;
  cout << "Gesamte Punkte :";
  cin >> punkte;
  cout << "Anzahl Klausuren :";
  cin >> klausuren;
  cout << "\n";

  note = ermittle_note();
}
```

```
/*37*/
/*38*/ void schueler::anzeigen()        // Daten eines Schülers anzeigen
/*39*/ {
/*40*/    cout << "\n" << vname  << " " << nname << "\n";
/*41*/    cout << "Punkte: " << punkte << "\n";
/*42*/    cout << "Klausuren:" << klausuren << "\n";
/*43*/    cout << "Note:" << note;
/*44*/    cout << "\n";
/*45*/ }
/*46*/
/*47*/ int main(void)                      // Hauptprogramm
/*48*/ {
/*49*/ schueler schueler01,schueler02;    // 2 Objekte (Variablen)
                                             deklarieren
/*50*/
/*51*/    schueler01.eingeben();
/*52*/    schueler02.eingeben();
/*53*/    schueler01.anzeigen();
/*54*/    schueler02.anzeigen();
/*55*/
/*56*/    cout << "\nProgramm beendet.\n";
/*57*/ }
```

Zeile 4–16: Definition der Klasse **schueler**. Beachten Sie, daß es üblich ist, die Daten als private zu definieren und die Funktionen, die als Schnittstelle nach außen dienen, als public.

Zeile 18, 23, 38: Bei der Beschreibung der Elementfunktionen ist eine Besonderheit zu beachten. Damit der Compiler weiß, daß es sich hierbei um Elementfunktionen handelt, wird vor den Funktionsnamen der Name der Klasse gesetzt (hier: schueler). Beide werden durch einen Gültigkeitsoperator (::) voneinander getrennt. Statt die Funktionen wie in diesem Beispiel außerhalb der Klasse zu definieren, hätte man sie auch direkt in die Klasse integrieren können (an Stelle der Funktionsprototypen); dieses Verfahren wird allerdings nur bei sehr kurzen Funktionen angewendet.

Zeile 35: Die Elementfunktion ermittle_note() ist eine private-Funktion. Sie soll nicht von außerhalb der Klasse aufgerufen werden, sondern nur innerhalb. In unserem Beispiel wird sie nur von der Methode eingeben() benutzt.

Zeile 49: In dieser Zeile werden zwei Objekte vom Typ schueler erzeugt.

Zeile 51–54: Die Daten in den Objekten schueler01 und schueler02 können nur mit den entsprechenden Elementfunktionen geändert und ausgegeben werden. Der Aufruf der Funktionen erfolgt analog zum Ansprechen von Strukturelementen mit Hilfe des Punktoperators (.).

Konstruktor und Destruktor

Eine Eigenschaft der eingebauten Datentypen (int, char etc.) besitzen unsere Klassen zur Zeit noch nicht: Wir können sie noch nicht **initialisieren**! Da sich unsere selbstdefinierten Typen aber genauso verhalten sollen wie die eingebauten Typen, bietet C++ auch hierfür eine Lösung. Es sind die Spezialfunktionen mit dem Namen **Konstruktor** und **Destruktor**. Diese Funktionen haben die Aufgabe, Klassen bei ihrer Erzeugung zu initialisieren und bei ihrer Zerstörung "aufzuräumen". Das heißt, daß jedesmal, wenn ein Objekt erzeugt wird, der Konstruktor aufgerufen wird, und jedesmal wenn ein Objekt aufhört zu existieren, der Destruktor. Bei der Definition einer Klasse muß kein zugehöriger Konstruktor bzw. Destruktor definiert werden. Es ist jedoch in jedem Fall ratsam, einen Konstruktor zu benutzen, da er die Sicherheit der Klasse verbessert.
Bei der Definition eines Konstruktors bzw. eines Destruktors ist folgendes zu berücksichtigen:

- Der Name des Destruktors ist gleich dem Namen der Klasse. Im Programm prg16_5.cpp ist das der Name **datum**.
- Der Name des Destruktors entspricht dem Namen der Klasse, vor dem eine Tilde (~) steht. In unserem Beispiel ist das der Begriff **~datum**.
- Weder Konstruktor noch Destruktor haben einen Rückgabewert (auch nicht void)!

Mit Hilfe eines Konstruktors lassen sich Objekte gleich bei ihrer Erzeugung initialisieren. Auf diese Weise wird dafür gesorgt, daß kein Objekt uninitialisiert bleibt bzw. unerlaubte Werte enthält.

```
// prg16_5.cpp
       #include <iostream.h>
/* 3*/
/* 4*/ class datum                                    // datum-Klasse
/* 5*/ {
/* 6*/   private:
/* 7*/     int tag;
/* 8*/     int monat;
/* 9*/     int jahr;
/*10*/   public:
/*11*/     datum (int t, int m, int j);
/*12*/     void anzeigen();
/*13*/     ~datum();
/*14*/ };
/*15*/
/*16*/ datum::datum(int t=1,int m=1, int j=1992)  // Konstruktor
/*17*/ {
/*18*/   cout << "\nHier wird der Konstruktor aufgerufen\n";
/*19*/
/*20*/   tag = (t > 31) ? 31 : t;
/*21*/   tag = (tag < 1) ? 1 : tag;
/*22*/
/*23*/   monat = (m > 12) ? 12 : m;
/*24*/   monat = (monat < 1) ? 1 : monat;
/*25*/
/*26*/   jahr = (j < 1) ? 1 : j;
/*27*/ }
/*28*/
/*29*/ void datum::anzeigen()
/*30*/ {
/*31*/   cout << tag << "." << monat << "." << jahr << "\n";
/*32*/ }
/*33*/
/*34*/ datum::~datum()                        // Destruktor macht nichts
/*35*/ {
/*36*/   cout << "\nHier wird der Destruktor aufgerufen\n";
/*37*/ }
/*38*/
/*39*/ int main(void)
/*40*/ {
/*41*/ datum gestern(9,1);                   // nur 2 Parameter
/*42*/ datum heute(3,11,1993);               // gültiges Datum
/*43*/ datum morgen(10,13,1992);             // ungültiges Datum
/*44*/
/*45*/   gestern.anzeigen();
/*46*/   heute.anzeigen();
/*47*/   morgen.anzeigen();
/*48*/ }
```

Zeile 16: Die Werte hinter den Variablennamen (1,1,1992) dienen als Vorgabewerte, wenn für dieses Argument kein Wert übergeben wurde. Bei der Initialisierung in Zeile 41 gestern(9,1) ist keine Jahreszahl angegeben worden. In diesem Fall wird der default-Wert (Vorgabe-Wert) 1992 zugewiesen.

Zeile 20–26: In diesen Zeilen wird der Bedingungsoperator (?:) benutzt, um den Variablen die entsprechenden Werte zuzuweisen.

Zeile 34: Wie Sie dem Kommentar entnehmen können, hat der Destruktor in unserer Klasse eigentlich keine Aufgabe. Die ausgegebene Zeile soll nur verdeutlichen, wann der Destruktor aufgerufen wurde. Destruktoren sind in der Regel nur dann nötig, wenn bei der Erzeugung eines Objekts mit dem Befehl **new** Speicher angefordert wurde. Der Befehl new wird im Rahmen dieses Buches nicht besprochen.

Zeile 41: Obwohl bei der Initialisierung nur zwei Argumente übergeben werden, initialisiert der Konstruktor in Zeile 16 auch die Variable jahr mit einem Vorgabewert.

Zeile 43: Die fehlerhafte Initialisierung (Monat 13) wird durch den Konstruktor abgefangen und durch den Vorgabewert (1992) ersetzt.

16.4 Ausblick

Die Möglichkeiten, die wir Ihnen in den ersten drei Abschnitten dieses Kapitels vorgestellt haben, sind nur ein kleiner Vorgeschmack auf das, was C++ alles bietet. Es ist aber deutlich geworden, welche Chancen für eine optimalere Programmentwicklung in dieser Sprache stecken. Mit den hier erlernten Fähigkeiten sollte es Ihnen leichtfallen, sich weiter in dieses interessante Gebiet einzuarbeiten.
Zu den Themen, die wir in dieser Einführung ausgeklammert haben, gehören u.a. Operatorüberladung und Klassenvererbung. Sie können jedoch jetzt schon viele der neuen Fähigkeiten dieser Sprache nutzen. Sie müssen nicht unbedingt jedes Detail beherrschen, um mit C++ in die objektorientierte Programmierung einzusteigen.

17 ANHANG

17.1 Bibliotheksfunktionen

In diesem Kapitel wollen wir Ihnen eine Übersicht über häufig verwendete Bibliotheksfunktionen der Sprache C bieten. Die von uns beschriebenen Funktionen gehören bis auf wenige Ausnahmen zum ANSI-Standard und erlauben somit eine größtmögliche Portabilität Ihrer C-Programme. Sie sind mit einigen Ausnahmen auch auf UNIX-Systemen verfügbar.

Hinweis:
Beachten Sie, daß einige Funktionen und Konstanten seit der Version 7.0 beim Microsoft C-Compiler mit einem Unterstrich (_) beginnen. Dazu gehören u. a. _getch, _getche_, _int86, _stdprn, _stdaux und _REGS. Sie finden diese Funktionen in der folgenden Liste in Klammern gesetzt.

17.1.1 Kurzübersicht

Die folgende Kurzübersicht bietet Ihnen eine funktionale Zusammenstellung der Funktionen.

Zeitfunktionen

asctime	konvertiert die Time-Struktur in einen String
ctime	liefert einen String aus Datum und Uhrzeit
difftime	liefert Zeitdifferenz in Sekunden
gmtime	wandelt die Time-Struktur in "Greenwich mean time"
localtime	wandelt die Time-Struktur in "Local time"
time	aktualisiert die Time-Struktur

Testfunktionen

assert	erlaubt Programmabbruch, wenn Testergebnis fehlschlägt

Speicherverwaltungsfunktionen

calloc	reserviert Speicherplatz für Arrays
free	gibt Speicherplatz frei
malloc	reserviert Speicherplatz in Bytes
realloc	verändert Größe eines Speicherblocks
longjmp	erlaubt Rücksprung zum setjmp-Aufruf
setjmp	markiert Rücksprung-Stelle von longjmp

Ein- / Ausgabefunktionen

clearerr	löscht den EOF- und Fehlerindikator einer Datei
fclose	schließt eine Datei
feof	testet den EOF-Indikator einer Datei
ferror	testet den Fehlerindikator einer Datei
fflush	erzwingt das Speichern des Puffers in eine Datei
fgetc	liest ein einzelnes Zeichen aus einer Datei
fgets	liest eine Zeile aus einer Datei in einen Puffer
fopen	öffnet eine Datei in einem bestimmten Modus
fprintf	schreibt nach angegebenem Format in die Datei
fputc	schreibt ein einzelnes Zeichen in die Datei
fputs	schreibt eine Zeichenkette in die Datei
fread	liest mehrere Sätze aus einer Datei in einen Puffer
freopen	ordnet einem Stream eine neue Datei zu
fscanf	liest nach angegebenem Format aus einer Datei
fseek	bewegt den Dateizeiger
ftell	ermittelt die aktuelle Position des Dateizeigers
fwrite	schreibt mehrere Sätze aus einem Puffer in eine Datei
getc	liest ein Zeichen von einem Stream
getch (_getch)	liest ein Zeichen von der Konsole ohne Echo
getchar	liest ein Zeichen von stdin
getche (_getche)	liest ein Zeichen von der Konsole mit Echo

gets	liest eine Zeile von stdin in einen Puffer
perror	schreibt eine Meldung auf stderr
printf	schreibt nach angegebenem Format auf stdout
putc	schreibt ein Zeichen auf einen Stream
putchar	schreibt ein Zeichen auf stdout
puts	schreibt eine Zeile auf stdout
remove	löscht eine Datei
rename	benennt eine Datei um
rewind	setzt den Dateizeiger zurück an den Anfang
scanf	liest nach angegebenem Format von stdin
setbuf	definiert einen Ein-/Ausgabe-Puffer für eine Datei
setvbuf	definiert die Art der Pufferung für eine Datei
sprintf	schreibt nach angegebenem Format an eine Speicherstelle
sscanf	liest nach angegebenem Format von einer Speicherstelle
tmpfile	erzeugt und öffnet eine temporäre Datei
tmpnam	erzeugt einen temporären Dateinamen
ungetc	erlaubt das Rückgängigmachen eines vorherigen getc

Klassifizierungsfunktionen

isalpha	prüft auf alphabetisch (ohne deutsche Umlaute)
iscntrl	prüft auf Steuerzeichen
isdigit	prüft auf Ziffer
isgraph	prüft auf Grafikzeichen
islower	prüft auf Kleinbuchstaben (ohne deutsche Umlaute)
isprint	prüft auf druckbare Zeichen (ohne deutsche Umlaute)
ispunct	prüft auf Satzzeichen
isspace	prüft auf Trennzeichen (Whitespaces)
isupper	prüft auf Großbuchstaben (ohne deutsche Umlaute)
isxdigit	prüft auf Hexadezimalziffer

Umwandlungsfunktionen

atof	konvertiert ASCII nach Float
atoi	konvertiert ASCII nach Integer
atol	konvertiert ASCII nach Long
itoa	konvertiert Integer nach ASCII
(_itoa)	
strtod	konvertiert String nach Double
strtol	konvertiert String nach Long
strtoul	konvertiert String nach Unsigned Long
tolower	konvertiert in Kleinschreibung
(_tolower)	(ohne deutsche Umlaute)
toupper	konvertiert in Großschreibung
(_toupper)	(ohne deutsche Umlaute)

Prozeß- und Umgebungssteuerung

abort	bricht Programm mit einer Fehlermeldung ab
execl	lädt und startet ein Programm mit Argumentliste
(_execl)	
execv	lädt uns startet ein Programm mit Zeiger-Array
(_execv)	
exit	beendet ein Programm ordnungsgemäß
getenv	ermittelt den Wert einer Umgebungsvariablen
int86	erlaubt den Aufruf von Interrupts
(_int86)	
main	wird beim Programmstart immer zuerst aufgerufen
raise	simuliert Signale an das Programm
spawnl	führt Programm mit Argumentliste aus
(_spawnl)	
spawnv	führt Programm mit Zeiger-Array aus
(_spawnv)	
system	erlaubt das Absetzen von Betriebssystem-Kommandos

Mathematikfunktionen

abs	ermittelt den Absolutwert
acos	ermittelt den Arcuscosinus
asin	ermittelt den Arcussinus
atan	ermittelt den Arcustangens

atan2	berechnet den Arcustangens eines Quotienten
ceil	rundet positive Zahlen auf, negative Zahlen ab
cos	ermittelt den Cosinus
cosh	ermittelt den hyperbolischen Cosinus
exp	stellt die Exponentialfunktion dar (e^x)
fabs	ermittelt den Absolutwert einer Fließkommazahl
floor	rundet positive Zahlen ab, negative Zahlen auf
frexp	bestimmt für Float-Werte Mantisse und Exponent zur Basis 2
ldexp	berechnet das Produkt aus Mantisse und einer Zweierpotenz
log	ermittelt den natürlichen Logarithmus
log10	ermittelt den dekadischen Logarithmus
pow	berechnet das Ergebnis von Potenzen
rand	generiert eine Zufallszahl
sin	ermittelt den Sinus
sqrt	berechnet die Quadratwurzel
srand	initialisiert den Zufallszahlengenerator
tan	ermittelt den Tangens

String- und Speicherfunktionen

bsearch	führt binäre Suche in einem sortierten Feld durch
memchr	sucht in einem bestimmten Bereich nach einem Zeichen
memcmp	vergleicht zwei Speicherbereiche miteinander
memset	initialisiert einen Speicherbereich
qsort	sortiert ein Feld nach dem Quicksort-Algorithmus
strcat	verkettet zwei Strings miteinander
strchr	sucht in einem String nach einem Zeichen
strcmp	vergleicht zwei Strings miteinander
strcpy	kopiert einen String auf einen anderen Speicherplatz
strcspn	ermittelt die Anzahl Zeichen eines Strings bis zu einem Begrenzer
strlen	ermittelt die Länge eines Strings
strncat	verkettet einen String mit einem Teilstring
strncpy	kopiert einen Teilstring auf einen anderen Speicherplatz

strpbrk	ermittelt die Position des ersten Begrenzerzeichens
strrchr	sucht von rechts nach links in einem String nach einem Zeichen
strspn	sucht Position eines nicht zur Vorgabemenge gehörigen Zeichens
strstr	sucht einen Teilstring in einem String
strtok	führt Token-Suche in einem String durch

17.1.2 Wie werden Deklarationen gelesen?

Im folgenden Abschnitt werden Bibliotheksfunktionen beschrieben und ihre Deklaration dargestellt. Da diese manchmal sehr komplex erscheinen, wollen wir Ihnen an dieser Stelle eine kurze Einführung in die Interpretation solcher Deklarationen geben.
Eine Deklaration besteht grundsätzlich aus einem **Bezeichner** (symbolischer Name), der durch einen oder mehrere **Zeiger**- (Pointer-), **Feld**- (Array-) oder **Funktions**-Modifikatoren beschrieben wird. Wenn Sie mehrere solcher Modifikatoren miteinander kombinieren, müssen Sie darauf achten, daß Funktionen keine Funktionen und Felder zurückgeben können und daß Felder auch keine Funktionen als Elemente haben können. Ansonsten sind alle Kombinationen erlaubt. Dabei haben Funktions- und Array-Modifikatoren Vorrang vor Zeiger-Modifikatoren. Durch Klammerungen kann diese Rangfolge verändert werden.
Bei der Interpretation beginnt man am besten beim **Bezeichner** und liest nach rechts bis zum Ende bzw. bis zu einer einzelnen rechten Klammer. Dann fährt man links vom Bezeichner mit evtl. vorhandenen Zeiger-Modifikatoren fort, bis das Ende oder eine einzelne linke Klammer erreicht wird. Dieses Verfahren wird für jede geschachtelte Klammer von innen nach außen wiederholt. Zum Schluß wird der Typ-Kennzeichner gelesen. Sehen wir uns dazu ein Beispiel an:

```
char *(*(*Bezeichner)())[22];
↑    ↑ ↑ ↑  ↑          ↑ ↑
7    6 4 2  1          3 5
```

Bezeichner (1) ist hier ein Zeiger (2) auf eine Funktion (3), die einen Zeiger (4) auf ein Feld mit 22 Elementen (5) zurückgibt, die Zeiger (6) auf char-Werte (7) sind!

Die folgenden vier Beispiele sollen noch einmal den Einsatz von Klammern verdeutlichen:

char *Kosten[10]	Array aus 10 Zeigern auf char-Werte
char (*Kosten)[10]	Zeiger auf ein Array aus 10 char-Werten
char *Kosten(int)	Funktion, die einen Zeiger auf einen char-Typ liefert
char (*Kosten)(int)	Zeiger auf eine Funktion, die einen char-Typ liefert

Wenn Sie diese Regeln anwenden, so dürften Sie keine Probleme haben, die Bibliotheksfunktionen zu verstehen. Als zusätzliche Hilfe haben wird jedoch die Arbeitsweise jeder Funktion kurz beschrieben.

17.1.3 Beispiele wichtiger Funktionen

Die folgende Aufstellung enthält die wichtigsten im Buch behandelten Funktionen mit einer detaillierten Beschreibung ihrer Syntax. (Im Kapitel 17.2 erfahren Sie, wie Sie für Ihren Compiler eine Syntaxbeschreibung direkt am Bildschirm bekommen können).

atoi

Syntax:	int atoi(char **string*);
Prototyp in:	stdlib.h
Rückgabe:	Es wird *string* in eine Zahl vom Typ Integer konvertiert. Der String muß folgenden Aufbau haben: [+|−][Ziffern] Die Whitespace-Zeichen (Leerzeichen, Tabulator, Carriage-return, Seitenvorschub) werden ignoriert; bei auftretenden Fehlern wird 0 zurückgegeben.

calloc

Syntax:	void *calloc(size_t *nitems,* size_t *elsize*);
Prototyp in:	stdlib.h
Rückgabe:	Es wird Speicherplatz für ein Array aus *nitems* Elementen mit der jeweiligen Größe von *elsize* Bytes zugewiesen und ein Zeiger auf dieses Array zurückgegeben (size_t ist gleichbedeutend mit unsigned int). Wenn kein Speicher mehr frei ist, wird ein NULL-Pointer zurückgegeben.

exit

Syntax: void exit(int *status*);
Prototyp in: stdlib.h
Rückgabe: Diese Funktion leert alle Puffer, schließt alle offenen Dateien und beendet das Programm. An den aufrufenden Prozeß (Betriebssystem) wird der Wert *status* zurückgegeben. Der Wert von *status* kann z. B. in einer Batchdatei mit ERRORLEVEL geprüft werden.

fclose

Syntax: int fclose(FILE **stream*);
Prototyp in: stdio.h
Rückgabe: Es wird der vom Betriebssystem angelegte Datenpuffer in die Datei geschrieben und anschließend die mit dem Dateizeiger *stream* verbundene Datei geschlossen. Wenn ein Fehler auftritt, wird ein Wert ungleich 0, ansonsten 0 zurückgegeben.

feof

Syntax: int feof(FILE **stream*);
Prototyp in: stdio.h
Rückgabe: Diese Funktion testet die Dateiende-Bedingung für die mit dem Dateizeiger *stream* verbundene Datei. Wenn das Dateiende erreicht ist, wird ein Wert ungleich 0, sonst 0 zurückgegeben.

fgetc

Syntax: int fgetc(FILE **stream*);
Prototyp in: stdio.h
Rückgabe: Es wird ein Zeichen von der mit *stream* verbundenen Datei gelesen und zurückgegeben. Wird das Dateiende erreicht, wird ein negativer Wert zurückgegeben.

fgets

Syntax: char *fgets(char **buffer*, int *n*, FILE **stream*);
Prototyp in: stdio.h

Rückgabe: Es werden alle Zeichen bis zum Auftreten von EOF oder \n (Zeilenende), jedoch maximal *n*-1 Zeichen aus der mit *stream* verbundenen Datei in den Puffer *buffer* gelesen. Wenn die Funktion fehlerfrei ausgeführt wurde, liefert sie einen Zeiger auf den Puffer, ansonsten einen NULL-Zeiger.

fopen

Syntax: FILE ∗fopen(char ∗*filename*, char ∗*access*);
Prototyp in: stdio.h
Rückgabe: Die Funktion öffnet die Datei mit Namen *filename* im durch *access* angegebenen Modus und liefert einen Zeiger auf eine FILE-Struktur bzw. einen NULL-Zeiger, wenn ein Fehler auftrat. Als *access* können folgende Modi angegeben werden:

"r" für	"read" ASCII-Datei
"w" für	"write" ASCII-Datei
"a" für	"append" ASCII-Datei
"rb" für	"read binary" Binärdatei
"wb" für	"write binary" Binärdatei
"r+" für	"read plus write" vorhandene ASCII-Datei
"w+" für	"write plus read" ASCII-Datei, ggf. erzeugen
"a+" für	"append plus read" ASCII-Datei, ggf. erzeugen
"r+b" für	"read plus write binary" vorhandene Binärdatei
"w+b" für	"write plus read binary" Binärdatei, ggf. erzeugen
"a+b" für	"append plus read binary" Binärdatei, ggf. erzeugen

fprintf

Syntax: int fprintf(FILE ∗*stream*, char ∗*format*, . . .);
Prototyp in: stdio.h
Rückgabe: Die Funktion arbeitet wie printf, nur daß die Ausgabe auf die mit dem Dateizeiger *stream* verbundene Datei erfolgt.

fputc

Syntax: int fputc(int *c*, FILE **stream*);
Prototyp in: stdio.h
Rückgabe: Es wird das Zeichen *c* auf die mit dem Zeiger *stream* verbundene Datei geschrieben. Bei fehlerfreier Arbeitsweise liefert fputc das Zeichen *c*, sonst EOF zurück.

fputs

Syntax: int fputs(char **string*, FILE **stream*);
Prototyp in: stdio.h
Rückgabe: Es wird ein String [ohne die abschließende binäre Null (\0)] in die mit *stream* verbundene Datei geschrieben. Wenn ein Fehler auftritt, wird ein Wert ungleich 0, sonst 0 zurückgegeben.

free

Syntax: void free(void **block*);
Prototyp in: stdlib.h
Rückgabe: Der Speicherblock, auf den der Zeiger *block* weist, wird freigegeben.

fseek

Syntax: int fseek(FILE **stream*, long *offset*, int *origin*);
Prototyp in: stdio.h
Rückgabe: Der mit *stream* verbundene Dateizeiger wird bewegt. Dabei gibt *offset* Richtung und Entfernung relativ zu *origin* an. Für *origin* muß eine der drei folgenden Konstanten eingesetzt werden:
SEEK_SET *offset* bezieht sich auf den Dateianfang.
SEEK_CUR *offset* bezieht sich auf die aktuelle Position.
SEEK_END *offset* bezieht sich auf das Dateiende.
Wenn die neue Position eingestellt werden konnte, wird 0, ansonsten ein Wert ungleich 0 zurückgegeben.

getc

Syntax: int getc(FILE **stream*);
Prototyp in: stdio.h
Rückgabe: Es wird das nächste Zeichen von der mit *stream* verbundenen Datei gelesen und zurückgegeben. Wenn ein Fehler auftrat, wird EOF zurückgegeben.

getch (_getch)

Syntax: int getch(void);
Prototyp in: conio.h
Rückgabe: Es wird ein Zeichen direkt von der Tastatur gelesen und zurückgegeben. Die Programmausführung wird fortgesetzt, nachdem eine Taste gedrückt wurde.

getchar

Syntax: int getchar(void);
Prototyp in: stdio.h
Rückgabe: Es wird das nächste Zeichen von stdin (Tastatur) gelesen und zurückgegeben. CTRL-Z wird als EOF interpretiert. Wenn ein Fehler auftrat, wird EOF zurückgegeben.

getche (_getche)

Syntax: int getche(void);
Prototyp in: conio.h
Rückgabe: Es wird ein Zeichen direkt von der Tastatur gelesen, auf dem Bildschirm angezeigt und zurückgegeben. Die Programmausführung wird fortgesetzt, nachdem eine Taste gedrückt wurde.

gets

Syntax: char *gets(char **buffer*)
Prototyp in: stdio.h
Rückgabe: Diese Funktion liest Zeichen von stdin (Tastatur), bis ein "Newline"- oder ein EOF-Zeichen eingegeben wird, und speichert sie als Zeichenkette in *buffer* ab. Es wird ein Zeiger auf *buffer* zurückgegeben oder ein NULL-Zeiger, wenn ein Fehler auftrat.

int86 (_int86)

Syntax: int int86(int *intruptnr*, union REGS ∗*inregs*, union REGS ∗*outregs*);
Prototyp in: dos.h
Rückgabe: Diese Funktion ruft den Interrupt mit der Nummer *intruptnr* auf. Dabei zeigen *inregs* und *outregs* auf die Speicherbereiche, die die Registerwerte vor und nach dem Interruptaufruf enthalten. Der Inhalt des AX-Registers wird zurückgegeben.

itoa (_itoa)

Syntax: char ∗itoa(int *value*, char ∗*digits*, int *basis*);
Prototyp in: stdlib.h
Rückgabe: Es wird der Integer-Wert *value* in die String-Darstellung *digits* konvertiert und ein Zeiger auf diesen String zurückgegeben. Der Integerwert *basis* definiert das Zahlensystem, dem *value* angehört. Dabei darf *basis* Werte von 2 (dual) bis 32 annehmen.

main

Syntax: int main(int *argc*, char ∗*argv*[]);
Prototyp in: ----
Rückgabe: Wenn nichts anderes im Programm definiert wurde, wird 0 zurückgegeben. Die Argumente *argc* und *argv* enthalten die Gesamtzahl der Argumente in der DOS-Kommandozeile beim Aufruf (*argc*) und die Argumente selbst (*argv*).

malloc

Syntax: void ∗malloc(size_t *size*);
Prototyp in: stdlib.h
Rückgabe: Es wird ein *size* Bytes großer Speicherbereich reserviert und ein Zeiger auf diesen Bereich zurückgegeben bzw. ein NULL-Zeiger, falls Fehler auftraten.

perror

Syntax: void perror(char *string*);
Prototyp in: stdlib.h
Rückgabe: Gibt zwei Strings auf dem Bildschirm aus. Erstens die Zeichenkette *string* und zweitens den Fehlertext des Betriebssystems.

Beispiel:

```
#include <stdio.h>

int main(void)
{
   FILE *stream;
   stream = fopen("perror.???", "r");
   if (!stream)
   {
     perror("Datei konnte nicht zum Lesen geöffnet werden!");
     return 0;
   }
   else
   {
     return 1;
   }
}
```

printf

Syntax: int printf(char **format*, ...);
Prototyp in: stdio.h
Rückgabe: Die Funktion schreibt den String, auf den *format* zeigt, auf stdout (Bildschirm) und gibt die Anzahl der ausgegebenen Zeichen zurück bzw. −1, wenn ein Fehler auftrat. Dabei werden die optionalen Argumente, die hinter *format* folgen (...), in die Platzhalter des Strings eingefügt. Die Platzhalter haben folgende allgemeine Form:
%[Schalter][Breite][.Genauigkeit][Modifikator]Typ
Als Typen sind zulässig:
d für signed int (dezimal)
i für signed int (dezimal)
o für unsigned int (oktal)
u für unsigned int (dezimal)
x für unsigned int (hexadezimal, a-f)

X für unsigned int (hexadezimal, A-F)
f für Fließkomma ([−]dddd.dddd)
e für Fließkomma ([−]d.ddd e [+ | −]ddd)
g für Fließkomma (autom. Wahl aus f und e)
E wie e, jedoch Buchstabe E
G wie g, jedoch Buchstabe E
c für einzelne Zeichen
s für Zeichenketten
% für das Zeichen %
p für die Adresse des zugehörigen Arguments

Als Schalter sind möglich:
− für linksbündig
+ für Vorzeichen auch bei positiven Werten
# für alternative Darstellung der Typen o,x,X,f,e,E,g,G
(Leerstelle) für Leerstelle bei positiven Werten

Die Mindestbreite wird entweder direkt durch Ziffern angegeben, oder es wird mit einem Stern (*) auf das nächste Argument der Liste hinter format verwiesen.

Genauigkeit gibt die Anzahl Nachkommastellen bzw. die maximale Anzahl Zeichen an. Sie wird entweder als Punkt (.), gefolgt von Ziffern, direkt angegeben, oder es wird durch die Zeichenkombination Punkt und Stern (.*) auf das nächstfolgende Argument verwiesen.

Modifikator können folgende Zeichen sein:
h wenn Typ d, i, u, o, x oder X short ist
l wenn Typ d, i, u, o, x oder X long ist
L wenn Typ f, e, E, g oder G long ist
F wenn Typ p oder s far-Zeiger sind
N wenn Typ p oder s near-Zeiger sind

putc

Syntax: int putc(int *c*, FILE **stream*);
Prototyp in: stdio.h
Rückgabe: Es wird das Zeichen *c* auf die mit *stream* verbundene Datei ausgegeben. Treten Fehler auf, wird EOF, ansonsten das Zeichen *c* zurückgegeben.

putchar

Syntax: int putchar(int *c*);
Prototyp in: stdio.h
Rückgabe: Es wird das Zeichen *c* auf stdout ausgegeben. Treten Fehler auf, wird EOF, ansonsten das Zeichen *c* zurückgegeben.

puts

Syntax: int puts(char ∗*string*);
Prototyp in: stdio.h
Rückgabe: Es wird der String, auf den *string* weist, auf stdout ausgegeben und ein "Newline"-Zeichen \n angehängt. Wenn ein Fehler auftritt, wird ein Wert ungleich 0, sonst 0 zurückgegeben.

realloc

Syntax: void ∗realloc(void ∗*block*, size_t *newsize*);
Prototyp in: alloc.h, stdlib.h
Rückgabe: Ein bereits reservierter Speicherblock wird in seiner Größe verändert. Dabei weist *block* auf den zu verändernden Block, und *newsize* bestimmt seine neue Größe. Wenn ein Fehler auftrat, wird ein NULL-Zeiger, ansonsten ein Zeiger auf den veränderten Block zurückgegeben.

remove

Syntax: int remove(char ∗*filename*);
Prototyp in: stdio.h
Rückgabe: Es wird die Datei mit dem Namen *filename* gelöscht. Die Datei darf nicht geöffnet sein. Wenn ein Fehler auftrat, wird ein Wert ungleich 0, ansonsten 0 zurückgegeben.

rename

Syntax: int rename(char ∗*oldname*, char ∗*newname*);
Prototyp in: stdio.h

Rückgabe: Die existierende Datei mit dem Namen *oldname* wird in *newname* umbenannt. Wenn ein Fehler auftrat, wird ein Wert ungleich 0, ansonsten 0 zurückgegeben.

scanf

Syntax: int scanf(char **format*, ...);
Prototyp in: stdio.h
Rückgabe: Die Funktion liest von stdin (Tastatur) nach dem angegebenen Format, auf das *format* zeigt, und gibt die Anzahl der Eingabewerte zurück bzw. EOF, wenn ein Fehler auftrat. Dabei werden die optionalen Argumente, die hinter *format* folgen (...), mit den Eingabewerten gemäß Format aufgefüllt. Die Platzhalter haben folgende allgemeine Form:

%[*][Maxzeichen][Modifikator]Typ

Als Typen sind zulässig:

d für signed int (dezimal)
i für signed int (dezimal)
o für unsigned int (oktal)
u für unsigned int (dezimal)
x für unsigned int (hexadezimal, a-f)
X für unsigned int (hexadezimal, A-F)
f für Fließkomma ([−]dddd.dddd)
e für Fließkomma ([−]d.ddd e [+|−]ddd)
g für Fließkomma (autom. Wahl aus f und e)
E wie e, jedoch Buchstabe E
G wie g, jedoch Buchstabe E
c für einzelne Zeichen
s für Zeichenketten
[für einen Zeiger auf einen Array
% für das Zeichen %
p für die Adresse des zugehörigen Arguments

Das Zeichen * bewirkt, daß zwar eingelesen, aber keinem Argument zugewiesen wird.

Mit Maxzeichen kann durch eine positive ganze Zahl die maximale Zahl der Zeichen angegeben werden, die einzulesen und einem Argument zuzuweisen sind.

Modifikator können folgende Zeichen sein:

h wenn Typ d, i, u, o, x oder X short ist
l wenn Typ d, i, u, o, x oder X long ist
L wenn Typ f, e, E, g oder G long ist
F wenn Typ p oder s far-Zeiger sind
N wenn Typ p oder s near-Zeiger sind

spawn... (_spawn...)

Syntax: int **spawnl**(int *mode*, char **path*, char **arg0*, ..., NULL);
int **spawnlp**(int *mode*, char **path*, char **arg0*, ..., NULL);
int **spawnle**(int *mode*, char **path*, char **arg0*, ..., NULL, char **envp[]*);
int **spawnlpe**(int *mode*, char **path*, char **arg0*, ..., NULL, char **envp[]*);
int **spawnv**(int *mode*, char **path*, char **argv[]*);
int **spawnvp**(int *mode*, char **path*, char **argv[]*);
int **spawnve**(int *mode*, char **path*, char **argv[]*, char **envp[]*);
int **spawnvpe**(int *mode*, char **path*, char **argv[]*, char **envp[]*);

Prototyp in: process.h

Rückgabe: Bei fehlerfreier Ausführung wird der exit-Code des child-Prozesses zurückgeliefert; dieser ist normalerweise 0. Der exit-Code eines Programms kann mit der Funktion **exit** gesetzt werden.

sscanf

Syntax: int sscanf(char **string*, char **format*,...);

Prototyp in: stdio.h

Rückgabe: Diese Funktion arbeitet genauso wie die Funktion scanf. Der Unterschied besteht darin, daß sscanf die Daten aus einem String liest, auf den *string* zeigt, statt stdin wie scanf.

strcat

x: char *strcat(char **deststr*, char **srcstr*);

Prototyp in: string.h
Rückgabe: Diese Funktion hängt eine Kopie des Strings, auf den *srcstr* zeigt, an *deststr* an. Es wird ein Zeiger auf *deststr* zurückgegeben.

strcmp

Syntax: int strcmp(char ∗*str1*, char ∗*str2*);
Prototyp in: string.h
Rückgabe: Diese Funktion vergleicht die beiden Zeichenketten, auf die *str1* und *str2* zeigen, Byte für Byte miteinander. Der Rückgabewert ist kleiner null, wenn *str1* kleiner als *str2* ist. Der Rückgabewert ist gleich null, wenn *str1* und *str2* identisch sind. Der Rückgabewert ist größer null, wenn *str1* größer als *str2* ist.

strcpy

Syntax: char ∗strcpy(char ∗*deststr*, char ∗*srcstr*);
Prototyp in: string.h
Rückgabe: Es wird der String, auf den *srcstr* zeigt, an die Speicherstelle kopiert, auf die *deststr* zeigt, und ein Zeiger auf *deststr* zurückgegeben.

strlen

Syntax: size_t strlen(char ∗*string*);
Prototyp in: string.h
Rückgabe: Es wird die Anzahl Zeichen bestimmt, aus denen der String besteht, auf den *string* zeigt. Dieser Wert wird zurückgegeben.

system

Syntax: int system(char ∗*kommandozeile*);
Prototyp in: stdlib.h
Rückgabe: Die Zeichenkette, auf die *kommandozeile* weist, wird dem Kommandoprozessor des Betriebssystems (COMMAND.COM) übergeben. Wenn Fehler auftraten, wird ein Wert ungleich 0, ansonsten 0 zurückgegeben.

17.2 Installation und Bedienung

Da sich die Installation der in diesem Buch besprochenen Compiler in den letzten Jahren stark vereinfacht hat, haben wir den Installationsteil in dieser überarbeiteten Auflage zugunsten weiterer sprachrelevanter Kapitel gekürzt.

Installation
Bei der Installation von Quick C, Turbo C++, Borland C++ und MS C/C++ müssen Sie davon ausgehen, daß auf der Festplatte teilweise über 20 MB benötigt werden. Während Quick C und Turbo C++ noch auf Rechnern der XT-Klasse arbeiten können, ist ein sinnvolles Arbeiten bei Microsoft und Borland nur auf einem schnellen 386er Rechner mit mehreren MB Hauptspeicher möglich.
Die menügeführte Installation starten Sie, indem Sie die erste Diskette des Softwarepakets in Laufwerk A: oder B: legen, auf dieses Laufwerk wechseln und die Installation mit SETUP oder INSTALL starten. Lesen Sie die Meldungen des Installationsprogramms sorgfältig durch, und beantworten Sie dann die gestellten Fragen. In der Regel können Sie die Vorgaben der einzelnen Optionen übernehmen. Bei der Auswahl der **Libraries** (Bibliotheken) sollten Sie folgendes wissen: Ein MS-DOS PC basiert intern auf einem Intel-Prozessor, der sich den Hauptspeicher zur Verwaltung in Segmente aufteilt. Ein Segment ist dabei 64KB groß. Je nachdem wie groß Ihr Programm ist, benötigt es ein oder mehrere Segmente. Damit Ihr Programm möglichst optimal mit dem Speicher arbeiten kann, gibt es für eine Vielzahl von Kombinationen von Code- und Datenanteil (sogenannte Speichermodelle) eigene Libraries. Welche dieser Bibliotheken Sie installieren wollen, hängt von der geplanten Anwendung ab. Um Platz zu sparen, sollten Sie nicht unbedingt alle Varianten auswählen, sondern sich vielleicht mit dem **Small**- und dem **Medium**-Speichermodell begnügen. (Weitere Informationen zu diesem Thema finden Sie in Kapitel 14).

Bedienung
Bei der Bedienung sind alle Compiler so ausgelegt, daß Sie ihre Programme in einer einheitlichen Entwicklungsumgebung schreiben, compilieren und linken können. Außerdem bietet jedes Produkt Ihnen einen mehr oder minder leistungsfähigen **Debugger**, mit

dem Sie Programmfehler aufspüren können. Neben diesen integrierten Entwicklungsumgebungen stehen auch noch sogenannte Kommandozeilenversionen zur Verfügung. Hier können der Compiler und Linker durch Eingabe der DOS-Befehle direkt gestartet werden.

Die Bedienung der Entwicklungsumgebungen verhält sich bei allen Compilern ähnlich. Im oberen Teil des Bildschirms befindet sich eine Menüleiste, aus der man die Befehle auswählen kann. Um ein Menü zu öffnen, klickt man entweder mit der Maus auf den Menüpunkt, oder man hält die <ALT>-Taste fest und drückt den hervorgehobenen Buchstaben des Menünamens. Um beispielsweise das Menü "Options" der "Programmer's WorkBench" (PWB) zu öffnen, müßte man daher <ALT>+<O> drücken.

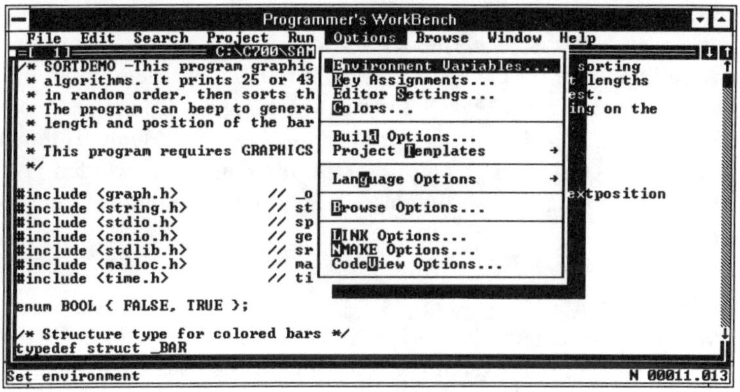

Aus dem Fenster, das sich daraufhin öffnet, können dann die gewünschten Befehle gewählt werden.

Hilfefunktion

Alle in diesem Buch besprochenen Compiler haben eine umfangreiche Hilfefunktion. Diese Hilfe gibt Auskunft über die Bedienung der Entwicklungsumgebung, über Einstellungen für Compiler und Linker oder zeigt die Syntax von C-Funktionen. Diese allgemeinen Hilfepunkte sind unter dem Menüpunkt "Help" bzw. "Hilfe" zu finden. Möchten Sie Hilfe zu einer Bibliotheksfunktion direkt erhalten, dann bewegen Sie den Cursor in Ihrem Programm auf den Funktionsnamen und drücken folgende Tasten:

MS-C/C++: <F1>
Turbo C++: <Strg>+<F1>
Borland C++: <Strg>+<F1>
Quick C: <F1>

Es wird eine kurze Beschreibung der Syntax dieser Funktion angezeigt. Teilweise besteht zusätzlich auch die Möglichkeit, die Benutzung der Funktion an Hand eines Beispielprogramms zu studieren.

Speichermodell wählen
Wie bereits in Kapitel 14.1 beschrieben, muß man sich bei PC mit Prozessoren der Intel 80x86-Reihe beim Erstellen der Programme für ein sogenanntes Speichermodell entscheiden. Man legt damit fest, wieviel Speicher für Code und wieviel für Daten in einem Programm zur Verfügung stehen. Die Standardeinstellung der Compiler (in der Regel das small-Modell) kann bei MS-C/C++ im Menü **Options/ Language Options/C Compiler Options** eingestellt werden. Bei Borland C++ lautet die Befehlsfolge **Options/Compiler/Code generation**.

Fehlerquellen
An dieser Stelle noch ein Hinweis zu Fehlermeldungen, die während des Compilierens auftreten können. Denken Sie daran, daß die endlos langen Fehlerlisten, die der Compiler oder der Linker erzeugen, in den meisten Fällen nicht so schlimm sind, wie es den Anschein hat. Das liegt daran, daß eine Großzahl der angezeigten Fehler sogenannte **Folgefehler** sind. Folgefehler entstehen dadurch, daß der Compiler durch einen tatsächlichen Fehler aus dem Tritt gerät und im weiteren eigentlich richtige Programmteile als falsch ansieht. Bei diesen Fehlern reicht es häufig, wenn der erste Fehler behoben wird, die anderen Meldungen verschwinden dadurch.
Bei einer weiteren Art von Fehlermeldung erscheint ein Text wie zum Beispiel "Funktion 'xxx' should have a prototype" oder ähnlich. Das deutet darauf hin, daß eine **include**-Datei fehlt. Sehen Sie sich in diesem Fall alle Bibliotheksfunktionen an, die das Programm verwendet,

und versuchen Sie festzustellen, welche Headerdatei (eine Datei mit der Endung **.h**) im Programmcode fehlt. Im Kapitel 17.1.3 finden Sie hinter "Prototyp in:" den Namen der benötigten Header-Datei. Wie genau es der Compiler bei dieser Prüfung nimmt, können Sie dadurch beeinflussen, daß Sie ihm mitteilen, welchen Programmcode er zu erwarten hat. Da C sich über mehrere Jahre entwickelt hat, gibt es mehrere Standards für diese Sprache. Indem Sie festlegen, welchen Sie benutzen wollen, beeinflussen Sie auch, wie streng der Compiler bei der Syntaxprüfung ans Werk geht. Bei Borland C++ und Turbo C++ geschieht das z. B. mit den folgenden Befehlen: Wählen Sie aus dem Menü **Options** den Befehl **Compiler** und schalten unter der Option **Source... Borland C++** bzw. **Turbo C++** an. Bei dieser Einstellung werden die Beispielprogramme in der Regel ohne Fehlermeldung kompiliert.

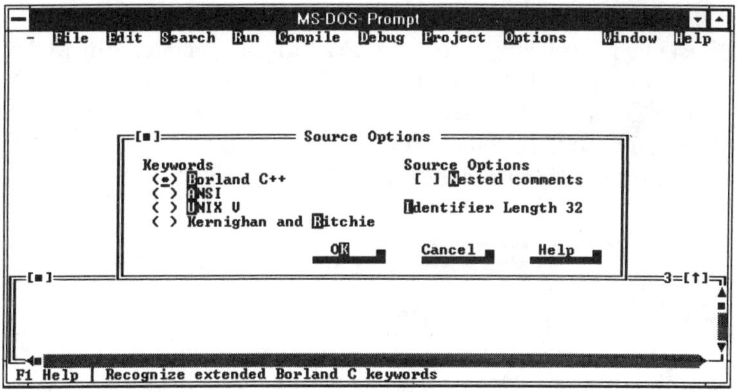

Als dritte große Fehlerquelle treten **falsch geschriebene Funktionsnamen** in Erscheinung. Diese meldet der Linker mit einem "undefined symbol" oder "unresolved external", wenn er den Begriff nicht in einer der Bibliotheken findet. Korrigieren Sie die Schreibweise, und starten Sie den Übersetzungsvorgang erneut. Wenn Sie den MS-C/C++-Compiler verwenden, müssen Sie bei einigen Beispielprogrammen die Schreibweise von Bibliotheksfunktionen ändern. Diese Funktionen beginnen bei MS-C/C++ mit einem Unterstrich (_). Sehen Sie sich dazu auch Kapitel 17.1 an.

17.3 Der Preprozessor

Alle C-Compiler übersetzen die Quellprogramme in mehreren Durchgängen. Im ersten Durchgang werden die Programme vom sogenannten Preprozessor verarbeitet. Dieser Teil des C-Compilers verarbeitet alle Anweisungen, die mit einem # beginnen, auch Preprozessor-Direktiven genannt. Er erstellt eine temporäre ASCII-Datei, die anschließend in Maschinencode übersetzt wird. Mit den Direktiven wird die Arbeit des Preprozessors gesteuert. So kann er veranlaßt werden, den Inhalt anderer Dateien in das Programm einzufügen, bestimmte Texte durch andere zu ersetzen und Programmteile temporär zu löschen, so daß sie nicht mit übersetzt werden.
Im folgenden beschreiben wir Ihnen kurz die verschiedenen Direktiven in alphabetischer Folge:

#define
Es ist mit dieser Direktive möglich, Makros zu definieren. Ein Makro ist im einfachsten Fall Text, der vom Preprozessor gesucht und durch andere Zeichenfolgen ersetzt wird. Man kann aber auch Makros definieren, die mit Parametern arbeiten. Diese Makros bleiben aktiv, bis sie explizit wieder aufgehoben werden.

Beispiel:

```
#define TRUE 1
#define MAX(x,y) (((x)<(y))?(x):(y))
```

#elif, #else, #endif, #if, #ifdef, #ifndef
Diese Direktiven erlauben eine bedingte Übersetzung von Quelltext. **#if** prüft, ob der folgende Ausdruck wahr ist, **#ifdef** prüft, ob das genannte Makro definiert wurde, und **#ifndef** prüft, ob das genannte Makro nicht definiert wurde.

Beispiel:

```
#define DEMO 1
#define BETA 0

#if DEMO && BETA
printf("Demofassung der Beta-Version\n");
#elif DEMO && !BETA
printf("Demofassung\n");
#elif !DEMO && BETA
printf("Betaversion\n");
#else
printf("Originalversion\n");
#endif
```

#include

Diese Direktive veranlaßt den Preprozessor, die genannte Datei in das Quellprogramm einzufügen. Dies hat den gleichen Effekt, als wenn Sie selbst die Datei in Ihr Programm kopiert hätten. Wenn der Dateiname in Anführungszeichen ("") gesetzt ist, wird zuerst im aktuellen Verzeichnis nach der Datei gesucht, dann erst über den Pfad der PATH-Anweisung bzw. die Umgebungsvariable INCLUDE. Wenn der Dateiname in spitze Klammern (<>) gesetzt wird, wird zuletzt im aktuellen Verzeichnis gesucht.

Beispiel:

```
#include <stdio.h>
```

#line

Mit dieser Direktive kann die Zeilennumerierung des Quelltextes, die der Compiler durchführt, beeinflußt werden. Er wird die dieser Direktive folgende Zeile mit der definierten Nummer versehen und mit ihr weiterzählen.

Beispiel:

```
#line 100
```

#pragma

Es werden durch diese Direktive bestimmte Arbeitsweisen des Compilers während des Übersetzungsvorgangs beeinflußt.

#undef

Diese Direktive erlaubt es, für den ihr folgenden Programmteil eine Makrodefinition aufzuheben, so daß kein weiteres Ersetzen durch den Preprozessor erfolgt.

Beispiel:

```
#undef TRUE
```

17.4 Operatoren und Rangfolge

Operator	Symbole	ST	Beispiel	Grup
Klammern	()	1	(a+b)*c	
Struktur-Operator	.	1	preise.netto	L->R
Array-Operator	[]	1	Feld[12]	
Zeiger-Operator auf Strukturen	->	1	zeiger->element	
NOT-Operator	!	2	!EOF	
Bit-Komplement-Operator	~	2	~5	
Vorzeichen-Operator	-	2	-5	
Typ-Umwandlungsoperator	(Typ)	2	(double) 3	
Inhalts-Operator	*	2	*ptr	R->L
Adreß-Operator	&	2	&a	
Inkremental-Operator	++	2	a++ ++a	
Dekremental-Operator	--	2	b-- --b	
Speicherbedarfs-Operator	sizeof	2	sizeof(int)	
Multiplikations-Operator	*	3	a*b	
Divisions-Operator	/	3	a/b	L->R
Modulo-Operator	%	3	a%b	
Additions-Operator	+	4	a+b	
Subtraktions-Operator	-	4	a-b	L->R
Links-Shift-Operator	<<	5	a<<8	
Rechts-Shift-Operator	>>	5	b>>4	L->R
Kleiner-Operator	<	6	a<b	
Kleiner-Gleich-Operator	<=	6	a<=b	
Größer-Gleich-Operator	>=	6	a>=b	L->R
Größer-Operator	>	6	a>b	
Gleichheits-Operator	==	7	b==x	
Ungleichheits-Operator	!=	7	b!=x	L->R
Bitweise-UND-Operator	&	8	a & \x80	L->R
Bitweise-XOR-Operator	^	9	1^1	L->R
Bitweise-ODER-Operator	¦	10	a ¦ \x20	L->R
UND-Operator	&&	11	EOF && OK	L->R

ODER-Operator	¦¦	12	EOF ¦¦ ERROR	L->R
Bedingungs-Operator	?:	13	a ? b : c	R->L
Zuweisungs-Operator	=	14	a='s'	
Additionszuweisungs-Operator	+=	14	a+=3	
Subtraktionszuweisungs-Operator	-=	14	a-=5	
Divisionszuweisungs-Operator	/=	14	a/=2	
Multiplikationszuweisungs-Operator	*=	14	a*=10	
Modulozuweisungs-Operator	%=	14	a%=7	R->L
Links-Shift-Zuweisungs-Operator	<<=	14	a<<=3	
Rechts-Shift-Zuweisungs-Operator	>>=	14	b>>=4	
Bitweise-UND-Zuweisungs-Operator	&=	14	c&=\x80	
Bitweise-XOR-Zuweisungs-Operator	^=	14	c^=\x80	
Bitweise-ODER-Zuweisungs-Operator	¦=	14	c¦=\x20	
Auflistungs-Operator		15	a,b,c	L->R

17.5 Anweisungen

Die folgende Aufstellung zeigt alle Anweisungen, die in C verwendet werden können. Die Teile der Syntax, die in eckigen Klammern ([]) stehen, sind wahlweise zu verwenden.

switch

switch(*ausdruck*)
{
[case *konstanter-ausruck*:]
...
[<anweisung>]
...
[default:
<anweisung>]
}

Bewertet den *ausdruck* und führt die <anweisung> aus, bei der *konstanter-ausdruck* mit *ausdruck* übereinstimmt. Trifft keine case-Auswahl zu, wird die <anweisung> hinter default abgearbeitet. Ist kein default-Schlüsselwort vorhanden, wird die nächste Anweisung hinter dem switch-Block ausgeführt.

for

for([*startwert*];[*bedingung*];[*schleifenwert*])
  <anweisung>

Führt die <anweisung> mehrfach aus. Zuerst wird die Initialisierung *startwert* bewertet. Dann wird, solange *bedingung* wahr ist (ungleich null), die <anweisung> ausgeführt. Anschließend wird der *schleifenwert* bewertet. Von da an wird immer *bedingung* – <anweisung> – *schleifenwert* bearbeitet, bis *bedingung* falsch (0) wird.

do

do
  <anweisung>
while(*ausdruck*);

Führt <anweisung> aus, bis *ausdruck* falsch (0) wird.

while

while(*ausdruck*)
  <anweisung>

Führt <anweisung> aus, bis *ausdruck* falsch (0) wird.

if

if(*ausdruck*)
  <anweisung1>
[else
  <anweisung2>]

Führt <anweisung1> aus, wenn *ausdruck* wahr ist (ungleich 0).
Gibt es ein else-Schlüsselwort und ist *ausdruck* falsch (0),
wird <anweisung2> ausgeführt. Nach der Ausführung von <anweisung1> oder <anweisung2> fährt das Programm mit der nächsten Anweisung fort.

continue

continue;

Übergibt die Kontrolle an den nächsten Durchlauf der innersten do-, for- oder while-Anweisung.

Beispiel:

```
#include <stdio.h>

main()
{
int x;

   for(x=1;x<100;x++)
   {
     if(x % 10 == 0) continue;

     printf("%d ",x);

   }
}
```

In diesem Beispiel sorgt die if-Abfrage dafür, daß keine Zahlen ausgedruckt werden, die durch 10 teilbar sind. Der **Modulo-Operator** (%) liefert den Rest einer Division. 20% 3 liefert als Ergebnis also 2, und wenn das Ergebnis 0 ist, bedeutet das, daß in unserem Beispiel eine Zahl glatt durch 10 teilbar ist. Tritt dieser Fall ein, wird die **continue**-Anweisung wirksam. Sie sorgt dafür, daß der Rest der Schleife nicht mehr durchlaufen wird, sondern sofort wieder in die for-Zeile gesprungen wird.

goto

goto *name*;
...
name: <anweisung>

Übergibt die Kontrolle an die <anweisung>, die durch das Label *name* spezifiziert ist.

break

break;

Beendet die innerste do-, for-, switch- oder while-Anweisung, in der es auftritt.

17.6 Liste der reservierten Worte

Die folgende Liste enthält die Schlüsselworte der Programmiersprache C:
auto, break, case, char, const, continue, default, do, double, else, enum, extern, float, for, goto, if, int, long, register, return, short, signed, sizeof, static, struct, switch, typedef, union, unsigned, void, volatile, while

Mit C++ kommen noch die folgenden reservierten Worte hinzu:
class, delete, friend, inline, new, operator, private, protected, public, template, this, virtual

Neben den oben aufgeführten Begriffen sind je nach Compiler noch weitere Worte reserviert. Zu diesen gehören zum Beispiel:
asm, __fastcall, __pascal etc.

17.7 Lösungen zu den Aufgaben

Lösung zu Aufgabe 1

```
Das Ergebnis von
zwölf durch vier ist 3.
```

Lösung zu Aufgabe 2

```
printf("\nDieser Text\nenthält\nviele\nZeilenumbrüche.");
```

Lösung zu Aufgabe 3

Das Programm gibt die Zahl 7 aus, da zuerst 6/2 berechnet wird und dieses Ergebnis dann zu 4 addiert wird.

Lösung zu Aufgabe 4

strlen → string.h
getch → conio.h

Lösung zu Aufgabe 5

Die Funktionsnamen PRINTF und SCANF müssen klein geschrieben werden (printf bzw. scanf). Der Linker meldet sonst **unresolved external** o. ä. Das weist darauf hin, daß er diese Funktionen nicht in der Bibliothek finden kann.

Lösung zu Aufgabe 6

Statt **printf("%f ",schlaege...** muß es heißen: **printf("%.0f ",...**

Lösung zu Aufgabe 7

```
#include <stdio.h>

main()
{
float liter,km;
  printf("\n\t\tBenzinverbrauch\n");
  printf("\nGefahrene Kilometer : ");
  scanf("%f",&km);
  printf("Benzinverbrauch     : ");
  scanf("%f",&liter);
  printf("\nVerbrauch = %.2f l/100km.",liter * 100 / km);
}
```

Lösung zu Aufgabe 8

a) richtig
b) falsch
c) falsch
d) richtig
e) richtig

Lösung zu Aufgabe 9

Die Variable summe hat einen undefinierten Wert. Richtig wäre

double summe=0.0...

Lösung zu Aufgabe 10

a) 10 Schleifendurchläufe: 0 1 2 3 4 5 6 7 8 9
b) 10 Schleifendurchläufe: 10 9 8 7 6 5 4 3 2 1
c) 5 Schleifendurchläufe: 1 4 7 10 13
d) 6 Schleifendurchläufe 0 0.5 1.0 1.5 2.0 2.5
e) Diese Schleife wird keinmal durchlaufen

Lösung zu Aufgabe 11

Der Text "Hallo Welt" wird 15mal gedruckt.

Lösung zu Aufgabe 12

Die **for**-Schleife selbst sorgt dafür, daß nur die ungeraden Zahlen addiert werden, da sie bei 1 beginnt und dann in Zweierschritten hochgezählt wird.

```
/* ueb4_3.c */
#include <stdio.h>

main()
{
int n,x,summe=0;
  printf("\nBitte geben Sie den Wert für n ein : ");
  scanf("%i",&n);
  for(x=1; x<=n; x=x+2)
  {
    summe=summe+x;
  }
  printf("\nDie Summe aller ungeraden Zahlen von ");
  printf("1 bis %i ist %i \n",n,summe);
}
```

Lösung zu Aufgabe 13

```
/* ueb4_4.c */
#include <stdio.h>

main()
{
int zeile,spalte;
  for(zeile=20; zeile >= 1; zeile=zeile-1)
  {
    for(spalte=1; spalte <= zeile; spalte=spalte+1)
    {
      printf("*");
    }
    printf("\n");
  }
}
```

Lösung zu Aufgabe 14

```
/* ueb4_5.c */
#include <stdio.h>

main()
{
int n,x;
double produkt=1;
  printf("\t\tFakultätsberechnung\n");
  printf("\nBitte n eingeben : ");
  scanf("%i",&n);
  for(x=1; x<=n; x=x+1)
  {
    produkt=produkt*x;
  }
  printf("\n%i! = %.0lf",n,produkt);
}
```

Der höchste Wert, der berechnet werden kann, ist 170. Wenn Sie größere Zahlen eingeben, bricht das Programm mit einer Fehlermeldung ab.

Lösung zu Aufgabe 15

a) while(summe != 1000)
b) while(x == y)
c) while(zahl >= n)
d) while(x−y != 145)
e) while(a*b == c*d)

Lösung zu Aufgabe 16

```
/* ueb4_7.c */
#include <stdio.h>

main()
{
int n,x,summe=0;
  printf("\nBitte geben Sie den Wert für n ein : ");
  scanf("%i",&n);
  x=1;
  while(x <= n)
  {
    summe=summe+x;
    x=x+2;
  }
  printf("\nDie Summe aller ungeraden Zahlen von ");
  printf("1 bis %i ist %i \n",n,summe);
}
```

Lösung zu Aufgabe 17

```
/* ueb4_8.c */
#include <stdio.h>

main()
{
int zahl;
  do
  {
    printf("\nBitte Zahl kleiner 0 eingeben : ");
    scanf("%i",&zahl);
  }
  while(zahl >= 0);
}
```

Lösung zu Aufgabe 18

Die Abbruchbedingung in der Zeile:

```
while(wert != restwert)
```

führt dazu, daß das Programm in den meisten Fällen nicht abbricht, da die Bedingung **!=** immer erfüllt ist, wenn beide Werte nicht genau gleich sind. Auf Grund der Berechnung im Programm ist das aber unwahrscheinlich. Eine bessere Lösung ist:

```
while(wert > restwert)
```

Lösung zu Aufgabe 19

a) falsch
b) wahr
c) wahr
d) wahr

Lösung zu Aufgabe 20

Großbuchstaben, Kleinbuchstaben

Lösung zu Aufgabe 21

```
/* ueb5_3.c */
#include <stdio.h>

main()
{
double gehalt;
  printf("\t\tSteuerberechnung\n");
  printf("\nBitte Gehalt eingeben :");
  scanf("%lf",&gehalt);
  while(gehalt > 0.0)
  {
    if(gehalt < 8000.0)
    {
      printf("Keine Steuern!\n");
    }
    if(gehalt >= 8000.0 && gehalt < 30000.0)
    {
      printf("%.2lf DM Steuern\n",gehalt/100*12.5);
    }
    if(gehalt > 30000.0)
    {
      printf("%.2lf DM Steuern\n",gehalt/100*30);
    }
    printf("\nBitte Gehalt eingeben :");
    scanf("%lf",&gehalt);
  }
}
```

Lösung zu Aufgabe 22

Die Zeile **while(zeichen != 0);** muß lauten: **while(zeichen != '0');**.

Lösung zu Aufgabe 23

```
double d_min(double x, double y)
{
  if(x < y)
  {
    return(x);
  }
  else
  {
    return(y);
  }
}
```

Lösung zu Aufgabe 24

```
double func(double x, int y)
{
...
```

Lösung zu Aufgabe 25

Die Funktion stellt fest, ob es sich bei einem Zeichen um einen Umlaut handelt oder nicht. Ist das Zeichen ein Umlaut, wird 1 zurückgegeben, andernfalls 0.

Lösung zu Aufgabe 26

```
/* ueb6_4.c */
double d_abs(double wert)
{
  if(wert > 0.0)
  {
    return(wert);
  }
  else
  {
    return(-wert);
  }
}
```

Lösung zu Aufgabe 27

```
/* ueb6_5.c */
void beep(int wieoft)
{
int x;
  for(x=1; x<=wieoft; x++)
  {
    printf("\a");
  }
}
```

Lösung zu Aufgabe 28

```
/* ueb6_6.c */
int vorzeichen(double wert)
{
  if(wert > 0.0) return(1);
  if(wert < 0.0) return(-1);
  else return(0);
}
```

In diesem und dem nächsten Lösungsvorschlag sind die geschweiften Klammern um die **return**-Anweisungen weggelassen worden, da hinter dem **if** nur diese eine Anweisung folgt. Wenn Sie diese Klammern gesetzt haben, ist Ihre Lösung natürlich auch richtig.

Lösung zu Aufgabe 29

```
/* ueb6_7.c */
double hoch(double wert, int potenz)
{
int x;
double ergebnis=1.0;
  if(potenz == 0) return(1);    /* laut Definition */
  if(potenz < 0) return(-1);    /* ungültiger Wert */
  for(x=1; x<=potenz; x++)
  {
    ergebnis = ergebnis * wert;
  }
  return(ergebnis);
}
```

Lösung zu Aufgabe 30

```
/* ueb7_1.c */
#include <stdio.h>

void myclrscr()
{
  printf("\x1B[2J");
}

void mygotoxy(int xk, int yk)
{
  printf("\x1B[%i;%iH",yk,xk);
}

void box(int x1, int y1, int x2, int y2, int zeichen)
{
int x,y;
  mygotoxy(x1,y1);
  for(x=x1; x<=x2; x++)      /* waagerechte Linie oben */
  {
    printf("%c",zeichen);
  }
  for(y=y1+1; y<y2; y++)
  {
    mygotoxy(x1,y);          /* senkrechte Linie links */
    printf("%c",zeichen);
    mygotoxy(x2,y);          /* senkrechte Linie rechts */
    printf("%c",zeichen);
  }
  mygotoxy(x1,y2);
  for(x=x1; x<=x2; x++)      /* waagerechte Linie unten */
  {
    printf("%c",zeichen);
  }
}

main()
{
  myclrscr();
  box(10,4,40,12,178);
}
```

Lösung zu Aufgabe 31

Die binäre Null am Ende der Zeichenkette fehlt. Sie kann durch die Zeile

wort[7]='\0';

eingefügt werden.

Lösung zu Aufgabe 32

Das Feld 'puffer' ist zu klein, um den Text aufzunehmen. Es muß inklusive der binären Null mindestens 21 Zeichen groß sein.

Lösung zu Aufgabe 33

```
char ergebnis[30];
strcpy(ergebnis,string1);
strcat(ergebnis,string2);
strcat(ergebnis,string3);
```

Lösung zu Aufgabe 34

```
/* ueb8_4.c */
#include <stdio.h>
#include <string.h>

main()
{
char satz[80];
int x,laenge,anzahl=0;
double prozent;
  printf("\nBitte Satz eingeben\n>");
  gets(satz);
  laenge=strlen(satz);
  for(x=0; x<laenge; x++)
  {
    if(satz[x] == 'e')
    {
      anzahl++;
    }
  }
  prozent=100.0/laenge*anzahl;
  printf("\n%.2lf%% der Zeichen sind ein 'e'.",prozent);
}
```

Damit die Funktion 'printf' das Prozentzeichen ausdruckt, muß es doppelt angegeben werden.

Lösung zu Aufgabe 35

Das Programm zählt die Anzahl der Leerzeichen in einem Satz. (Das Leerzeichen hat den ASCII-Code 32.)

Lösung zu Aufgabe 36

Das Feld buffer[10] ist eventuell zu klein für die Aufnahme des Ergebnisses. Es muß Platz für maximal 17 Zeichen reserviert werden:

char buffer[17];

Lösung zu Aufgabe 37

```
/* ueb8_7.c */
#include <stdio.h>

main()
{
int x=0;
char satz[100];
  printf("\nBitte einen Satz eingeben.\n>");
  gets(satz);
  while(satz[x] != '\0')
  {
    switch(satz[x])
    {
      case ',':
      case '.':
      case '?':
      case '!':
      case ' ':
        break;
      default:
        printf("%c",satz[x]);
    }
    x++;
  }
}
```

Lösung zu Aufgabe 38

```
/* ueb8_8.c */
#include <stdio.h>

main()
{
int x;
char text[100];
  printf("\nBitte einen Satz eingeben.\n>");
  gets(text);
  x=0;
  while(text[x] != '\0')
  {
    if(text[x] != ' ')
    {
      printf("%c",text[x]);
    }
    else
    {
      printf("\n");
    }
    x++;
  }
}
```

Lösung zu Aufgabe 39

Das Programm liefert den Wert 12.

Lösung zu Aufgabe 40

Das Programm liefert die folgende Ausgabe:

```
11 12 13 11 12 13 11 12 13
```

Lösung zu Aufgabe 41

Das Programm liest einen Satz über die Tastatur ein (eingeben), tauscht dann alle Leerzeichen dieses Satzes gegen Zeilenvorschübe aus (tauschen) und gibt diesen bearbeiteten Satz mit der Funktion (ausgeben) wieder auf dem Bildschirm aus.

Lösung zu Aufgabe 42

```
Die Variable 'summe2' hat den Wert 187.5.
```

Lösung zu Aufgabe 43

```
Die Variable 'x' hat den Wert 10.
```

Lösung zu Aufgabe 44

Wenn wir davon ausgehen, daß die **double**-Werte an der gleichen Stelle im Speicher beginnen, zeigt der Pointer auf die folgenden Speicherstellen:

5856
5864
5872

Lösung zu Aufgabe 45

```
/* ueb10_4.c */
#include <stdio.h>
#include <string.h>

#define MAX_STRING 80

void tausche_string(char *s1, char *s2)
{
unsigned char hilf[MAX_STRING];
  strcpy(hilf,s1);
  strcpy(s1,s2);
  strcpy(s2,hilf);
}

main()
{
unsigned char string1[MAX_STRING],string2[MAX_STRING];
  strcpy(string1,"Erster String");
  strcpy(string2,"Zweiter String");
  tausche_string(string1,string2);
  printf("\n%s",string1);
  printf("\n%s",string2);
}
```

Lösung zu Aufgabe 46

```
/* ueb10_5.c */
#include <stdio.h>
#include <string.h>

#define MAX_STRING 80

void ersetze_zeichen(char *s,char alt,char neu)
{
  while(*s)
  {
    if(*s == alt)  *s = neu;
    s++;
  }
}

main()
{
unsigned char string[MAX_STRING];
  strcpy(string,"In diesem Satz wird e durch E ersetzt");
  ersetze_zeichen(string,'e','E');
  printf("\n%s",string);
}
```

Lösung zu Aufgabe 47

Das Programm weist den Wert 4711 einer unbekannten Speicherstelle zu, da der Pointer 'ptr' nicht initialisiert wurde.

Lösung zu Aufgabe 48

Die Zuweisung 'ptr = zahl' ist falsch. Richtig ist 'ptr = &zahl'.

Lösung zu Aufgabe 49

```
/* ueb11_1.c */
#include <stdio.h>

main()
{
int ch;
  do
  {
    ch=fgetc(stdin);
    printf("%c",ch);
  }
  while(ch != 'x');
}
```

Lösung zu Aufgabe 50

```
/* ueb11_2.c */
#include <stdio.h>

main(int argc, char *argv[])    /* Vergleicht 2 Dateien */
{
FILE *eins,*zwei;
unsigned long int position;   /* aktuelle Position in der Datei */
int erstes,zweites;           /* Zeichen aus 1. und 2. Datei */
  if(argc != 3)
  {
    printf("\nFalsche Anzahl Parameter!");
    printf("\nBitte zu vergleichende Dateien angeben!");
    exit(1);
  }
  if((eins=fopen(argv[1],"rb"))==NULL)
  {
    printf("\nDatei %s nicht gefunden!",argv[1]);
    exit(1);
  }
  if((zwei=fopen(argv[2],"rb"))==NULL)
```

```
  {
    printf("\nDatei %s nicht gefunden!",argv[2]);
    exit(1);
  }
  printf("\n\nVerglichen wird '%s' mit '%s'.",argv[1],argv[2]);
  position=1;
  erstes=fgetc(eins);
  zweites=fgetc(zwei);
  while(erstes == zweites && !feof(eins) && !feof(zwei))
  {
    position++;
    erstes=fgetc(eins);
    zweites=fgetc(zwei);
  }
  if(erstes != zweites)
  {
    printf("\nUnterschied beim %li Zeichen.\a",position);
  }
  else
  {
    printf("\nVergleich ok!\a");
  }
  fclose(eins);
  fclose(zwei);
}
```

Lösung zu Aufgabe 51

```
/* ueb12_1.c */
#include <stdio.h>
#include <dos.h>

union REGS inregs;

void wiederhole(char zeichen, char anzahl, char attrib)
{
  inregs.h.ah = 0x09;
  inregs.h.al = zeichen;
  inregs.h.bh = 0x00;
  inregs.h.bl = attrib;
  inregs.x.cx = anzahl;
  int86(0x10,&inregs,&inregs);
}

main()
{
  printf("\nTest für INT 10 Funktion 'wiederhole'\n");
  wiederhole('A',20,135);
}
```

Lösung zu Aufgabe 52

```
/* uebl2_2.c */
#include <stdio.h>
#include <dos.h>

union REGS inregs,outregs;

int mywherex()  /* Ermittelt die x-Koordinate des Cursors */
{
   inregs.h.ah = 0x03;
   inregs.h.bh = 0x00;
   int86(0x10,&inregs,&outregs);
   return(outregs.h.dl+1);
}

int mywherey()  /* Ermittelt die y-Koordinate des Cursors */
{
   inregs.h.ah = 0x03;
   inregs.h.bh = 0x00;
   int86(0x10,&inregs,&outregs);
   return(outregs.h.dh+1);
}

main()
{
int xk,yk;
   xk=mywherex();
   yk=mywherey();
   printf("\nX-Position des Cursors = %i",xk);
   printf("\nY-Position des Cursors = %i",yk);
}
```

Lösung zu Aufgabe 53

Das Programm gibt die folgenden Werte aus:

```
Schmitz
A
10
82765
0
```

Lösung zu Aufgabe 54

```
/* ueb13_2.c */
#include <stdio.h>

#define ANZBUCH 100

struct buch
{
  long int InvNr;
  char titel[30];
  double preis;
  double mwst;
  int stueck;
};

main()
{
int x;
double mwst;
struct buch buecher[ANZBUCH];

  printf("\nBitte die Mehrwertsteuer eingeben : ");
  scanf("%lf",&mwst);

  for(x=0; x<ANZBUCH; x++)
  {
    printf("\n\n%i. Buch",x+1);
    printf("\nInventar-Nummer: ");
    scanf("%li",  &buecher[x].InvNr);
    printf("\nTitel           :");
    scanf("%s",   buecher[x].titel);
    printf("\nPreis           : ");
    scanf("%lf", &buecher[x].preis);
    buecher[x].mwst=mwst;
    printf("\nStück           : ");
    scanf("%lf",  &buecher[x].stueck);
  }
}
```

17.8 ASCII- und ANSI-Tabelle

ASCII-Code (Industriestandard Set#2)

NULL 0	☺ 1	☻ 2	♥ 3	♦ 4	♣ 5	♠ 6	BEL 7	◘ 8	TAB 9	LF 10	VT 11	FF 12	CR 13	♫ 14	☼ 15	► 16	◄ 17	↕ 18	‼ 19
¶ 20	§ 21	▬ 22	↨ 23	↑ 24	↓ 25	→ 26	← 27	∟ 28	↔ 29	▲ 30	▼ 31	BLANK 32	! 33	" 34	# 35	$ 36	% 37	& 38	' 39
(40	) 41	* 42	+ 43	, 44	- 45	. 46	/ 47	0 48	1 49	2 50	3 51	4 52	5 53	6 54	7 55	8 56	9 57	: 58	; 59
< 60	= 61	> 62	? 63	@ 64	A 65	B 66	C 67	D 68	E 69	F 70	G 71	H 72	I 73	J 74	K 75	L 76	M 77	N 78	O 79
P 80	Q 81	R 82	S 83	T 84	U 85	V 86	W 87	X 88	Y 89	Z 90	[91	\ 92	] 93	^ 94	_ 95	` 96	a 97	b 98	c 99
d 100	e 101	f 102	g 103	h 104	i 105	j 106	k 107	l 108	m 109	n 110	o 111	p 112	q 113	r 114	s 115	t 116	u 117	v 118	w 119
x 120	y 121	z 122	{ 123	¦ 124	} 125	~ 126	⌂ 127	Ç 128	ü 129	é 130	â 131	ä 132	à 133	å 134	ç 135	ê 136	ë 137	è 138	ï 139
î 140	ì 141	Ä 142	Å 143	É 144	æ 145	Æ 146	ô 147	ö 148	ò 149	û 150	ù 151	ÿ 152	Ö 153	Ü 154	¢ 155	£ 156	¥ 157	₧ 158	ƒ 159
á 160	í 161	ó 162	ú 163	ñ 164	Ñ 165	ª 166	º 167	¿ 168	⌐ 169	¬ 170	½ 171	¼ 172	¡ 173	« 174	» 175	░ 176	▒ 177	▓ 178	│ 179
┤ 180	╡ 181	╢ 182	╖ 183	╕ 184	╣ 185	║ 186	╗ 187	╝ 188	╜ 189	╛ 190	┐ 191	└ 192	┴ 193	┬ 194	├ 195	─ 196	┼ 197	╞ 198	╟ 199
╚ 200	╔ 201	╩ 202	╦ 203	╠ 204	═ 205	╬ 206	╧ 207	╨ 208	╤ 209	╥ 210	╙ 211	╘ 212	╒ 213	╓ 214	╫ 215	╪ 216	┘ 217	┌ 218	█ 219
▄ 220	▌ 221	▐ 222	▀ 223	α 224	β 225	Γ 226	π 227	Σ 228	σ 229	µ 230	τ 231	Φ 232	Θ 233	Ω 234	δ 235	∞ 236	ø 237	∈ 238	∩ 239
≡ 240	± 241	≥ 242	≤ 243	⌠ 244	⌡ 245	÷ 246	≈ 247	° 248	· 249	· 250	√ 251	ⁿ 252	² 253	■ 254	255				

BEL — BELL = Glocke, erzeugt eine akustische Ausgabe (Signalton).
TAB — TABULATOR: springt zur nächsten Bildschirmtabulatorposition.
LF — LINE FEED = aktuelle Position eine Zeile nach unten bewegen.
VT — HOME = neue aktuelle Position ist die linke obere Ecke des Bildschirms.
FF — FORM FEED = Bildschirminhalt wird gelöscht, neue Seite einrichten.
CR — CARRIAGE RETURN = neue Zeile am linken Bildschirmrand beginnen.

ANSI-Zeichensatz

0	1	2	3	4	5	6	7	RS 8	TAB 9	10	11	12	CR 13	14	15	16	17	18	19
20	21	22	23	24	25	26	27	28	29	30	31	BLANK 32	! 33	" 34	# 35	$ 36	% 37	& 38	' 39
(40	) 41	* 42	+ 43	, 44	- 45	. 46	/ 47	0 48	1 49	2 50	3 51	4 52	5 53	6 54	7 55	8 56	9 57	: 58	; 59
< 60	= 61	> 62	? 63	@ 64	A 65	B 66	C 67	D 68	E 69	F 70	G 71	H 72	I 73	J 74	K 75	L 76	M 77	N 78	O 79
P 80	Q 81	R 82	S 83	T 84	U 85	V 86	W 87	X 88	Y 89	Z 90	[91	\ 92	] 93	^ 94	_ 95	` 96	a 97	b 98	c 99
d 100	e 101	f 102	g 103	h 104	i 105	j 106	k 107	l 108	m 109	n 110	o 111	p 112	q 113	r 114	s 115	t 116	u 117	v 118	w 119
x 120	y 121	z 122	{ 123	| 124	} 125	~ 126	127	128	129	130	131	132	133	134	135	136	137	138	139
140	141	142	143	144	145	146	147	148	149	150	151	152	153	154	155	156	157	158	159
BLANK 160	¡ 161	¢ 162	£ 163	¤ 164	¥ 165	¦ 166	§ 167	¨ 168	© 169	ª 170	« 171	¬ 172	- 173	® 174	¯ 175	° 176	± 177	² 178	³ 179
´ 180	µ 181	¶ 182	· 183	¸ 184	¹ 185	º 186	» 187	¼ 188	½ 189	¾ 190	¿ 191	À 192	Á 193	Â 194	Ã 195	Ä 196	Å 197	Æ 198	Ç 199
È 200	É 201	Ê 202	Ë 203	Ì 204	Í 205	Î 206	Ï 207	Ð 208	Ñ 209	Ò 210	Ó 211	Ô 212	Õ 213	Ö 214	215	Ø 216	Ù 217	Ú 218	Û 219
Ü 220	Ý 221	Þ 222	ß 223	à 224	á 225	â 226	ã 227	ä 228	å 229	æ 230	ç 231	è 232	é 233	ê 234	ë 235	ì 236	í 237	î 238	ï 239
ð 240	ñ 241	ò 242	ó 243	ô 244	õ 245	ö 246	247	ø 248	ù 249	ú 250	û 251	ü 252	ý 253	þ 254	ÿ 255				

RS RÜCKSCHRITT = löscht das Zeichen links von der Cursorposition.
TAB TABULATOR = springt zur nächsten Bildschirmtabulatorposition.
CR CARRIAGE RETURN = neue Zeile am linken Bildschirmrand beginnen.

17.9 Literaturverzeichnis

Leen Ammeraal: Programmdesign und Algorithmen in C, Hanser Verlag, München Wien, 1989

Werner Feibel: Using Quick C, McGraw-Hill Book Company GmbH, Berkeley, California, 1988

Kris Jamsa: Bibliothek der C-Routinen, McGraw-Hill Book Company GmbH, Hamburg, 1986

Brian W. Kernighan, Dennis M. Ritchie: Programmieren in C, Carl Hanser Verlag, München Wien, 1983

Thomas Plum: Das C-Lernbuch, Carl Hanser Verlag, München Wien, 1988

Stephen Prata: Einführung in die objektorientierte Programmierung, te-wi Verlag, München, 1992

Herbert Schildt: C: The complete reference, McGraw-Hill Book Company GmbH, Berkeley, California, 1987

17.10 Sachwortregister

; 22, 194
! 56
!= 42
#define 115, 189, 240
#else 189, 240
#endif 189, 240
#if 189, 240
#include 26, 241
#line 241
#pragma 241
#undef 241
% 245
& 121, 134
&& 56
* 21, 122
*/ 18
++ 72
+= 147
-- 72
. 169
/* 18
// 208
:: 214
<< 208
== 42
>> 209
?: 210
\\ 187
|| 56
~215

Adreßoperator 121, 134
Algorithmus 206
ANSI-Escapesequenz 82, 84
ANSI.SYS 83
Anweisung 23
Anweisungsblock 40, 79, 207
append 138, 226
Arbeitsspeicher 181
argc 149, 229
argv 149, 229
array 86
ASCII-Code 17, 59, 266
atoi 96, 224
Attributbyte 162
Auswahl 51
äußere Schleife 44

auto 106, 108

Backslash 17, 19, 113, 187
Bedingungsoperator 210
Bibliotheken 16, 236
Bibliotheks-Funktionen 218
Bildschirmattribut 162
Bildschirmspeicher 82, 162
Bildschirmsteuerung 82
Binärdatei 153
binäre Null 89
BIOS-Interrupt 156
Block 19
break 60, 246

call by reference 129
call by value 129, 175
calloc 182, 224
Carriage Return 153
case 58, 243
case-sensitiv 32
cast 111, 184
char 59, 104, 207
Child-Prozeß 188, 234
compact 181
Compiler 15, 236
CONFIG.SYS 83
conio.h 60
const 113
continue 245
cout 208
cpp 207

Datei
– drucken 142
– lesen 139
– löschen 154
– öffnen 136
– schließen 136
– schreiben 140
– umbenennen 232
Dateneingabe 25, 209
Datentypen 32, 103
define 115, 189, 240
Deklaration 36, 223
Destruktor 215
DEVICE 83

Dezimalzeichen 28,113
Dimensionierung 100
do 47, 244
dos.h 159, 178
double 36, 104, 167
Drucken 142
Dualzahl 98, 229
dynamische Speicherverwaltung 181

E2BIG 188
Editor 15
Ein-/Ausgabefunktionen 219
Eingabe von Zeichen 60, 209
Eingabe von Zeichenketten 91, 209
Elementfunktion 212
elif 228
else 53, 189, 240
endif 189, 240
Endlosschleife 46, 133
ENOMEM 188
Entwicklungsumgebung 16, 236
Environment 191
errno.h 188
ERRORLEVEL 140, 225
Escape-Sequenz 19, 113
exec 118
exit 140, 225, 234
extern 108, 193

fclose 136, 225
Fehlerquellen 238
Feld 86, 131
Felder ansprechen 87
feof 140, 225
fgetc 140, 225
fgets 147, 225
FILE 137, 179
Fließkommazahl 29, 112
Fließkomma-Konstante 112
float 29, 104
fopen 136, 226
for 39, 244
formatierte Zahlenausgabe 30, 230
fprintf 141, 226
fputc 154, 227
fputs 227
free 182, 227
fseek 152, 227
Funktion 19, 66, 79
Funktion myclrscr 161
Funktion mygotoxy 159
Funktion scrolldown 164
Funktion scrollup 163
Funktions-Prototyp 77
Funktionsbibliothek 68, 218
Funktionsname 68, 79
Funktionsparameter 70, 128
Funktionsüberladung 209
fußgesteuerte Schleife 48

Ganzzahlen 27, 104, 112
Ganzzahl-Konstante 112
Genauigkeit 36, 104
geschachtelte Schleifen 43
geschachtelte Strukturen 172
getc 228
getch 68, 228
getchar 228
getche 60, 68, 228
gets 91, 228
Gleichheitszeichen 35, 38
globale Variable 106
goto 152, 245
Groß- und Kleinschreibung 32
Gültigkeitsoperator 214

Hauptprogramm 19
Hauptspeicher 181
Hexadezimal 61, 84, 112
Hilfefunktion 237
huge 181

if 51, 189, 240, 244
if-else 53, 240
ifdef 240
ifndef 240
include 26, 241
include-Datei 27
indirection operator 124
initialisieren 36, 215
Inkrement-Operator 72, 130
innere Schleife 44
Installation 236
Instanz 197
int 27, 104
int86 161, 229
Integer 27, 104, 112
Interrupt 156
Interrupt 10hex 156
iostream.h 208
itoa 96, 229

Klasse 199, 211
Klassifizierungsfunktionen 220
Kommandozeilen-Parameter 147
Kommentare 18, 23, 208
Konstante 62, 115
Konstruktor 215
Kontrollstruktur 58
kopfgesteuerte Schleife 48

Label 153
large 181
Libraries 16, 236
line 241
Line Feed 153
Linker 15, 192, 203
Links-Shift-Operator 208
logische Operatoren 55
lokale Variablen 105
long 104, 112, 152
long int 104, 152

main 19, 193, 195, 229
Makro 240
malloc 182, 229
Mathematikfunktionen 221
medium 181
mehrdimensionale Felder 98
message 197
Methode 212
mode 189
Modifizierer 103, 113, 223
Modulo-Operator 245

Nachkommastellen 29
Neue Zeile 153
NICHT 56
NULL 137, 191

obj 194
Objektdateien 194, 203
ODER 56
Oktal 61, 112
OOP 206
Operator 242
Operatorüberladung 208

Parameter 19, 70
Parameterübergabe 71, 126
PATH 189
perror 188, 230
Pfad 189
Platzhalter
– %d 20, 230
– %f 29, 231
– %i 19, 230
– %lf 36, 231
– %o 62, 230
– %s 91, 231
– %u 121, 230
– %x 62, 230
Pointer 120, 184
Pointer als Funktionsparameter 126, 175
Pointer-Variable 122
Pointerarithmetik 129
Polymorphie 210
pragma 241
Preprozessor 26, 240
printf 19, 20, 230
Programm c_druck 143
Programm c_list 151
Programme starten 188
Programmschleifen 39
Prototyp 77
prozedurale Sprache 206
Punktoperator 169
putc 231
putchar 132, 232
puts 232

queue 199

Rangfolge 242
read 138, 226
realloc 182, 232
Rechenzeichen 21
Rechts-Shift-Operator 209
Record 166
register 108
REGS 159, 178
remove 154, 232
Restoperator 245
return 73
Rückgabetyp 74
Rückgabewert 73

scanf 28, 233
Schleife 39
Schleifendurchlauf 41

Schleifenvariable 41
SEEK_CUR 152, 227
SEEK_END 152, 227
SEEK_SET 152, 227
Segment 181
Semikolon 22, 194
short 104
signed 104
size_t 114, 224
sizeof 114
small 181
spawn 188
Speicher anfordern 182
Speicheradresse 120
Speicherklasse 108
Speichermodell 181, 238
Speicherverwaltung, dynamische 181
Speicherverwaltungsfunktionen 219
Sprungbefehl 152
Sprunglabel 153
sscanf 147, 234
Stack 110, 169
static 108
stdaux 146
stderr 146
stdin 146
stdio.h 27
stdlib.h 96
stdout 146
stdprn 146
Sternoperator 124, 176
strcat 94, 234
strcmp 96, 235
strcpy 94, 235
string 89, 113
String- und Speicherfunktionen 222
Stringbearbeitung 93
Stringfunktionen 93
strlen 91, 235
struct 166
Struktur 166
Struktur-Operator 169
Strukturen als Parameter 173
Strukturen deklarieren 166
switch 58, 243
system 186, 235

Tabulator 27, 113
tauschen 126, 175
Testfunktionen 219
Textdatei 153
tiny 181
typedef 178

Überladen 209
Umlaute 59
Umwandlungsfunktionen 96
UND 56
undef 241
Underscore 31, 218
Unterstrich 31, 218
union 177
unsigned 104
Unterprogramme 66

Variablen 103
Variablendeklaration 27
Variablennamen 31, 207
Variablentyp 103
Verbund 177
Vergleichsoperator 42
Video-Interrupt 10h 82, 156
void 76, 103
Vorrang von Operatoren 57, 242

Wagenrücklauf 153
Wahrheitstabellen 55
Wertrückgabe 73
Wertzuweisung 34
while 45, 244
whitespace 224
Wiederholstrukturen 39
WINDOWS 195
WinMain 196
write 138, 226

Zählvariable 41
Zeichenketten 89, 113
Zeichenketten eingeben 91
Zeichenketten löschen 95
Zeichenkettenfunktionen 93
Zeichenkettenkonstanten 63
Zeichenkonstanten 62
Zeiger 120, 184
Zeiger auf Strukturen 175
Zeitfunktionen 218
zusammengesetzte Datentypen 166
Zuweisungsoperator 35, 38